나를 찾아 떠나는

유라시아
대평원

나를 찾아떠나는 유라시아 대평원

ⓒ 함영덕 2016

초판 찍은날 | 2016년 5월 15일
초판 펴낸날 | 2016년 5월 20일

지은이 | 함영덕
펴낸이 | 곽선구
펴낸곳 | 늘푸른소나무

주소 | 서울시 강북구 인수봉로 79가길 33. 202호
전화 | 02)3143-6763
팩스 | 02)3143-6762
이메일 | ksc6864@naver.com

등록일자 | 1997년11월3일
등록번호 | 제313-2003-300호(구:제1-3112호)

ISBN 978-89-97558-19-3 (13980)

나를 찾아 떠나는

유라시아
대평원

함 영 덕 글·사진

푸른
늘소나무

나를 찾아 떠나는 유라시아 대평원을 넘어

말을 타고 유라시아 대평원을 달리고 싶었던 젊은 날의 꿈은 기차를 타고 초원을 달리면서 이루게 되었다. 초원을 향한 목마름과 미지의 세계에 대한 동경이 마침내 중국대륙과 중앙아시아 대초원과 터키와 그리스, 발칸반도를 거쳐 로마를 연결하는 역사문화와 아름다운 경관을 탐방하게 되었다.

상하이에서 시작하여 중국 최고의 관광지를 경유하는 관광로와 시안에서 우루무치, 카슈를 경유하는 고대 오아시스로를 40일 간 탐방하면서 인류문화의 흥망성쇠와 동서문화의 다양한 면모를 살펴보았다.

근년 들어 초원의 향수와 이스탄불의 정취와 그리스 로마의 신화들이 내 안의 추억과 열정을 불러일으켜 잠들어 있던 원고들을 다시 정리하게 되었다.

이 책에서 다루고자 하는 1부 유라시아 초원로는 중세 중앙아시아의 대제국을 건설하고 유럽의 암흑시대에 인류문명의 찬란한 불꽃을 태웠던 티무르제국의 발자취를 따라 카자흐스탄 알마티에서 우즈베키스탄의 타슈겐트, 싸마르칸트, 부하라로 이어지는 중세 중앙아시아의 문화를 감상할 수 있는 코스다.

2부는 비잔틴(동로마)과 오스만제국 탐방으로 이스탄불과 그리스 아테네, 마케도니아, 코소보, 세르비아, 헝가리 부다페스트 등 발칸반도를 경유하는 코스로 이슬람과 서구문화를 비교 감상할 수 있는 코스로 구성하였다.

3부는 오스트리아와 비인에서 크로아티아, 슬로베니아, 베네치아, 나폴리,로마로 이어지는 합스부르크가와 로마제국의 영향을 받았던 서구문화의 진수인 이태리반도 기행이다.

기차를 타고 13개국을 경유하는 과정에서 마주한 다양한 문화와 삶의 방식들은 내 안에 갇혀있던 무수한 고정관념들을 더욱더 자유스럽게 해방시켰다. 황막한 사막에서 때로는 광활한 초원에서 때로는 눈부신 바다에서 욕망과 집착으로 잃어버린 참 나를 찾는 기나긴 여정이기도 했다. 오랜 시간 묵혀 두었던 옛 이야기를 심연의 바다에서 건져 올리듯 나 자신과의 약속과 긴 인내의 시간이 흘러 부족한 모습으로 세상에 나오게 되었다. 그동안 보이지 않는 손길로 많은 도움을 주신 분들게 심심한 감사를 드린다.

2016년 5월 함영덕

• Contents •

2부 터키, 그리스, 발칸반도

3부 오스트리아, 크로아티아, 슬로베니아, 이탈리아

1부

．
．
．

카자흐스탄

우즈베키스탄

사막은 메마른 영혼의 안식처

●●●티끌하나 잡초 한 뿌리조차 생명의 의미가 무엇인지를 타클라마칸사막은 말없이 보여주고 있다. 가끔씩 나타나는 푸른 초원과 눈부신 햇살이 낯설고 이색적인 세계로 인도한다. 텅 빈 사막을 바라보면 근원을 알 수 없는 그리움이 눈시울을 적시게 한다. 어쩌면 저 황량한 사막의 열기야말로 나를 찾는 하나의 창구요 길일런지 모른다.

40일 동안 배낭 하나 메고 열차를 침대 삼아 중국대륙 곳곳을 살펴보았다. 뉴욕의 맨하턴을 연상시키는 상하이의 푸동지역에서 황하강의 오지마을에 이르기까지 천의 얼굴을 가진 대륙을 온 몸으로 호흡해보았다. 소주와 항주, 장가계, 구이린, 석림, 리지앙, 구채구와 사천성을 경유하는 중국 최고의 관광권과 시안에서 란저우와 둔황, 하미, 투르판, 우루무치, 카스를 거쳐 마지막 국경마을 알렉산고에 이르기까지 고대 오아시스로의 다양한 풍물과 대륙의 속살을 밟으면서 내 자신을 되돌아보는 소중한 시간들이었다.

투르크어로 '들어가면 당신은 나오지 못하리란' 뜻의 타클라마칸 사막의 바다 같은 허허로운 지평선이 시야에 들었다. 지난 수세기에 걸쳐 상인이나 순례자의 목마른 행렬들이 오아시스 사이에 난 길을 잃어버려 그들의 뼈를 사막 한 가운데 이정표로 남기곤 했다. 7세기 현장법사는 인도로 가기위해 타클라마칸을 건넜는데 바람이 일어나 휘몰아치면 사람과 짐승들이 제정신을 잃고 무기력해지고 혼란에 빠져 어디로 가야 할지 모르게 되어 많은 사람들이 죽음을 당했다고 기록하고 있다. 모래 위에 흩어져 있는 짐승들의 시체와 허옇게 퇴색한 뼈와 해골들을 이정표 삼아 사막을 뚫고 나가야 했던 먼 옛날의 카라반들을 떠 올려 보았다.

나는 왜 20대부터 이 황량한 사막을 늘 와보고 싶어 했을까. 무엇이 중앙아시아의 푸른 초원을 그토록 말을 타고 달리고 싶도록 만들었을까. 낙타나 말 대신 기차를 타고 가슴에 묻어두었던 갈증을 조금씩 적셔가고 있다.

타클라마칸 사막의 천산산맥

    북쪽으로는 장엄한 천산산맥이 펼쳐지고 서쪽으로는 세계의 지붕인 파미르가 우뚝 솟아 있으며 남쪽으로는 카라코람과 쿤룬 산맥이 뻗어 있다. 거대한 천산산맥이 수천만 년 비바람에 깎이고 부딪치며 흘러내리는 과정에서 생긴 바위들의 잔해가 신기루처럼 나타났다 메마른 황야로 되돌아가고 있다.

    돌이켜보면 이 삭막한 사막을 바라볼 수 있었던 것도 광활한 동해바다와 호수의 따뜻한 저녁노을이 있었기 때문이다. 청춘의 한 시절 밤새워 써내려간 원고지와 성서나 그 어떤 경전에서도 내 마음의 위안을 얻을 수 없었다. 넋을 놓고 망망한 동해를 바라보거나 노을에 물드는 호반의 따뜻한 잔물결을 바라보며 고뇌에 찬 젊음을 보냈다. 말로 표현할 수 없는 그 무언가가 내면에서 울려 퍼질 때 유라시아의 초원을 말을 타고 무작정 달리고 싶은 충동에 사로 잡혔고 아무도 없는 황야나 사막에서 저녁노을을 홀로 지켜보고 싶었다.

청춘의 열병이 두어 번이나 지날 갈 나이가 되어서야 비로소 나는 달리는 열차 안에서 가도 가도 끝이 없는 사막을 바라보게 되었다. 삶과 죽음, 종교, 왜 이러저러한 인연에 얽혀 사랑하고 이별하고 고뇌하는가라는 근원적 의문은 광활한 사막에 한 알의 모래가 되어 사라지고 일상에 갇혀 박제된 내 영혼도 광막한 황야에서 자유를 찾아 앨버트로스처럼 날고 있다.

삶의 대척점이 죽음이라면 죽음마저 내려놓으면 자신을 가둘 경계마저 깃털처럼 가벼워지고 청춘의 가슴으로 되돌아간다. 청춘이란 육체적 젊음이 아니라 마음의 젊음이다. 신념과 희망에 넘치고 백절불굴의 용기를 가지고 무언가에 몰입할 때 우리 모두는 새파란 청춘이다. 물리적 육체는 늙어가도 정신과 영혼의 나이는 결코 늙지 않는다. 그것은 생로병사로부터 자유로우며 시간과 공간으로부터 벗어나 있다. 하여 나는 늘 가슴이 뛰는 그 순간까지 청춘이고 싶다.

나무 한그루 자랄 수 없는 메마른 땅을 바라보노라면 세상 모든 인연에 대해 감사하게 된다. 목마른 들판을 바라보면 한 알의 밀알은 농부의 땀방울과 하늘과 땅이 빚어낸 인연의 결정체임을 실감하게 된다. 우리가 마시는 일상의 공기 한줌과 물 한 모금이 얼마나 소중한지, 사계절이 뚜렷한 땅에 태어난 것이 얼마나 큰 축복인지 이곳에 와보면 절로 깨닫게 된다.

이 황야를 걸을 수 있는 두 발과 두 팔이 있어 감사하고, 사막의 지평선을 바라볼 수 있는 두 눈과 모래폭풍이 울부짖는 소리를 들을 수 있는 두 귀가 있어 감사하다. 이 광막한 황야를 있는 그대로 껴안아줄 수 있는 넉넉한 가슴이 있어 더욱 감사하다.

사막의 한 가운데서도 내 가슴엔 늘 파도가 일렁인다. 파도는 매 순간 일어나 바다 속으로 사라진다. 시작도 끝도 없는 출렁임이다. 사막과 바다는 분리되지 않은 한 몸이다. 우주에서 보면 지구는 모두가 한 몸 일 뿐이다. 동해와 타클라마칸이 구분될 수 있어도 분리될 수 없듯이 세상은 눈에 보이지 않는 언어와 몸짓으로 서로서로 소통하고 있다. 풀 한포기 돌멩이 하나도 나와 맞닿지 않는 존재가 없다는 것을 깨닫게 된다.

사막에 서 있으면 이 세상에서 가장 흔한 것이 가장 귀한 것이라는 것을 깨닫게 해 준다. 맑은 공기와 비바람을 뿌려주는 하늘과 강이나 바다, 언제나 볼 수 있는 푸른 산과 대지가 얼마나 소중한가. 세상의 그 어떤 진귀한 보석도 사막 한 가운데서 물 한 모금과 비교할 수 있을까. 사막의 심장엔 사랑도 미움도 숨 쉴 수 없다. 사막의 가슴엔 성공과 실패조차 존재하지 않는다. 원초적인 모습 그대로 우리의 마음을 끌어당길 뿐이다. 이 세상에 존재하는 그 모든 것들을 공허하게 만드는 폐허야말로 오히려 인간의 가슴 밑바닥에 활화산처럼 분출하는 욕망의 덩어리를 가라앉히고 있다.

선악善惡과 미추美醜를 비교할 대상조차 없는 사막의 한 가운데서

타클라마칸 사막의 메마른 들판 ▽

행복과 불행은 어디쯤에 놓여 있을까. 일상의 무수한 몸짓들은 그림자조차 남길 수 없다. 시간이 멈추어선 들판에 나신으로 서 있는 한그루의 나무가 된 것 같다. 사념邪念은 메마른 사막으로 사라지고 존재에 대한 근원적 그리움만 지평선에 가득하다.

　한 무리의 새떼들이 사막의 창공을 가르고 있다. 새들은 스스로 항로를 만들어서 날아간다. 허공을 나는 새들은 대양大洋의 함선처럼 길게 항적을 긋지만 오래 흔적을 남기지 않는다. 그러나 이 적막한 사막엔 흔적을 남기지 않을 새 조차 살 수 없다. 시작도 끝도 없으며 절대적으로 고요하다. 하지만 작렬하는 태양과 황량한 광야가 어쩌면 인간 심연의 갈증을 치유하는 능력이 있는지도 모른다. 이 허허로운 공간에 서면 인간이 가지고 있는 모든 것을 내려놓게 된다.

　우리가 현대 물질문명에서 더 많은 것을, 좀 더 나은 것을 소유하려고 몸부림쳤던 것이 얼마나 하찮고 부질없는지 깨닫게 된다. 로댕의 생각하는 사람이 채움 조각상이라면 신라의 반가사유상은 비움의 조각상이다. 로댕의 조각은 채움으로 고통스러워 보이고 반가사유상은 비움으로 오히려 온화하고 넉넉해 보인다. 텅 비어 있는 이 황량한 공간이야말로 오히려 지나온 내 삶에 대한 감사와 새로운 삶에 대한 이정표를 제시해 주고 있다.

천산산맥과 대초원

●●● 중국신장의 우루무치기차역 왼쪽 입구에 별도로 마련된 대합실에서 밤11시 55분 출발하는 알마티 행 국제여객열차를 탔다. 카자흐스탄어나 러시아어를 전혀 모르는 상태라 바디랭기지로 버텨볼 생각이다.

아침에 눈을 뜨니 열차는 중국의 마지막 국경역 알렉산고에 도착해있다. 객실 칸마다 문을 잠그고 잘 수 있는 매우 안락한 열차다. 아담한 역사가 아침햇살에 눈부셨다. 알렉산고에서 3시간 20분과 카자흐스탄 두루시바에서 6시간 대기하며 두 세 번의 까다로운 검색과정을 거치다보니 두 나라 국경을 통과하는 데 9시간 30분이 소요되었다. 중국대륙에서 몸에 베인 만만디 정신이 오히려 미지의 세계를 탐험하는데 든든한 무기가 되었다. 마을 좌측으론 검은 천산산맥이, 우측 철로 변엔 넓은 평야가 끝없이 펼쳐졌다.

국경을 하나 넘은 이곳부터는 평면 지붕의 중국 벽돌집에 비해 붉은 양철지붕과 기와집이 나타나 60~70년 대 우리의 시골마을을 연상시켰다. 이 지역 역무원의 딸인 17세 소녀 아이기린과 아들 노르잔이 같은 침대칸에 합류했다. 차창가엔 천산산맥과 대초원이 펼쳐진다. 끝이 보이지 않는 호수를 만나면 동해바다를 바라볼 때의 그 광막함이 느껴지곤 한다. 베이징과 1시간의 시차가 나기에 시계를 1시간 늦게 다시 조정했다.

초원을 끼고 펼쳐지는 에메랄드 빛 호수 위에 섬 하나 떠있다. 저녁 8시가 되어도 태양은 눈부셨다. 저녁 햇살이 천산산맥을 붉게 물들였다. 밤 9시가 되서야 초원은 비로소 밤바다처럼 누워있다. 초승달이 지평선 너머로 살며시 눈썹을 내밀었다.

카자흐스탄은 이슬람 국가다. 이슬람교는 유일신 알라를 섬기는 종교로 상업이 발달했던 아라비아 반도의 메카에서 무함마드가 창시했다. 무함마드는 어린 시절 부모님이 모두 세상을 떠나 할아버지와 삼촌의 보호를 받으며 자랐다. 고아로서 일찍부터 독립한 무함마드는 험난한 대상교역의 낙타몰이꾼으로 인생을 시작했다. 어린 무함마드는 대상이었던 작은 아버지를 따라다니며 일찍부터 무역업을 배웠다. 그러던 어느 날 작은 아버지의 소개로 메카의 부유한 상인이었던 미망인 카디자의 상점에 직원이 되어 여러 지역으로 무역을 하러 다니게 되었다. 카디자는 성실한 무함마드를 눈여겨보다가 청혼하게 되어 결혼까지 하게 되었다. 이 때 무함마드 나이 25세, 카디자는 40세인 15세 연상이었다. 큰 상인으로 성장한 무함마드는 많은 부와 지식을 쌓았다.

무함마드가 40세가 되던 해에 그는 히라의 동굴에서 천사 가브리엘을 통해 알라신의 첫 계시를 받았다. 신의 계시를 받은 이날 밤하늘의 초승달과 별이 나란히 떠 있었다. 622년 메카의 귀족들에게 박해를 받은 무함마드는 메디나로 떠나게 된다. '헤지라'라고 불리는 이날 이슬람력이 시작되었다. 이날 밤에도 하늘에 초승달과 별이 나란히 떠 있었다. 25년 동안 결혼 생활을 한 후 일생동안 12명의 연인들과 결혼을 했으나 임종 때에는 파티마라는 외동딸 하나만 두었다. 이슬람을 완성한 무함마드는 사랑하는 마지막 아내 아이샤의 팔베개를 한 체 조용히 눈을 감았다.

계절에 따라 이동하며 유목생활을 주로 했던 아랍인들은 밤하늘의 별과 달로 날짜를 계산했다. 이슬람교에서는 초승달이 어둠을 지나 밝음으로 인도하는 진리의 시작을 의미한다. 하지만 절대로 초승달을 숭배하지는 않는다. 오직 알라만 섬기기 때문이다. 무함마드의 그림을 그릴 때에도 얼굴을 베일로 가리거나 하얗게 칠을 한다. 이슬람교의 사원인 모스크도 아라베스크 무늬나 꾸란의 글자를 도형화해서 디자인한다. 왜냐하면 알라만 섬긴다는 것은 이슬람교 신도들에게 반드시 지켜야할 다섯 가지 의무 가운데 가장 우선하기 때문이다.

간이역이나 마을 이름을 잘 알고 있는 역무원의 딸인 아이리기 덕분에 여행이 훨씬 재미있어 졌다. 미지의 세계에 대한 도전과 질주로 새로운 문명과 역사를 창조했던 북방민족들의 꿈이 펼쳐졌던 초원이다. 칭기즈칸 후예들이 초원을 넘어 이룩했던 티무르제국이나 오스만터키제국, 무굴제국에 이르기까지 인류사에 가장 방대한 영토와 강력한 제국을 건설하고 초원을 지배했던 후예들의 고향이다.

새벽 3시에 깨어 베일에 가린 어둠이 걷히길 기다렸다. 무수한 상념들이 레일 위로 스쳐갔다. 따끈한 용정차 한잔에 아침을 덥혔다. 하사

크족 예쁜 소녀 아이기린은 아직도 단잠에 빠져 있다. 새벽 6시 20분 초원은 잠에서 깨어 싱그러운 미소를 머금고 있다. 나무숲에 싸인 작은 마을이 시야에 들었다. 흡사 새마을 사업을 하고 난 '70년 대 우리의 시골집을 옮겨 놓은 것 같다. 우리도 한번 잘살아 보자는 새마을운동의 노래가사가 떠오르고 태극기 앞에서 국민헌장을 외우던 어린 시절이 스쳐간다. 독일에 파견된 광부들의 몸값으로 차관을 들여오고 꽃다운 젊은이들이 목숨 값으로 이룩한 월남전쟁의 경제특수, 열사의 사막에서 오일쇼크를 극복한 중동건설 노동자들의 피나는 노력덕분에 나는 유라시아의 초원을 달리고 있는지 모른다.

알리가 아침인사를 건넸다. 어제 밤 같은 침대칸에서 잤던 위구르 청년이다. 중국 신장지역도 100년 전에는 이곳처럼 매우 아름다웠으나 벌목과 관리소홀로 사막화 현상이 진행되었다 한다. 타림분지에도

10년 전에는 나무가 많았으나 무분별하게 벌목하여 현재는 숲이 많이 사라졌다고 설명해 주었다. 중국 신장지역을 통과하면서 바라보았던 광활한 사막도 인간의 무분별한 벌목과 기후변화가 주요인이었을 것이다. 해마다 증가하는 사막화 현상을 막기 위해 자연과 인간의 진정한 소통이 절실하다. 인간이 자연을 한 가족처럼 운명공동체로 여겨 아끼고 존중했다면 사막은 지금보다 훨씬 줄어들었을 것이다.

초원의 풀잎들이 아득한 망각의 긴 터널을 통해 내 안 깊숙이 파고들고 있다. 유라시아 대초원은 분초를 다투는 기술문명의 속도를 알고 나 있는지 말없이 그렇게 서 있다. 미래에는 전기신호를 통해 생각이나 감정을 전 세계 모든 사람과 교환하는 마음의 인터넷이나 브레인넷(The brain net) 등이 대세로 떠오를지 모른다. 마치오 카구의 '마음의 미래'에서는 인간의 뇌를 들여다보고 뇌 스캔하고 마음과 의식을 해독하는 기술발전이 예견되고 있다. 마음으로 물체를 조정하는 염력이나 두뇌스캔, 텔레파시, 인공지능개발 같은 기술발전으로 인간은 신의 영역으로 가까이 다가가고 있다.

38억 년에 걸친 진화 과정에서 바다에서 가장 먼저 육지에 올라온 이끼류와 나무들의 마음도 헤아려 보게 된다. 희로애락의 감정을 인간만이 가지고 있다고 생각하는 것은 지나친 아집과 우월성이 아닐까?

나무가 인간의 감정을 이해한다는 사실이 과학적인 연구를 통해 이미 입증되었다. 과학자들은 나무의 심전도를 측정하는 특수한 기계 장치를 나무에 부착했다. 아무 일도 없을 때 나무의 심전도는 조화로운 곡선을 나타내지만 나무를 베어 넘어뜨릴 생각을 품고 있는 벌목꾼이 나무에 가까이 다가가자, 불안에 떤 나무의 심전도는 조화가 깨지고 상하 진폭이 큰 동요가 일었다. 단지 벌목의 의도를 가진 벌목꾼이 그 나무 옆에 있었을 뿐인데도 눈이 없는 나무가 어떻게 벌목꾼의 생각을 인지할 수 있었을까?

인간과 마찬가지로 나무에게도 나름대로 대상을 인식하고 마음을 읽는 방법이 있다는 것을 보여주는 실험이다. 그 다음에 과학자들은 벌목꾼에게 "나무를 자르지 말고 그냥 손에 도끼를 들고 지나 가 보시오"라고 주문했다. 그 결과 벌목꾼에게 나무를 자를 마음이 없으면 그래프는 조화를 유지한다는 사실이 드러났다. 이것은 나무가 인간의 마음을 읽을 수 있다는 확고한 증거이다. 잘릴 위기에 놓여 있는 나무만이 아니라 그 주변의 나무들 또한 크게 동요했다. 그러나 벌목꾼이 손에 도끼를 들고 있다 해도 나무를 자를 마음이 없으면 그래프는 평

온을 유지했다.

이것은 사물에 대한 엄청난 발견이다. 이 실험은 나무에게도 어느 정도 인식능력이 있다는 것을 보여주고 있다. 아마 나무들도 어떤 식으로든 자기들끼리의 의사소통 방법이 있을 것이다. 어쩌면 나무들이 갖는 소리의 파장은 우리가 들을 수 있는 음역 이상이거나 그 이하일지도 모른다.

식물들도 서로 정보를 주고받는 땅속 네트워크가 있다는 연구결과가 잇달아 나오고 있다. 영화 '아바타'에 나오는 판도라 행성에서는 모든 식물 뿌리들이 연결되어 뇌신경망처럼 거대한 정보 네트워크를 이룬다. 나비족의 간절한 염원을 받은 '영혼의 나무'는 이 네트워크를 통해 모든 동물들에게 판도라를 공격하는 인간 군대에 대항하라는 총동원령을 내린다. 비현실적인 것 같은 상상속의 세계가 실제로 우리의 생활 주변에 진행되고 있다는 것을 우리는 감지하지 못하고 있는지 모른다. 인류는 수십억 년 동안 생태계 전반에 진행된 진화의 세계를 도외시하고 만물의 영장이라는 우월감과 고정관념 속에 갇혀있는 것은 아닐까.

땅 속에 있는 네트워크 회로는 뿌리 끝에 공생하는 곰팡이와 같은 미생물로 식물이 해충의 공격을 받으면 곰팡이가 다른 식물들에게 경고 신호를 보낸다는 것이다. 식물도 해충의 공격을 받으면 공중에 경고 물질을 방출한다. 주변 식물들은 경고물질을 탐지해 미리 해충에 대비한다. 일종의 무선통신인 셈이다.

공기를 통한 신호전달이 불가능해 질 경우에 대한 연구에서 영국 에버딘대 연구진은 공기를 통한 식물의 '비상 무선통신망'이 차단되면 곰팡이 균사들이 '지하 유선통신망'을 대신 가동한다는 연구결과를 국제학술지 '이콜로지 레터스(Ecology letters)' 인터넷 판에 게제 하였다.

인간의 생각과 소리의 음역은 에너지의 파동으로 생명체 간에 상호 교감되고 있다. 피리소리를 듣고 춤추는 뱀이 있다. 그런데 과학자들은 뱀의 신체에서 귀를 발견하지 못했다. 귀도 없는 뱀이 어떻게 반응할 수 있을까. 그런데 계속된 연구결과에 의하면 뱀은 피부 전체를 통해 소리를 듣는다는 것이다. 귀 또한 피부의 하나이다. 뱀은 자신의 몸 전체를 통해 듣는다. 그래서 그 춤이 그토록 아름다운 것이다.

이름모들 들판의 꽃들이나 무심코 밟고 가는 잡초 한 포기에도 생명의 리듬이 숨 쉬고 교감하고 그들만의 무언의 대화를 하고 있다는 생각을 하니 이 세상에 쓸모없고 버릴 것이 하나 없는, 있는 그대로가 완벽한 세상이다.

꼭주베전망대와 천산산맥의 지류 알라타우산

●●● 아침 7시 5분 바다처럼 끝없는 호수가 나타났다. 알라모토로 가기 전 60㎞지점에 있는 호수다. 호수 가의 작은 호텔과 식당이 시야에 들었다. 캅지가이역에 도착하자 철로 연변에는 많은 주택들이 늘어서 있다. 이글거리는 태양이 호수를 붉게 물들였다. 우루무치에서 중국의 마지막 역 알렉산고까지 640㎞, 알렉산고에서 알마티까지는 800㎞로 6천리 정도의 거리다. 알마티에는 제 1역과 제 2역이 있다. 소박하고 작은 제1역을 지나 아침 9시 10분경에 제 2역에 도착했다.

알마티 교외에 있는 꼭주베전망대로 향했다. 알마티는 천산산맥 남쪽에 해당하는 곳으로 동쪽 숲속에는 여름별장이 많이 있다. 알마티는 '사과의 아버지' 란 뜻으로 봄과 가을이 되면 카자흐 상류층들은 여름 별장인 다차에서 휴가를 보내거나 손님을 초대하여 중요한 사업을 처리한다.

인구 130만 정도의 알마티는 카자흐스탄의 경제 문화의 중심 도시

다. 그러나 북부지방의 저항과 반감을 추스르기 위해 행정수도를 아스티나로 옮겼다. 공식어는 카자흐스탄어와 러시아어를 사용하는데 실제로는 러시아어를 더 많이 사용하고 있다. 알마티는 러시아인이 40%정도 차지한다.

　꼭주배전망대에서 시가지를 굽어보면 신흥부자들의 화려한 저택과 대통령궁을 비롯한 멋진 시청사 건물이 시야에 들어온다. 산 아래 길목에 원불교 포교당이 자리 잡고 있다. 전망대에서 내려와 알마티국립대학과 카자흐스탄호텔, 공화국 궁전, 경영대학원의 MBA과정 등의 교육기관들을 둘러보았다.

　오랜 세월 공산주의의 영향을 받아 이곳에서는 이슬람적인 분위기를 느낄 수가 없다. 통계청에 의하면 이혼율이 매우 높고 성문화는 무척 개방적이다. 봉급 중 30%를 세금으로 내야하기 때문에 공식 급여는 작지만 사이드 머니 형태로 부족분을 채워준다고 한다. 20세기 들어 남녀 평등의식이 강화되어 이슬람문화권 이지만 남자들보다 여자가 더 활동적인 편이다.

시가지를 둘러본 후 오후 3시경 배기태선수가 금메달을 땄던 메데우 빙상경기장에 도착했다. 젊은 남녀들이 수영과 일광욕을 즐기고 있다. 6~8월에는 햇빛이 너무 강열하여 초원이 말라 국토의 85%가 사람이 살지 못한다. 메데우계곡에서 알라타우산으로 향했다. 알마티에는 문화유적지나 특색 있는 관광지를 찾기가 어려웠다. 차를 타고 교외로 달렸다. 천산산맥의 한줄기인 알라타우산은 케이블카를 설치한 규모가 큰 스키장을 갖추고 있다.

케이블카를 타고 산정으로 향했다. 리프트를 타고 오르면서 보는 해발 3,000m의 알라타우산 정상은 암벽과 풀숲에 지천으로 핀 꽃들이 어울려 신비롭다. 산 정상의 바위가 쪼개져 돌조각과 흙이 쏟아져 내렸다. 여기서부터 차른 캐넌이라 부르는데 천산산맥 어귀는 유명한 사냥터로 9월부터 프랑스와 독일 사람들이 많이 찾고 있다.

오후 5시에 알라타우산에서 내려와 알마티 시내로 들어갔다. 28인의 전사가 묻혀있는 판필라공원으로 향했다. 공원 숲 속을 걸으면 웅장한 러시아 정교회가 나타난다. 알마티 산사태 때 이곳만은 훼손되지 않았다 해서 화제가 된 건물이다. 교회 뒤로 돌아가면 28인 전사의 기념조각상 앞에는 영원히 꺼지지 않는 불꽃과 젊은 용사들의 조각상이 신성한 분위기를 자아내고 있다.

이곳의 결혼문화는 작스라는 관청에 결혼신고서를 제출하고 공무원 앞에서 성혼선언을 한 후 인형과 깡통, 꽃과 화환으로 장식된 리본을

28인의 전사가 묻혀 있는 판필라공원

차에 매달고 달리면서 친구들과 결혼식을 즐긴다. 결혼을 하면 신랑신
부가 28인의 용사 앞에 와서 참배를 하고 꽃다발을 헌화한 후 시내를
돌아다닌다. 러시아연방 붕괴 전에는 소년 단원이 경비를 섰을 정도로
신성한 장소로 인식되었으나 지금은 폐지되었다.

지난 밤 내내 비자문제로 고민했다. 투르크메니스탄이나 키르키스
탄을 경유하여 카스피 해와 흑해를 건너 러시아를 통해 이스탄불로 갈
여정을 짜 보았지만 이곳의 사정으로는 매우 힘들었다. 같은 구 러시
아연방지역은 현지에 와서 비자를 신청하면 어렵지 않으리라 여겨졌
지만 예상과는 전혀 딴판이었다. 일단 우즈베키스탄 공화국에 가서 일
정을 다시 조정하기로 했다.

아침에 알마티한국교육원을 방문했다. 교육부 소속 교육기관으로
우즈베키스탄공화국에 이어 중앙아시아에서 두 번째로 큰 규모다. 알

마티한국교육원을 나와 숙박등록을 하러 출발했다. 카자흐스탄은 초청기관의 레터가 반드시 있어야 하는데 떠날 때 시간이 없어 급행으로 여권을 만드느라 가지고 올 시간이 없었다. 알마티에서는 외국 여행객들이 체류할 때 숙박등록을 할 수 있는 호텔이 지정되어 있는데 다른 곳에 자더라도 여기서 체류했다는 등록증이 있어야 한다. 외국인 방문객이 지정된 호텔에 숙박하지 않을 경우에는 벌금과 함께 그에 상응한 어려움을 겪게 된다고 한다. 여권을 낸 알라모 초청기관에 연락해서 수수료를 주고 레터와 숙박등록증이 필요 없는 72시간 이내 출국할 수 있는 증명서를 발급 받았다.

알마티는 석유 덕분에 활력에 넘쳤다. 90년 대 말부터 미국 등 서방의 석유회사들이 카자흐스탄의 석유와 가스 유전개발에 경쟁적으로 투자하면서 경제가 살아나고 있다. 2000년 이후 매년 9%이상의 고속 경제성장을 하고 있다. 중동과 시베리아에 이어 세계 3대 에너지 보고 寶庫 가운데 하나로 알려진 중앙아시아의 카스피해 지역 석유와 가스 자원의 상당량은 카자흐스탄 영토와 영해에 묻혀 있다. 카스피해에 매장된 방대한 규모의 석유자원은 카스피해 연안 5개국이 해상자원의 분배를 둘러싸고 분쟁을 벌이고 있으며 에너지와 군사전략적으로 매우 중요한 곳으로 부상하고 있다.

알마티기차역에서 저녁 6시에 출발하는 친켄트행 기차표를 예매했다. 출발 전 5시간의 여유가 있어 카자흐스탄의 근교에 있는 농장을 방문했다. 교외에 있는 유르따라 부르는 유목민들의 전통적인 천막집이다. 슬레이트로 이은 맞배지붕의 정자 밑에서 카자흐인들이 먹는 밀가루 빵 조각과 각설탕, 홍차에다 우유를 섞어서 점심을 먹었다.

점심을 마치고 말을 빌려 탔다. 날씬하고 덩치가 큰 백마다. 자이라우농원은 주말에 도시인들이 찾아와 말을 빌려 타고 가족들과 함께 보내는 일종의 주말 농장이다. 마을 주변과 산언덕을 넘어 초원을 달려보는 기분은 이전의 관광지에서 조금씩 맛보았던 말 타기와는 색다른 기분을 안겨준다. 제주도가 올레을 만들어 한 차원 높은 관광지로 발전했듯이 미래의 먹거리로 제주도의 초원이나 구릉을 말을 타고 산책할 수 있는 말馬올레길도 개발해 보는 것이 어떨까 생각해 보았다. 산능선이나 계곡을 따라 말을 달리거나 푸른 초원의 부드러운 산허리를 돌면서 알마티 시내를 굽어보는 감회는 서부 영화의 주인공이 된 듯한 기분에 사로잡히게 한다.

Tip. 카자흐스탄의 인구와 언어

카자흐스탄은 한반도 면적의 12배로 중앙아시아에서 가장 넓다. 면적에 비해 인구는 1천 5백 2십 만 명 정도이며 인구 구성은 카자흐인 53.4%, 러시아 30%, 우크라이나인 3.7%, 우즈베크인 2.5%, 고려인 0.5% 순으로 130여 종족으로 구성되어 있는 다민족 국가다. 일인당 GDP는 8,000달러로 수출의 90% 이상이 원유와 천연가스 등의 천연자원에 의존하고 있으며 활발한 자원개발 등으로 경제가 급성장하고 있다.

91년 소련연방에서 독립했으며 행정 수도 아스티나는 북부지역의 분리 독립 움직임을 무마하기 위해 1997년 알마티에서 이곳으로 이전하였다. 언어는 카자흐어와 러시아어를 공용으로 쓰고 있으며 종교는 카자흐인을 중심으로 이슬람교와 러시아인들이 믿는 동방정교가 있다.

오아시스의 도시 친케트와 국경마을

●●●오후 6시 10분 친켄트 행 기차가 출발했다. 친케트까지는 14시간 이 소요된다. 7시 30분 철길 우측은 푸른 초원, 좌측은 황금빛 들판으로 극적인 대비를 이루고 있다. 밤 9시인데도 풀을 뜯는 양떼와 소들이 나타난다. 알마티의 여름철은 섭씨 36~37도 정도이고 겨울에는 영하 10~20도로 기온 차이가 심하다.

아침에 눈을 뜨니 창밖엔 천산산맥이 누워있다. 밤새도록 질주했지만 여전히 광활한 초원이 펼쳐졌다. 오전 8시 25분 친켄트시에 도착했다. 20kg에 달하는 배낭과 카메라를 매고 도시를 투어한다는 것이 쉽지가 않았다. 관광객을 위한 안내소나 지도를 구할 수가 없었다. 택시를 한 시간 대절하여 도심을 투어했다.

친켄트는 우리의 70년대를 연상시킨다. 연극공연을 하는 장소와 도시에서 가장 높은 8층 건물 앞 놀이공원과 시장터인 바자르에 들렀다. 가볼만한 문화유적지가 거의 없었다.

　　오전 10시 15분 친켄트에서 타슈켄트 행 승합차를 탔다. 우즈베키스
탄과 접해있는 이곳 국경마을은 물가가 생각보다 비쌌다. 비싼 전화요
금은 물론이고 전화 거는 장소를 가르쳐준 젊은이가 안내 대가로 돈을
요구하며 돈을 뺏으려고 할 만큼 험악했다. 국경마을을 배회하는 인간
늑대들이 먹잇감을 찾으려 혈안이 된 표정이다. 외국인만 보면 달러와
교환하자고 다가왔다.

 우즈베키스탄

우즈베키스탄 수도 타슈켄트

●●● 카자흐스탄 국경을 통과해서 가게에 짐을 맡기고 보관료를 주어도 받지 않았다. 너무나 다른 분위기에 놀랐다. 이곳에서 안내할 최선생을 만났다. 우즈베키스탄에서 중앙 아시아사를 공부하는 재원이다.

차를 타고 타슈켄트시내로 들어왔다. 시차 때문에 알마티의 시간을 이곳에서 2시간 늦게 다시 조정했다. 이곳에서도 외국인들은 카자흐스탄처럼 지정된 호텔에 숙박하지 않을 때는 경찰검문에 적발될 경우 벌금을 물게 된다. 최 선생 집에서 묵지만 호텔거주 등록증을 끈기위해 하루 당 일정 금액을 고려인 중개인에게 내고 호텔 숙박등록증을 구했다. 부하라 행 기차표를 예매하고 외국인 전용 티켓판매소를 찾는데 최선생의 유창한 러시아어로도 어려운 점이 많았다.

소련 연방으로부터 독립 한 후 카리모프대통령은 강압적인 철권통치를 하고 있다. 카리모프는 비록 자유주의 경제를 추구하지만 여전히 권위주의적이고 언론의 자유를 제한하는 구소련 시절의 통제된 정치

시스템을 유지하고 있다. 우즈베크인들은 오랜 세월 관료 체제에 맹목적으로 복종하는데 길들여져 왔다. 특히 목화 생산 농장에서의 노예화를 통해 그런 맹종이 더욱더 깊어 졌다.

　그밖에도 티무르제국시대부터 절대적인 권위로 나라를 다스렸던 군주제의 역사가 있었기 때문이다. 과거 공산당 당수였던 카리모프가 폭넓은 국민적 지지를 받으며 그 가부장적 군주상을 대신하고 있다.

　최선생과 타슈켄트시내를 구경했다. 중앙백화점격인 타슈켄트백화점을 방문했다. 4층으로 된 매장에 다양한 물건이 진열되어 있다. 우측으로는 나보이극장이 서 있다. 15세기 경 최초로 중앙아시아어로 시를 쓴 유명한 시인을 기리는 극장이다. 벽면과 대리석 기둥에는 우즈베키

스탄의 전통문양인 목화무늬를 장식하여 고전적인 분위기를 풍겼다. 나보이극장 앞 분수대광장에서 뿜어내는 시원한 물줄기가 한낮의 더위를 식혔다. 공원을 지나 타슈켄트에서 가장 유명한 에미를 카페골목 길로 들어섰다.

 이곳에서 남쪽거리를 따라 걸으면 우리나라 명동에 해당되는 가장 번화한 거리가 나타난다. 번화가에는 고려인들이 많이 진출하여 기반을 잡고 있다. 2천년의 역사를 가진 수도 타슈켄트의 역사적인 유물이나 유적들은 1966년 발생한 대지진으로 인해 대부분 파괴되고 구소련 시절에 만든 계획도시로 탈바꿈되어 있다.

우즈베키스탄은 세계 4대 면화 생산국 가운데 하나다. 한반도의 2배에 해당되는 45만km²의 면적을 가지고 있으며 인구 2천5백만 명으로 중앙아시아에서 인구가 가장 많다. 우즈베키스탄은 지리적으로 중앙아시아의 한 가운데 위치하고 있으며 석유와 가스자원도 상당량 갖고 있다. 종교적으로는 온건파인 이슬람 수니파가 다수를 차지하며 국민의 90%가 이슬람이다.

인종적으로는 우즈베키스탄인이 70%이상을 차지하고 러시아와 타지크, 카자흐, 타타르인등 소수민족으로 구성되어 있다. 스탈린의 강제이주 정책으로 고려인들도 22만 명이 살고 있다. 언어는 우즈벡어와 러시아어가 통용되고 있으며 1인당 GDP가 2천 달러 정도이다.

특히 아프가니스탄 전쟁을 계기로 중앙아시아 내 미국의 전략적 파트너로 급부상하고 있다. 친미 탈러 정책으로 인하여 우즈베키스탄의 지정학적인 중요성을 인식한 미국이 군사 분야의 지원을 확대하고 있다.

반면에 우즈베키스탄의 사업 환경은 대통령의 재가를 받아야 할 정도로 시장경제의 시스템이 제대로 도입되지 않아 문제가 많은 편이다. 기업 활동과 금융 분야에 대한 국가의 통제가 심각하다. 구소련 시대에 남아 있던 뿌리 깊은 관료주의 시스템이 국가발전을 저해하고 있다. 경제개혁 분야에서도 신속한 시장경제로의 이행 대신에 국가통제를 중심으로 한 완만한 발전을 고집하고 있어 외국인들이 경제활동을 하기에는 많은 어려움이 따른다.

중세 중앙아시아의 티무르 제국의 수도 사마르칸트

●●● 최선생의 집에서 하룻밤을 묵고 승합차를 한 대 렌트하여 사마르칸트로 향했다. 새벽 5시 40분 길가엔 목화밭이 끝없이 펼쳐졌다. 시르다리아강 지류에서 어부들이 고기를 잡고 있다. 다리를 지나면 카자흐스탄 국경선이 우즈베키스탄영토를 가로지르는 좁은 회랑지대를 지나게 된다. 우즈벡경찰과 군인들이 차량 검사를 실시했다. 실크로드는 유명한 마약의 루트이기 때문이다.

천산산맥의 만년설에서 발원한 시르다리아강은 키르키스탄의 푸른 초원을 지나 우즈베키스탄의 페르카나분지를 비옥한 녹지로 가꾸고 카자흐스탄의 거대한 목화밭에 물을 공급한 뒤 서서히 키질쿰사막으로 흘러 들어가면서 생을 마감한다. 최종목적지인 아랄 해에 도달하지도 못한 채 사라지는 시르다리아강은 구소련 시절 목화생산량의 증대로 인한 수자원의 남용으로 아랄 해의 수원이 심각한 수준으로 고갈되었다.

타슈켄트에서 사마르칸트까지는 280㎞정도의 거리로 타슈켄트와는 전혀 다른 분위기를 느끼게 한다. 라보이동상을 지나 정원 속에 묻힌 도심을 들어섰다. 학생로 끝에 티무르의 동상이 나타났다. 용감하고 강인한 표정으로 칼을 잡고 옥좌에 앉은 티무르가 시가지를 굽어보고 있다.

중세 말 몽골제국에 이어 동서 관계에서 주목을 끈 나라가 티무르제국이다. 1369년 티무르가 사마르칸트를 수도로 하여 건립한 티무르제국(1369~1500)은 중앙아시아와 서아시아의 광활한 지역을 아우른 중세의 대제국이었다. 1402년 앙카라회전에서 티무르군이 강적 오스만제국 군을 대패시키고 오스만제국 쑬탄까지 생포하여 그 위세가 유럽에 전해지자 유럽 나라들은 지난날의 악몽 같은 몽골군의 서정西征을 되새기면서 티무르제국과의 관계 수립을 서둘렀을 정도였다. 구소련 연방시절 티무르는 이름을 부르는 것조차 금지되었으나 오늘날 민족적 정체성 찾기의 일환으로 티무르는 우상의 반열에 올라 우즈벡족 국가의 시조가 되었고 그의 업적은 미화되었다.

티무르는 시스탄전투에서 오른손과 오른 다리에 부상을 입어 평생 절름발이가 되었다. 후사인과 의형제를 맺고 그의 여동생 알 자이와 결혼했다. 그러나 권력을 둘러싸고 두 사람 사이가 악화되자 티무르는 1369년에 난을 일으켜 후사인을 살해하고 정권을 장악하여 티무르제국의 창건자가 되었다.

제국의 왕위에 등극 하였지만 칭기즈칸의 직계자손이 아니기 때문에 자신을 '칸'으로 호칭하지 못하고 '구르간(사위)의 아미르'라고만 칭했다. '구르간'이라 칭한 것은 그가 칭기즈칸의 후예인 가잔

칸의 딸인 후사인의 여동생을 취했기 때문이다. 티무르의 아버지는 14
세기 초 카슈크강 유역에 정착하여 농경민화된 '바스라스'라고 하는
몽골의 한 부족의 유력자였다. 티무르는 자신의 출신 부족인 바스라족
을 포함한 차카타이족들로 강력한 친위대를 만들고 철권통치를 실시
하면서 대외정복에 나섰다.

　중앙아시아부터 러시아까지의 광활한 영토를 차지하고 있는 킵차크
칸국을 제압한 티무르는 까프까스산맥을 넘어 그루지야를 평정한 다
음 카스피 해 남안의 페르시아도시들을 하나씩 정복했다. 호라쌴에서
는 연와煉瓦와 석회석에 사람을 생매장하여 성벽을 쌓았다.

　타크리트성채를 공격할 때는 페르시아인을 모조리 살상한 후 9만여
구의 자른 머리로 피라미드를 쌓게 할 정도로 잔인했다. 티무르는 인

도에 대한 원정도 세 차례나 단행한 끝에 마침내 1398년 수도 델리를 점령했다. 이어 서아시아 원정에 나선 티무르는 1399년 소아시아의 시바스를 공격하여 4천명의 적병을 생매장하고 시리아를 공격하여 함락시켰으며 1401년에는 바그다드를 유린하여 폐허로 만들었다. 몽골민족 후예다운 티무르의 잔인성을 보여주는 하나의 예다.

연이어 오스만투르크의 쑬탄 바야지드 1세가 이끄는 12만 대군과 앙카라에서 접전하여 터키군을 궤멸시키고 바야지드 1세를 생포하는 개가를 올렸다. 서아시아 원정을 마치고 1404년 사마르칸트에 개선한 티무르는 70세의 노구로 그해 11월 명나라 원정을 발동하여 동정하다가 이듬해 2월 오트라르에서 급사하여 중국원정의 뜻을 이루지 못하고 눈을 감았다.

역사를 돌이켜보면 전쟁이 일어날 때마다 수많은 생명이 사라졌다. 칭기즈칸은 4백만 명이나 죽였고 티무르는 3백만 명 죽였다. 아돌프 히틀러는 3천만 명을 죽였다. 스탈린은 자기 국민 백만 명을 죽였고 6.25 동란으로 250만 명이 사망했다. 전국시대 진나라 장수 백기白起는 조나라 병사의 배반을 두려워해서 40만 명의 항복한 병사를 산채로 땅에 묻었으나 그 자신도 모함을 받아 자결했다. 이들의 명성은 자신의 업적 못지않게 얼마나 많은 사람들을 죽였는가에 의해 좌우된다.

그러나 많은 인명을 살상한 티무르는 제국을 건설하는 과정에서 이질문명의 수용에 인색하지 않고 적극적인 교류를 추진하였다. 그는 정복지마다 우수한 건축사나 기술자, 공장工匠들을 사마르칸트로 불러들이고 영내 각지에서 건축자재를 반입하여 사마르칸트를 중세시대 세계에서 가장 화려한 도시의 하나로 건설했다. 시리아 등지에서 원형

지붕인 돔형 건축양식을 도입하고 그 자신이 즐기는 청색이 주조를 이루도록 도시를 꾸몄다. 그리하여 사마르칸트를 일명 '푸른 도시'라고도 한다.

티무르의 동상 우측 길 건너에는 여성전용 사원이 있고 대학건물이 정면으로 보인다. 여성전용 사원 문 앞에는 티무르의 묘가 있다. 푸른 돔형식의 지붕에 큰 기둥 두 개를 좌우에 쌓아 올린 푸른 장식무늬가 햇살에 반사되어, 보는 각도에 따라 시시각각 색다른 느낌을 준다.

묘소 입구를 들어서면 책자와 입장권을 판매하는 매점이 나타난다. 돔 건물의 내부로 들어가면 가장 앞쪽에 티무르의 비석을 필두로 여러 개의 무덤이 있다. 비취로 만들어진 티무르의 무덤은 중간이 갈라져 있다. 페르시아의 나디르샤왕은 18세기 사마르칸트를 접수한 뒤 티무르의 무덤을 열려고 했으나 티무르와 다른 네 명의 유해는 한 층 더 아래 지하 납골 묘에 안치되어 있었기 때문에 끝내 성공하지 못했다.

무덤 관리인이 다가와 지하 무덤을 들어가는 것은 금지되어 있지만 싸이드머니를 주면 들어갈 수 있다고 했다. 반으로 깎아서 지하묘소에 설치된 옆문을 통해 안으로 들어갔다.

지하 납골 묘는 지상의 무덤이 있는 자리 바로 아래에 비석이 서 있는 위치와 일치하게 안치되어 있다. 가운데 티무르의 관을 중심으로 왼쪽에는 그의 두 아들이, 오른쪽에는 그의 손자 울루그벡, 머리 쪽 상석에는 가족묘와는 분리하여 안치한 당대의 유명한 학자이며 티무르의 스승인 싸이드 오마르가 잠들어 있다.

티무르는 생전에 자신이 미리 준비해 둔 묘지에 묻혔다. 비취로 만든 그의 관을 열어보는 사람에게는 무시무시한 재앙이 내린다는 예언

티무르 동상

티무르 묘소

나를 찾아 떠나는 유라시아 대평원

이 나돌았다. 페르시아의 정복자도 열지 못했던 티무르의 무덤도 스탈린은 이 예언을 무시하고 1941년 6월 22일 밤 소련의 고고학자들로 하여금 관을 열게 했다. 소련의 인류학교수 게라시모프와 그의 동료들은 공포에 떠는 주민들의 동요를 막기 위해 한 밤중에 티무르의 관을 개봉하게 되었는데 공교롭게도 몇 시간 뒤 히틀러의 군대가 소련을 침공했다는 사실을 스탈린은 듣게 되었다.

유해를 검시한 결과 티무르는 칭기즈칸의 후손이었고 전투에서 입은 부상으로 다리를 절었다는 이야기가 실제조사 결과 사실로 밝혀졌다. 학자들은 관에서 발견된 유골을 근거로 동판화를 만들었다. 이것을 모델로 1991년 이후 사마르칸트의 곳곳에 수많은 티무르의 동상을 새웠다. 칭기즈칸 악명을 능가할 정도로 잔인했던 티무르는 구소련 연방에서 독립한 우즈베키스탄의 지도자들에 의해 국가의 시조로 다시 떠받들어 졌다.

실크로드의 두 번째 전성기는 15세기 티무르제국의 흥망성쇠와 더불어 끝을 맺게 된다. 콜럼버스의 아메리카대륙의 발견과 마젤란에 의해 개척된 중국으로 가는 바닷길의 발견으로 몇 년이 걸려야 했던 위험한 육로가 단 몇 개월의 항해로 지중해의 항구에 도착할 수 있게 되는 바다의 비단길이 열리기 시작했기 때문이다.

중세의 가장 화려한 도시 사마르칸트는 실크로드상의 빼어난 입지조건으로 인해 각 시대마다 중요한 교역지이자 문화의 중심지 역할을 했다. 서쪽으론 메리프와 페르시아, 터키를 지나 지중해로 이어지는 루트를 가졌고 남쪽으론 흰두쿠스산맥을 지나 인도와 연결되는 실크로드가 두 갈래로 나뉘어졌던 분기점이기도 했다.

사마르칸트는 대상로들이 만나는 거대한 분기점이었으며 과학기술과 예술양식, 종교들의 중개자 역할을 한 도시다. 실크로드 상에서 일어난 거의 모든 종교들은 이곳에 들어와 포교활동을 펼쳤고 타고난 장사꾼인 소그디아나 민족에 의해 널리 유포되었다.

사마르칸트는 동서 문명의 교차지역이며 실크로드의 문물이 교류되는 역사적인 도시다. 751년 오늘날 키르기스탄 영토인 탈라스에서 벌어진 석국石國과 이슬람 연합군과의 전투에서 고구려 유민 출신의 당군의 명장 고선지장군의 패배는 중앙아시아의 이슬람화가 시작되는 계기가 되었고 불교문화의 쇠퇴는 물론 중국의 영향권에서 멀어지는 결과를 초래했다. 2만 명이나 되는 당나라군 포로들 가운데 제지기술을 비롯하여 여러 직종의 기술자들이 포함되어 있었다. 이들 기술자들에 의해 처음으로 강국康國의 수도 사마르칸트에 제지소가 생겼다. 이것이 효시가 되어 서아시아 및 아프리카의 이슬람제국에 제지술이 전파되었다.

제지기술이 이슬람제국 각지에 전파됨으로써 사마르칸트는 이슬람제국의 제지업의 산파 역할을 하게 되었다. 제지술은 사마르칸트에서 바그다드와 다마스쿠스, 카이로, 페스로 전파되었다.

페스는 현 모로코 왕국의 고도로서 아프리카의 서북단에 위치해 있다. 15세기 이전까지 페스는 아프리카와 유럽을 연결하는 교통의 요지에 위치한 최대 규모의 제지도시로서 유럽에 종이를 공급했다. 19세기 말엽까지 종이는 페스의 주요 대외 수출품이었다. 이슬람 세계와 밀접한 관계에 있던 유럽에서도 12세기 중엽부터 아랍인들로부터 제지술을 전수받아 제지업이 일기 시작했다.

중세의 상인들

　물질문명의 교류에 족적을 남긴 유명한 상인집단으로는 로마상인과 서역상인, 소그디아나상인, 아랍상인, 베네치아 상인을 들 수 있다. 중세 동서교역에서 맹활약한 사람들은 서역상인들이다. 페르시아와 소그디아나, 대식(大食, 아랍), 회흘回紇, 유태상인들이 여기에 포함된다. 이들 가운데 가장 활발한 교역활동을 벌인 사람들은 페르시아와 소그디아나 상인들이다. 소그디아나는 오늘날 사마르칸트를 중심으로 발흥한 민족이다. 실크로드학에 소개된 소그디아나 상인들의 특유의 상술과 집념을 나타내는 일화가 있다.

　소그디아나인들은 천부적인 장사꾼들로서 남자는 5세가 되면 글을 배우기 시작하여 어지간히 배우고 나면 곧 집을 떠나 장사를 익힌다. 그들에게는 돈을 많이 버는 것이 곧 선행이다. 당시 주민 대부분이 소그디아나인이었던 강국(康國, 현 사마르칸트)에서는 어린애가 태어나면 입안에 석밀(사탕)을 넣어주고 손바닥에는 아교를 바른다. 그것은 어린애가 자라서 입에서는 언제나 석밀처럼 달콤한 말이 술술 나오고, 돈을 쥐면 아교처럼 딱 붙어서 빠져나가지 말기를 소원해서다.

　남자는 20세가 되면 돈을 벌러 외국에 나가는데 돈벌이가 되는 곳에는 그들의 발자국이 꼭 찍혀 있게 마련이었다. 이것은 상역에 대한 소그드아나인들의 천부적 집착을 잘 설명해 주고 있다.

 우즈베키스탄

중세문화의 금자탑 레기스탄광장과 사회진다

●●● 티무르의 묘에서 차로 몇 분 거리에 있는 레기스탄광장 입구에 도착했다. 정면에서 보면 신학교인 메드라사를 중심으로 좌우에 큰 공간이 있고 두개의 메드라사가 대칭적으로 배치되어 있다. 티무르 당시에 이 광장엔 각지에서 올라온 상인들이 온갖 종류의 물품을 펼쳐놓고 가격을 흥정했다. 유랑 변사들과 마술사들을 비롯한 다양한 인종들이 모여 자신의 재주와 물건을 팔던 광장이다. 제국의 지배자들이 사열과 열병을 받던 장소이며 대중들 앞에 죄수들을 공개 처형하던 광장이기도 했다.

우상숭배가 금지된 이슬람의 교리 때문에 사원의 벽면엔 사람의 모습을 발견할 수 없다. 대신에 꾸란의 문자를 기하학적인 도형형식으로 장식한 벽면만이 화려하게 햇살을 뿜어내고 있다.

로마 바티칸 궁정에서 본 천지창조의 벽화나 프랑스 루브르박물관에서 본 모나리자의 미소처럼 유일신을 주장하는 기독교와 이슬람의 회화의 차이는 격세지감을 느끼게 한다.

레기스탄광장을 중앙아시아 문화의 중심지로 만든 장본인은 티무르의 손자 울루그벡(1409~1449)이다. 그는 자신의 이름을 딴 울루그벡 메드라사를 짓게 하고 많은 학자와 예술가들을 중용하여 상업과 수공업의 중심지로 발전시켰다. 이곳은 중세에서 가장 오래된 대학일 뿐만 아니라 예술적으로 가장 뛰어난 건축물 중의 하나로 꼽히고 있다. 17세기 초에 '용맹한 사자'라는 뜻의 시르다르 메드라사가 울루그벡메드라사 맞은편에 세워졌고 마지막으로 '황금장식'이라는 뜻의 메드라사가 완성되었다. 레기스탄광장의 세 건축물들은 중세 건축문화의 압권이다.

광장 우측 메드라사 건물 정면에 호랑이 등위에 사람의 얼굴을 태양의 형상처럼 빛나게 장식을 하였는데 이슬람 전통에는 찾아 볼 수 없는 형태다. 동물을 사람으로 의인화하여 용맹성을 표시한 태양과 호랑이의 문양은 이곳이 이슬람화되기 이전에 조로아스타교를 신봉하고 있었던 지역임을 나타내는 상징이다.

조로아스타교는 BC 7세기 페르시아에서 짜라투스트라를 교조로 발생하였으며 불을 숭배하며 이란과 중앙아시아에 전파된 종교로 경전은 아베스타이다. 조로아스타의 주신은 아후라 마즈다이다. '아후라'는 주(主), '마즈다'는 지혜를 뜻하니 아후라 마지다는 지혜의 주님이라는 뜻이다. 아후라 마즈다신에게 경배한다는 것은 암흑과 죽음의 세력인 마귀들과 싸운다는 뜻이다. 이 마귀들의 원류에 해당하는 것이 악의 원칙인 앙그라마이뉴이다. 대립하는 영靈이라는 뜻인 앙그

라마이뉴는 몇 가지 이름으로 불리는데 그 대표적인 것이 '사탄' 이
다. 조로아스타교는 왜 이 세상에 악이 번성하는 지를 체계적으로 설
명한 최초의 종교이다. 조로아스타교는 선과 악이 대립하는 이원론적
인 종교이다. 일신교인 유대교, 기독교, 이슬람교는 이신교에서 수많
은 신앙과 관례를 흡수했으며, 오늘날 우리가 일신교라고 부른 것의
가장 기본적인 사상의 일부는 사실 그 기원이나 정신이 이신교적이다.
천국과 지옥에 대한 믿음 역시 그 기원은 이신론에 바탕을 두고 있다.
　조로아스타교는 고대 페르시아 아케메네스제국(BC 550~350)에서
중요한 종교였고, 나중에는 사산제국(AD 224~651)의 공식 종교가 되
었다. 이후 중동과 중앙아시아에서 발흥한 거의 모든 종교에 중요한

영향을 미쳤으며 마니교 등 여러 이신교에 영감을 불어넣었다(Yuval Noah Harari, Sapiens).

생명과 선의 원칙인 아후라 마즈다가 최후의 승리를 거두는 것은 조로아스타교의 정해진 이치다. 그러나 이 세상은 시간이 끝나는 그 때까지 선한 힘과 악한 힘이 투쟁하는 현장이며 인간은 그 중 어느 한편에 가담해서 싸워야 한다. 고대 경전 '아베스타'를 찬술한 조로아스타는 웃으면서 태어났다고 전해지는데 그 이유는 시간이 끝이 다가오며 그가 죽음을 넘어 영원히 살기 위해 태어났다는 것을 알 았기 때문이라고 한다. 조로아스타는 탁월한 지성의 소유자로서 사람이 어떻게 아후라 마즈다에 접근할 수 있는지를 터득했다고 한다.

메드라사에 들어서면 화단과 나무로 정원을 꾸미고 각 방마다 학생들과 학자들이 들어가 공부를 할 수 있게 만든 작은 기숙사가 있다. 홀 벽면 가운데에 메카방향으로 기도를 올릴 수 있도록 장식한 미흐랍이 설치되어 있다. 별과 목화무늬 장식과 꾸란의 구절을 디자인한 문양들이 화려하고 아름답다. 수십 겹의 층으로 만든 정교한 천정의 돔은 푸른 색조를 띤 꽃과 나뭇잎 문양으로 장식되어 있다. 세 개의 메드라사 중 울루그벡이 만든 중앙에 위치한 건물이 가장 화려하고 뛰어난 기품을 느끼게 한다.

이슬람 미술에서는 사람이나 동물을 찾기가 어렵다. 모든 살아있는 피조물을 숭배하는 것을 엄격하게 금지하는 이슬람교의 기본 가르침이 사원의 실내장식에 잘 반영되어 있다. 이슬람의 신학자들은 사람을 만드는 것은 알라의 특권이며 사람이 사람을 그리거나 조각으로 표현하는 것은 자칫 숭배의 대상이 될 수 있기 때문에 인물을 그리거나 만드는 일을 금지했다. 그래서 사람과 동물의 이미지 대신에 넝쿨 식물의 무늬인 아라베스크 문양이나 꾸란을 소재로 한 무늬나 다양한 도형에서 비롯된 무늬가 반복되어 독특한 이슬람 미술의 중심을 이룬다.

아라베스크는 사람과 동물 대신 꽃과 나무, 식물과 자연현상을 아랍어 서체와 결합하여 기하학적인 배치를 통해 예술성을 표현했다. 아라베스크는 반복과 대칭을 그 특징으로 하면서 아랍어 내용을 주로 꾸란의 구절로 장식했다.

사희진다 골목길

모든 예술은 결국 하느님의 뜻에 따른다는 의미를 담았고 시작도 끝도 없는 반복과 대칭구도 차체가 바로 오묘한 신의 예술이었다(이희수.이슬람) 이슬람문화의 특징은 이렇듯 반복과 연결, 그리고 쌓음과 채움에서 수학적인 무한함을 표현하는 시작도 끝도 없는 영원한 세계를 표현하고 있다.

레키스탄광장을 나와 샤희진다 공동묘지로 향했다. 샤희진다는 티
무르와 울루그벡이 자신들의 친척과 친구들을 위해 마련한 언덕 위에
조성된 공동묘지다. 계단을 오를 때와 내려올 때의 수를 세서 똑 같으
면 죄를 용서 받는다는 이야기가 전해지고 있다. 수백 년 동안 무슬림
들에게는 메카순례와 거의 비슷한 의미를 가진 성소였다.

티무르가 왕비에게 바친 비비하님모스크

샤희진다 무덤에서 200~300m 아래 위치한 언덕위에 사마르칸트에서 가
장 큰 바자르가 있다. 길가에 늘어선 음식점들과 동대문 재래시장을 연상
시키는 장소들, 사람들로 붐비는 시장 통 주변에 비비하님모스크가 있다.

비비하님은 몽골의 공주 출신으로 티무르가 가장 총애하던 왕비였다. 티
무르는 그녀에게 사원을 바칠 계획으로 델리의 천개 기둥을 가진 모스크를
본떠 사마르칸트에 다른 모스크를 짓게 했다. 남성우위의 사회인 이슬람
세계에 비추어 보면 한 여성에게 모스크를 바쳤다는 건 매우 드문 일이다.

인도의 무굴제국 황제인 샤하지한이 1631년 데칸 원정 중 동행했던 왕비
묻타지마할이 해산 중에 죽자 애통한 나머지 그녀만큼 아름다운 사당을 세
우려고 결심하고 2만 명의 기술자와 노동자를 인도는 물론 아시아와 멀리
유럽으로부터 초대하여, 22년에 걸쳐 세계건축사에 길이 남을 타지마할 묘
를 건설한 것을 제외하고는 여성을 위해 바친 모스크는 그 유례를 찾아보
기 힘들다.

계단을 오르면 언덕 좌우에 묘소가 연이어 안치되어 있다. 묘소의 벽면장식과 타일이 많이 떨어져 있다. 묘의 문이 닫힌 것과 열린 것이 공존하고 돔형식의 둥근 탑 위에 잡초가 햇살에 누렇게 말라있다. 입구를 지나 두 번째 무덤 좌우 양측으로 티무르의 여동생과 그녀의 아들무덤이 안치되어 있다. 묘지 언덕 위쪽에는 무덤의 평화를 기원하는 마르보자사원이 있다.

전설에 의하면 비비하님 자신이 직접 공사에 참여하였는데 공사속도에 박차를 가하기 위해 자신을 열렬히 사모하던 페르시아 건축공사 책임자가 자신의 뺨에 키스하는 것을 허락했다. 그러나 페르시아인의 키스는 그녀의 뺨에 자국을 남겼고 왕비는 자국을 숨기기 위해 얼굴에 베일을 쓰고 다니게 되었다.

전쟁에서 돌아온 티무르는 왕비와 건축공사 책임자 사이의 관계를 짐작하고 그 페르시아인을 잡아오게 했다. 페르시아 건축가는 미나레트의 꼭대기로 피신한 뒤 그곳에서 날개를 달고 고향 도시 메셰드로 날아갔다는 전설이 얽힌 모스크다.

인도원정에서 돌아온 뒤 티무르가 직접 착수하고 공사에 관여해서 불과 4년 만에 완성되었다. 그러나 공사를 너무 급히 서둔 것이 화근이 되어 완공된 지 얼마 지나지 않아 벽돌이 조금씩 무너져 내리다가 1868년 러시아군의 대포사격으로 폭삭 내려앉고 말았다. 1990년대에 현대의 첨단 장비들과 유네스코의 지원 아래 이 건축물이 일부 복구되어 오늘에 이르고 있다.

알렉산드로스 대왕이 찬탄했던 사마르칸트의 아프라시압

●●● 바자르에서 길 건너 맞은편 아프라시압 언덕으로 향했다. 사마르
칸트의 옛 지명은 'Smarakanda'이었는데 기원전 329년 알렉산드로
스 동정군이 이곳을 점령하면서 그리스인들이 어두의 S자를 탈락시키
고 'Marakanda'로 불렀다 'samar'는 산스크리스트
어 'samarya'에서 유래된 것으로 사람이 만나는 곳이란 뜻인데, 상
인들이 모여드는 곳, 사람들이 밀집한 길의 교차점이란 뜻으로 사용되
었다. 'kand'는 도시. 취락이란 뜻을 의미한다.

알렉산드로스대왕은 제라프샨강 가에 번성한 사마르칸트를 공격하
고 무력으로 왕을 굴복시켜 이곳 빅토리아 족의 족장을 포로로 붙잡아
그의 딸을 아내로 삼았다. 이런 식의 아내를 취함으로써 마라칸다주민
들의 분노는 극에 달했고 치열한 전투 끝에 막대한 손실을 입은 알렉산
드로스대왕은 옥수스 강을 뒤로하고 철군을 할 수 밖에 없었다.

알렉산드로스 동정군에 피폐된 사마르칸트는 셀레우코스제국의 치

아프라시압의 옛성터

하에 있다가 기원전 2세기에 현지 유목민들의 봉기로 제국이 분열되면서 기원후 1세기 초에는 아프가니스탄을 중심으로 흥기한 쿠샨의 지배를 받게 된다.

 기원전 2세기까지 사마르칸트의 주인은 소그디아나인들이었다. 그러나 중국의 팽창 정책으로 민족이동이 시작되면서 수백 년 동안 사마르칸트는 초원을 가로지르며 돌진하는 유목민족들과 페르시아 사이의 뜨거운 각축장이 되었다. 그 사이 여러 민족들이 도시의 성문 열쇠를 주고받았다. 7세기 이후 상술에 능한 사마르칸트의 소그디아나인들은 동서 교역의 주역이 되어 멀리 동으로 천산산맥 북록과 동투르키스탄, 중국 내지로부터 서로는 흑해 북안까지 교역을 확대하였다. 7세기 현장법사가 천축으로 가던 길에 이곳에 들렀을 때 왕과 백성들은 부처의

법을 따르지 않고 오히려 불을 숭배하는 종교에 빠져 있었다. 불교와 마니교와 네스토리우스교가 공전하고 있었다고 기록하고 있다.

　7세기 후반에 이슬람 동정군에 함락된 사마르칸트는 점차 이슬람화되면서 실크로드 육로의 교차 요지로서 급속한 번영을 이루었다. 751년 당군과의 탈라스 전투에서 승리함으로써 잡혀온 포로들에 의해 중국의 제지술이 전래되어, 사마르칸트에 첫 제지공장이 출현한 후 이슬람 세계에 제지술을 전파하는 산파역을 하게 되었다.

　1220년 몽골 서정군의 침탈과 파괴로 인해 사마르칸트는 또 다시 황폐화되었다. 그러나 몽골의 후예인 티무르제국의 흥기와 더불어 폐허 속에 다시 부활하여 역사상 미증유의 전성기를 맞이하게 된다. 티무르제국의 번영과 더불어 사마르칸트는 중세 중앙아시아에서 이슬람문명이 가장 번성했던 고장으로서 당시의 아랍-이슬람식 건축과 문화유물이 많이 남아 있어 중세 이슬람건축의 정수를 감상할 수 있는 곳이다.

아프라시압박물관 뒤쪽에서 알렉산드로스 동정군에 파괴된 구문명의 성터를 바라보니 진흙 성터의 잔해만이 타는 듯 한 햇살에 주름진 피부를 드러내 고 있다. 당시 성안 사람들은 수공업과 상업, 견직물산업 등에 종사하였고 성 밖에는 농업과 목축업 등이 이루어 졌다. 옛날 구문명의 중심지인 진흙언덕 성터 반대편에 티무르는 새로운 도시를 건설했다.

아프라시압언덕에 자리 잡은 박물관에는 유물과 회화가 전시되어 당시의 문화나 생활방식을 보여주고 있다. 4세기의 화덕과 발굴유적지, 알렉산드로스의 전쟁장면, 마케도니아 화폐, 3~5세기의 발굴 토기, 진흙으로 된 네모난 관안에 사람을 안치한 조로아스터교와 관련된 무덤들이 진열되어 있다.

1965년 아프라시압의 제23호 발굴지점 1호실에서 7세기 후반의 사마르칸트의 왕 왈프만(신당서서역전중에)의 궁전에서 각국 사절단이 입조하는 채색벽화가 발견되었다. 그 사절단 한쪽 관모에 새 깃털을 꽂은 조우관鳥羽冠을 쓰고 황색 상의에 고(바지)를 입고 환두대도環頭大刀를 패용하고 공수拱手한 채 서 있는 두 사람이 그림 속에 서 있다. 인물상과 패용물로 보아 이들이 고구려로부터 파견된 사절이라는데 학계의 견해가 일치하고 있다. 둔황 뭐카오카 굴에서는 한국에서 건너간 사람들의 모습과 복장을 실감할 수 있었지만 이곳에서 다시 사신도의 모습을 본다는 건 경이로운 일이다. 현대의 발달된 교통수단으로도 이곳까지 오는 데에 결코 쉬운 일이 아니었기 때문이다.

이 벽화가 한반도와 서역 간에 교류관계가 있었음을 보여주는 증표라고 생각하니 감회가 깊었다. 30여 평 정도의 방 한 칸 전체의 벽면에 전투하러 가는 군인들의 모습과 가운데 왕과 신하의 알현 장면, 적과의 전투장면으로 된 3개의 벽화가 그 옛날 치열했던 역사의 현장을 담아내고 있다.

13년의 재위 기간 동안 그리스와 페르시아, 인도에 이르는 대제국을 건설하고 그리스문화와 오리엔트문화를 융합하여 헬레니즘문화를 이룩하였던 알렉산드로스 대왕의 위풍당당한 모습과 그의 군대들의 함성소리가 환청처럼 귓전을 울려 퍼지는 것 같다.

죽음 앞에서는 알렉산드로스 대왕이나 거지나 평등하다

●●● 사람의 마음 속 깊은 곳에는 제왕이 되어 온 세상을 정복하고 싶은 욕망이 숨어 있다. 알렉산드로스는 그런 욕망을 실행에 옮길 만큼 용기와 어리석음을 겸비한 왕이었다. 알렉산드로스는 인도를 향해 진군하다가 그리스가 낳은 가장 아름다운 무소유의 철학자 디오게네스를 만났다.

디오게네스가 알렉산드로스에게 물었다.

"만일 세상을 정복하고 나면 그 다음에 무엇을 할 것인가요?"

"그런 생각은 한 번도 해 본적이 없소. 하지만 세상을 정복한 다음에는 편히 쉬지 않을까 생각하오"

라고 알렉산드로스가 대답했다. 디오게네스는 벌거벗은 채 강둑에 누워 일광욕을 즐기고 있었다. 그는 웃음을 터트리며 말했다.

"수많은 사람을 살육하면서 전쟁을 치르고 승리한 후에 제국을 세우고 편히 쉬겠다고 하면 왜 지금 당장 쉬지 못하시오? 여기 이 강둑은 두 사람이 살기에는 충분하고도 남소. 우리는 좋은 친구가 될 것이오."

알렉산드로스 매우 충격을 받았다. 아무도 디오게네스처럼 말한 적이 없었기 때문이었다. 그러나 그는 디오게네스의 말을 부정할 수가 없었다. 라비강변에서 10만 인도연합군의 저항을 받아 중상까지 입은 알렉산드로스는 기원전 323년 인도정복에 실패하고 수사를 거쳐 바빌론에 도착했지만 갑자기 열병에 걸려 10일 간의 병고 끝에 33세의 젊은 나이에 생을 마감하게 되었다.

알렉산드로스는 임종이 가까워지자 그의 신하들을 불러

"시신을 옮길 때 자신의 양손을 관 밖으로 내 놓으라"

고 부탁했다. 신하들이 물었다.

"대왕이시여, 그런 말은 들어본 적이 없습니다. 그런 전례도 없었습니다. 그것은 전통적인 장례식이 아닙니다."

알렉산드로스가 말했다.

"나는 사람들에게 알렉산드로스 같은 대왕도 빈손으로 간다는 것을 알리고 싶기 때문이다. 나는 아무것도 가지고 갈 수 없다. 나는 열심히 노력하고 투쟁했지만 평생을 낭비했을 뿐이다"

알렉산드로스는 야망에 찬 사람이었고 권력에 집착해 있었다. 그는 세상의 지배자가 되었고 얼마간의 성공을 거두어 그 당시에 가장 알려진 세계의 지배자가 되었다. 그러나 정상의 위치에 있으면서 행복한 사람을 그대는 본적이 있는가? 알렉산드로스가 세상을 정복했을 때 진정 행복했을까? 그는 지구상에 존재했던 가장 불행한 사람 중에 하나였다. 그는 오히려 무소유의 철학자 디오게네스의 행복한 삶을 질투했다. 디오게네스는 아무것도 가진 것 없는 거지였다. 그는 동냥 그릇도 없이 벌거벗고 살았다. 처음에 그는 동냥 그릇을 갖고 있었다. 어느 날 그는 동냥 그릇을 들고 강으로 가고 있었다. 그가 강둑에 다달았을 때 개 한 마리가 옆을 지나쳐 달리면서 강물에 첨벙 뛰어들었다. 개는 물을 마시며 즐겁게 목욕하며 놀았다. 그 광경을 지켜보면서 그는 이런 생각을 하게 되었다.

"저 개는 나보다 더 자유롭다. 저 개는 동냥그릇조차 없이 즐겁게 돌아다니지 않는가? 개가 저렇게 살 수 있다면 나도 저렇게 살지 못할 이유가 없다. 이 그릇은 나의 유일한 소유물이다. 나는 이 그릇을 도둑 맞을까 봐 감시까지 해야 한다. 밤중에도 그릇이 있는지 불안해서 잠을 깬 적이 한두 번이 아니다."

그는 강물에 그릇을 던져버렸다. 그리고 개에게 엎드려 절하며 신으로부터 전해진 메시지에 대해 감사를 표시했다. 그는 붓다나 마하비라와 똑 같은 사람이었다. 마하비라 또한 동냥그릇도 없이 벌거벗고 살았다. 그의 두 손이 곧 동냥그릇이었다. 마하비라 같은 사람이 벌거 벗은 것은 어떤 목적이나 훈련에 의한 것이 아니었다. 그는 왕이었다. 그는 자신이 가진 모든 것을 사람들에게 나누어 주었다. 그는 숄 한 장만 걸치고 도시를 떠났다. 가는 도중 앉은뱅이 거지를 만났다. 왕이 재물을 나누어 준다는 소식을 듣고 가는 중이었으나 다리가 없어 제 시간에 도달할 수 없었다.

그는 마하비라에게 왕국에서 가장 가난한 자신이 재물을 받지 못함을 호소하자 자신이 갖고 있던 유일한 물건인 숄을 반 잘라주었다. 그 숄은 다이아몬드가 박힌 아주 비싼 물건이었다. 마하비라는 반으로 잘라서 수건처럼 된 숄로 몸을 감쌌다. 그는 숲으로 들어가다 장미넝쿨에 솔이 걸렸다. 자신이 발가벗겨진 것을 발견하고 솔을 떼어 내려하다 문득 이런 생각이 들었다. 이것이 무슨 소용일까? 조만간 이 솔도 잃어버릴 텐데. 이 솔은 너무 비싼 것이기 때문에 잠을 자면서도 신경을 써야할 것이다. 그러니 이 솔을 장미넝쿨에 주고 자유롭게 떠나는 것이 좋겠다. 이제 나는 잃을 것이 없으니 두려워할 것도 없다. 나는 세상에 태어날 때와 똑 같이 되었다.

인도는 황제보다 구도자를 더 소중히 여기는 유일한 나라다. 이러한 현상은 인도를 제외한 어디에서도 볼 수 없다. 붓다가 태자의 신분을 버리고 수도자가 된 것도 이러한 맥락에서 이해하여 볼 수 있다.

마하비라는 완고한 사람이었다. 그는 벌거벗고 살면서 십여 년 동안 철저하게 침묵수행을 했다. 그는 12년 동안 단식을 했다. 12년 동안 음식을 먹은 날은 365일에 불과하다고 전해진다. 평균 12일 마다 하루씩 먹는 꼴이다. 붓다는 6년 동안 단식한 끝에 탈진했지만 마하비라는 12년을 단식하고도 지치지 않았다.

붓다는 단식과 고행을 포기함으로써 깨달았지만 마하비라는 결코 고행을 포기하지 않고 깨달음에 이르렀다. 그는 앉아서 하는 수행이 너무 편해 서서 명상한 유일한 사람이다. 그의 최고의 소망은 단식에 의해 죽는 것이다. 마하비라는 30년 간 포교활동을 벌이다 72세에 단식을 하여 스스로 목숨을 끊었다.

그는 전생으로 돌아가는 방법에 대해 연구했고 험난한 수행의 길을 택함으로써 자이나교를 극소수의 집단으로 만들고 말았다. 인도에서 살아남은 자이나교는 수백만 명의 소수 종교로 명맥을 이어오고 있다. 마하비라는가 많은 사람을 설득할 수 없었던 것은 극소수의 사람들이 행할 수 있는 험난한 고행의 길을 제시했기 때문이다.

오쇼 라지니시는 삶과 죽음에 대한 일화를 통해 인간은 자신을 행복하게 만들 수 있는 모든 것을 소유하고 있으면서도 행복하지 못하다. 왜냐하면 행복은 소유물에서 오는 것이 아니기 때문이다. 행복은 내적인 만족이다. 행복은 그대 자신의 에너지, 그대 영혼에 대한 각성을 뜻한다고 말한다.

붓다는 말한다.

"전쟁에서 천 번 이기는 것 보다 그대 자신을 정복하는 것이 더 귀하다. 그 외에는 어떠한 승리도 그대의 것이 아니다. 빼앗길 수 없는 승리, 그것만이 그대의 승리이다. 빼앗길 수 있는 것은 무엇이든지 그대의 것이 아니다. 오직 아무도 빼앗을 수 없는 것, 진정으로 그대의 소유인 것만을 지녀라. 그것은 도둑맞을 수도 없고 강탈당할 수도 없다. 죽음조차 그것을 앗아가지 못한다."

"만일 그대 자신의 내면의 의식을 이해하고 정복한다면 그 때엔 그대의 육체가 타서 재가 되더라도 그대는 타지 않고 영원히 남을 것이다. 그러나 이 영원성은 오직 그대 자신의 주인이 되었을 때에만 알 수 있다. 그대 자신을 정복하라. 이 세상에 단 하나 정복할 가치가 있는 것이 있다면 그것은 바로 그대 자신이다."

백만 명의 황제보다 한 명의 붓다가 더 소중하다. 백만 명의 히틀러보다 한 명의 예수가 더 아름답다. 그대 자신을 정복하는 것이 진정한 승리이다. 알렉산드로스도 대왕도 거지처럼 죽었다. 그는 아무것도 가지고 떠날 수 없었다. 그는 전 세계를 정복했지만 세상을 떠날 땐 거지에 불과했다.

중세 천문학의 진수 울루그벡천문대

●●● 아프라시압언덕을 뒤로 하고 울루그벡천문대로 향했다. 오래된 돌계단을 오르면 언덕위에 넓은 공원이 나타난다. 관측 대에 들어가면 4m정도의 넓이에 10m정도의 깊이로 파서 땅 아래쪽에서부터 위쪽으로 두 줄기의 벽돌을 쌓았다. 좁은 수로처럼 만들고 위쪽으로 올라갈수록 높게 쌓았다. 태양의 빛과 방향과 그림자를 가지고 천체를 관측한 특이한 구조의 천문대이다. 지하의 천문관측기구의 오른쪽 편에 지상 2층으로 된 돔 형식의 건물이 있고 울루그벡왕의 동상과 일대기가 그림으로 그려져 있다. 시가지를 한눈에 굽어보는 전망대에 서서 옛 사람들의 천문학에 대한 관심과 조예에 대해 흠모와 경의를 표했다.

세종실록에 의하면 우리가 쓰는 음력은 중국의 수시력이 아니라 이슬람역법을 우리나라에 맞게 개조한 것이다. 농사를 짓기 위해 중국의 수시력을 갖다 쓰니 해 뜨는 시각이나 달의 움직임이 우리에게 맞지

않았다. 집현전 학자들이 중국에 가서 수시력을 연구 해보니 역법의 과학적 토대가 중국이 아니라 이슬람역법이라는 사실을 알게 되었다. 정인지가 이슬람역법의 원리와 과학을 배워 우리의 일몰 시간이나 동지 같은 것을 모두 대입해서 만든 것이 칠성산 외편이다. 이것이 오늘날 우리가 쓰는 음력의 기초가 되었다. 고려 말과 조선 초기에 본격적으로 시작된 이슬람권과의 접촉으로 한반도에도 이슬람문화가 일부 영향을 준 것을 역법을 통해 짐작해 볼 수 있다.

고대문명의 전통을 이어받은 중국과 인도, 아랍사이에는 중세에 와서 역법과 점성술을 비롯한 비문학 방면에 교류가 활발히 진행되었다. 일찍이 인도의 천문학이 중국에 전입되어 중국천문학의 발달에 크게 기여하였다. 7세기 초의 파라문천문婆羅門天文을 비롯해 그 이전에 역출된 7종 60권이 수서隨書에 소개될 정도이다. 당唐대 전반에는 인도

천문학자들이 중국의 천문학과 천문관측 활동을 주도 하였다. 가섭과 구담, 구마라의 3대 가문은 장안에서 가장 명성이 높았던 가문이었다. 특히 구담 일가는 구담과 그 후손 4대에 이어 110년간 천문대의 총감인 사천감司天監을 맡으면서 경위력經緯歷 등 유명한 천문저서들을 저술하여 당대의 천문학 이론을 발전시켰다.

당대의 역법과 함께 인도의 점성술도 중앙아시아의 소그디아나를 거쳐 중국에 소개 되었다. 인도 점성술이 동진東進하는데 있어 중간거점은 중앙아시아의 소그디아나로서 점성술 관련 서적이나 용어는 대개 당시 중앙아시아에서 통용되던 소그디아나어로 씌여졌다.

이슬람권 최대의 시인인 오마르 카얌은 셀주크제국의 황제 말릭샤 잘랄 알딘에 의해 발탁되어 1070년경부터 수도 사마르칸트천문대 관장으로 임명되어 황제의 명에 의해 새로운 태양력 개정 작업에 착수했다. 새로운 천문대를 세우고 연구에 몰두한 결과 황제의 칭호를 딴 잘랄리력을 완성시켰다. 이 역법은 그레고리안력보다 정확해 3,770년에 하루의 오차가 발생한다. 즉 1년을 365.24219858156일로 계산 했는데 현대의 계산으로 1년이 365.242190임을 감안할 때 대단히 경이로울 정도로 정확한 수치라고 할 수 있다.

원대에 공식적으로 시행된 수시력授時曆은 이슬람력과 중국 전통력의 합작품이라고 할 수 있다. 이 작품의 성공에는 시리아출신 천문학자인 이사의 기여가 크다. 그는 그리스와 아랍 및 페르시아의 천문학 성과를 중국에 소개하고 중국천문학자들이 일칸국의 말라크천문대 건설사업에 동참하도록 이끄는 안내자 역할을 했으며 원나라로 하여금 새로운 역법을 채택하도록 하였다. 이사가 말라크천문대를 고찰하고 돌아온 이듬해(1275) 회회사천대回回司天臺와 한인사천대가 협력하여 역법수정작업에 착수하였다. 1281년 곽수경과 왕순의 책임 하에 편수編修된 수시력이 정식으로 공포 시행되었다. 수시력은 1년을 365.2425일로 정하고 있어서 지구의 실제 공존주기와는 단26초의 시차만 있는 대단히 정밀하고 정확한 역법이 되었다.

그러나 원.명대에 일월식의 예측과 항성관측에서는 중국천문학이 아랍-이슬람의 천문학보다 앞섰다. 그리하여 원대에 야율초재가 사마르칸트에 체류할 때 그곳 천문학자들은 중국의 일월식의 예측법과 항성관측법을 전수 받았다. 후일 일칸국의 말라크천문대가 편찬한 일칸천문표에도 중국의 선진적인 관측법과 역법이 반영되어 있다.

15세기 중앙아시아에 건립된 티무르제국은 중국의 천문지식을 수용하였다. 당시의 저명한 천문학자이며 수학자인 알 카쉬는 중국역법에 정통하였고 그가 편찬한 올로백성좌표兀魯伯星座表 제 1권에는 중국역법의 기년법紀年法과 윤월閏月의 원리가 상술되어 있다. 그 후 이 성좌표는 아시아와 유럽에서 광범위하게 통용되었다.

울루그벡천문대를 바라보면서 감회가 새로웠다. 사마르칸트를 중심으로 아랍과 인도와 중국 사이에 오갔던 역법의 교류를 회상하면서 광대한 우주와 천문지리에 대한 옛사람들의 관심과 지식의 깊이에 감탄했다. 그러나 생각했던 것 보다 울루그벡천문대는 단순하고 소박했다. 이런 장비와 천문기구로 어떻게 그리도 정밀한 지구의 공전주기와 천체에 대한 비밀을 풀어낼 수 있었는지 수수께끼와 같은 의문이 구름처럼 일었다.

실크로드 남북로가 교차하는 부하라Bukhara와 아르코바 성채

●●● 사마르칸트에서 4시간 달려 타슈켄트로 돌아왔다. 사마르칸트는 차를 빌려 1일 코스로 투어 했다. 부하라는 시간을 단축하기 위해 저녁 7시 10분에 출발하는 기차를 타고 다음날 새벽에 도착하여 저녁 기차로 돌아옴으로써 숙박문제를 해결하려고 계획을 짰다.

카자흐스탄에서 본 초승달이 어느새 반달이 되어 초원에 높이 솟아 있다. 새벽 6시에 잠이 깼다. 10시간 이상을 달려도 끝없는 지평선과 초원이 펼쳐졌다. 마음은 어느새 푸른 풀잎들로 가득하다. 부하라가 가까워지자 마을이 더 자주 나타나고 초원의 이름 모를 들꽃들이 눈부신 햇살에 가슴을 열고 있다. 부하라역에 내려 저녁 6시행 타슈겐트로 돌아갈 차표부터 예매했다.

아침식사를 마치고 아크로바로 출발했다. 버스로 20여 분 거리다. 성의 윗부분이 다 허물어지고 골격만 남은 성곽 맞은편에, 거의 완전한 모습으로 잘 보존된 성벽이 나타났다. 정사각형 벽돌을 촘촘하게

쌓아올린 성벽 군데군데에 나무를 박아 놓은 것이 특이한 분위기를 자아낸다. 매표소를 지나 언덕 정상을 오르면 벽면 좌우와 홀 가운데 꾸란을 유리 속에 넣어 진열한 사원이 나타난다. 좌측 벽을 돌아 들어가면 왕과 신하들이 만나던 장소가 나오고 계단을 오르면 왕이 외국사신을 만나던 접견실이 나타난다. 마구간 옆에는 부하라 한국汗國의 역사를 비롯하여 우즈베키스탄의 옛 지도나 사진 등이 전시되어 있다. 고고학 박물관에는 도자기의 색깔과 색채 등에 대한 다양한 문양과 생활 도자기들을 볼 수 있다.

1220년 칭기즈칸의 공격을 받아 시가지의 대부분이 파괴 되었으나 이 성벽 앞에 와서 칭기즈칸 미나레트의 높이를 묻다가 모자가 떨어지게 되자 자기가 처음으로 머리를 숙이게 되었다고 해서 이 성을 파괴하지

아크로바 성채

않고 그대로 남기고 떠났다는 이야기가 전해지고 있다. 10여분 걸어 차슈아 아유프묘가 나타나는데 넓은 뜰에 도착하니 무덤 앞엔 벽돌로 쌓아 만든 샘물터가 나타나는데 3,000년 전에 욥이 와서 부하라에 물이 없어 지팡이로 찍었는데 샘물이 솟았다고 전해진다.

9세기 사만조를 건국한 이스마일 사마니 황제의 묘로 향했다. 공원 가로수 길 건너편에 돔형식의 문과 벽면을 얇은 벽돌로 가로세로 세워 쌓아놓아 조형적인 미가 특이하고 빼어나다. 숲과 꽃으로 둘러싸인 정원에 사람의 키 높이보다 높게 쌓은 벽돌 묘다.

마니는 216년 무렵 티크리스강과 유프라테스 강 중간 지역에서 태어났다. 절름발이로 내성적이고 예민한 성격의 마니는 20대 중반 우연히 하늘의 계시를 받게 되었다. 기독교와 조로아스타교를 융합한 새로운 종교로 전쟁과 살육을 부정하고 평화를 추구하는 마니교를 창시했다. 마니교는 서쪽으로는 로마제국을 거쳐 에스파니아, 동쪽으로는 중국에 이르기까지 광범위한 지역에 급속히 퍼져갔다.

그러나 마니는 조로아스타교 신봉자인 페르시아의 왕 바흐람 1세에게 26일 간의 악형을 받고 순교했다. 그의 시신은 찢겨져 거리에 버려졌고 잘린 목은 성문에 걸렸다. 교조 사후 신도들의 적극적인 포교로 그 당시 세계 4대 종교의 반열에 오를 만큼 성장했다.

마니교는 영적인 지식을 통해 구원에 이른다는 이원론적인 종교에 속한다. 마니교는 힘들고 혼탁스러운 이 세상에서 지혜와 영을 통해서 구원을 받을 수 있다고 설파했다. 그러나 마니교는 5세기 경 기독교로부터 이단 판정을 받아 박해를 받았고 로마제국 또한 모든 힘을 통해 탄압한 결과 마니교는 완전히 사라지게 되었다. 종교 또한 신념이나 교리 못지않게 포교할 수 있는 시대적 상황이나 세력이 있어야 함을 보여주고 있다.

칼리얀미나레트와 울루그벡메드라사

●●● 꾸란의 낭랑한 기도소리가 칼리얀사원의 경내를 잔잔하게 울려 퍼졌다. 꾸란은 '읽다, 칭송하다'의 뜻을 가진 아랍어 동사 까라이 에서 파생된 단어다. 꾸란은 하느님 말씀만을 의미하며 무함마드가 언 급한 것은 꾸란으로 간주하지 않는다. 무함마드의 말씀은 하디스라고 하여 이슬람을 이해하는데 중요한 경전이지만 꾸란과는 명백히 구별 된다.

칼리얀은 '크다' 미나레트는 '첨탑'이라는 뜻으로 1127년 건축된 47m 높이의 첨탑이다. 매표소로 갔지만 적막했다. 넓은 광장으로 숨을 죽이며 걸어갔다. 아름드리나무가 넓은 그늘을 만들고 있는 곳에 조용 히 앉았다. 꾸란의 낭송소리가 바닥에 튕겨져 울려 퍼지며 첨탑 속으 로 스며 올라가고 있다.

오후 1시 35분 기도가 끝나고 첨탑이 열려 105계단을 안내 받았다. 첨탑 안의 둥근 원형계단을 따라 올라가는데 14살 난 안내인 샴 시딘

은 다람쥐처럼 어두운 망루를 제집
처럼 오르내렸다.

첨탑 꼭대기 전망대에 서면 아크
로바성과 칼베르시장, 작은 모스크
들이 시가지에 산재해 있고 시장터
엔 사람들로 붐비고 있다. 47m전망
대에서 바라보는 부하라의 전경은
시가지 구조와 건축예술을 한눈에
감상하기엔 안성맞춤이다.

칼리얀 미나레트

칼리얀미나레트 정면에 있는 미
르압메드라사로 향했다. 구러시아
시절에 모든 메드라사가 닫혔는데
도 이곳만은 계속 운영되었다. 미
르압메드라사를 따라 정면으로 걸
어가면 메드라사 바로 뒤편에 카라
반들의 숙소가 나타난다. 커다란
문 입구에는 털모자를 비롯한 장신구와 서적, 양탄자를 파는 가계가
늘어서 있다. 이 현관을 지나면 꽃문양과 꾸란의 구절들로 장식된 헐
벗고 퇴색한 낡은 메드라사가 나타난다. 사원에 들어가 보면 과거엔
매우 화려했다는 것을 알 수 있는 벽장식들만 남아 있다.

부하라는 사원과 메드라사의 도시인 것 같다. 1220년 칭기즈칸의 공
격을 받은 부하라 시가지는 대부분 파괴되었으나 이슬람 관련 건물만
은 몽골인들의 보호를 받았다. 뭉케 칸과 쿠빌라이 모친의 후원을 받아

이슬람 교육을 위한 메드라사가 건립되어 많은 이슬람 신학자들이 배
출되었다. 그 후 1520년 신흥 우즈베크족 국가인 샤이 바니 왕국의 수도
가 되면서 시와 음악, 예술 등이 한층 활기를 띠어 16~17세기에는 중앙
아시아의 정치와 경제, 문화의 중추적 역할을 담당했다.

기념품가게가 늘어선 광장을 지나 울루그벡메드라사의 기숙사에 들
렀다. 1417년에 건축된 중앙아시아에서 가장 오래된 메드라사로 티무
르의 손자인 울루그벡의 이름을 따서 지었다. 기숙사에 들어서면 2평
남짓한 돔식의 작은방 한가운데 불을 지필 수 있는 네모반듯한 화덕이
있어 눈길을 끌었다. 벽면의 장식과 문양은 거의 퇴락한 상태다.

부하라는 비교적 작은 도시여서 지도 한 장만 있으면 걸어서 하루
동안 충분히 구경을 할 수 있는 공간이다. 바로 옆에 나리라 디완배기
메드라사가 있는데 이 건물의 특징은 입구 정면 문에는 꾸란의 글씨

문양과 후버새를 장식하였
다. 화려하고 넓은 날개와
긴 꼬리를 가진 공작새의 형
상을 한 후머새와 가운데 태
양신을 사람의 얼굴로 형상
화한 형식이 매우 특이했다.
공작처럼 보이는 새는 조로
아스터교의 신들 중에 하나
인 후머새다. 땅에 내려올
때 사람들이 보면 너무 아름
다워 놀랄까봐 눈에 뜨이지
않게 그림자처럼 지나가게
되는데 그 밑을 지나가는 사
람은 부와 행운을 얻는다고

화려한 메드라사 입구

한다. 이 지역도 전통종교였던 조로아스타교의 영향을 받았던 지역임
을 알 수 있다.

　예수님이 태어 날 때 동방박사가 찾아왔다고 하는데 그 동방박사가
페르시아에서 활동하던 조로아스터교의 사제들이라는 학설이 보편적
으로 받아들여지고 있다. 불을 숭배하는 조로아스터교가 기독교와 이
슬람교에 많은 영향을 주었음을 보여주는 증표들이다.

　오후 3시 30분 쯤 아라비아상인들이 교역을 위해 화폐를 교환했던
옛날 환전소로 출발했다. 순례자의 숙소 좌측 길로 조금 지나면 16세
기에 만들어진 환전 장소인 시라폰(환전) 타기(시장)가 나타난다. 현

재도 은행이 바로 옆에 붙어있다. 아담하고 작은 이 건물은 우리의 전당포를 연상시킨다.

저녁 6시 20분 타슈켄트 행 기차에 올랐다. 새 떼들이 날아오르는 초원 위로 알 수 없는 노래 가락이 흐르고 있다. 기차는 끝을 알 수 없는 지평선 너머로 서서히 빨려 들어가고, 달빛 흐릿한 들판 너머로 마을의 불빛들이 하나 둘씩 어둠을 밝히기 시작한다. 달빛이 철길 위를 달린다. 목화밭은 고개 숙인 채 깊은 잠에 빠져 있다. 사막과 초원이 이어지는 차창 가에서 잠을 청하기에는 너무나 아쉬운 밤이다. 새벽 2시 별빛이 부서지는 밤하늘의 유성들이 눈시울을 적시게 한다. 6년간의 극심한 고행 끝에 고행이 더 이상 도움이 되지 않는 다는 사실을 깨달은 싯다르타는 나란자라강가에서 몸을 씻고 수잣타의 죽을 공양 받은 후 보리수 아래서 선정에 들었다. 그날 밤 밤하늘에 떨어지는 유성을 보며 위없는 깨달음에 이르렀다.

붓다는 모든 고통의 근원인 무명에서 벗어나 생사윤회의 강을 건너 다시는 태어나는 일이 없는 영원한 열반의 세계를 얻었다. 밤하늘에 반짝이는 무수한 별빛과 유성들이 그리움을 몰고 온다. 초원의 밤하늘이 가슴을 적시고 있다.

새벽에 눈을 뜨니 기차는 아무다리아강을 지나고 있다. 강가엔 노를 젓는 배사공이 새벽공기를 가르고 있다. 희뿌옇게 밝아오는 빛나는 아침마저 간밤에 스며들었던 초원의 어둠을 걷어내기에는 아쉬운 시간이다. 가사도 알 수 없는 음악소리지만 악기를 두드리는 연주자의 모습이 나타나고 노래 부르는 가수의 몸동작까지 떠오르는 이 기이한 현상은 초원의 신기루가 아직도 혈관 속에 살아 숨 쉬고 있기 때문은 아닐까.

우즈베키스탄의 수도 타슈켄트 탐방

●●● 라면과 김치로 점심을 먹었다. 타국에서 먹는 그 향수 같은 꿀맛을 무어라 표현할 수 있을까. 오후 2시 30분 나보이 극장 앞 분수대광장에서 투어를 시작했다. 나보이극장은 수리중이어서 공연을 볼 수 없어 아쉬웠지만 타슈켄트 유니버마기백화점을 향했다. 공예품이나 도자기 제품이 돋보였다. 2층 매장에서 중앙아시아를 방문한 기념으로 낙타뼈로 만든 사람 조각품 한 세트를 구입했다.

백화점 길 맞은편 공원으로 나와 빨간 히아신스 꽃이 핀 숲 속 그늘에서 휴식을 취했다. 타슈켄트는 숲 속에 묻힌 정원의 도시다. 사람들의 표정은 넉넉하고 낙천적이다. 전자제품이나 공산품의 가격은 비싸지만 농산물 가격은 매우 저렴하다.

숲길을 걸어 지진기념 동상이 있는 광장으로 향했다. 광장 한가운데 사내아기를 안은 어머니의 거대한 동상이 나타난다. 광장 뒤쪽엔 재난 때 있었던 일들을 조각한 벽화와 조각상 사이엔 붉고 흰 장미꽃들이

무리져 피어있다. 동상에 헌화하고 있는 한 쌍의 러시안 커플을 화인 더에 담는 순간 내 마음도 환해졌다. 대부분의 신혼부부들이 식을 올리기 전에 동상에 헌화하고 시내를 다니며 비디오 촬영을 한다고 한다. 정면 대리석에는 타슈켄트의 가장 참혹했던 대지진 발생 시간을 알리는 새벽 5시 23분을 가리키는 시계의 조각상이 보였다.

2004년 인도양에서 발생한 쓰나미가 인도네시아 아체지역을 강타하여 13만 명의 사상자와 인근 국가에 피해를 입혀 총 20만 명으로 추산되는 사망자가 발생했다. 리히터 규모 8.9의 해저지진이 시속 800㎞ 속도로 밀려오는 영상을 접하면서 자연의 재앙 앞에 인간의 무기력함을 절감하게 된다.

2011년 발생한 리히터 규모 9.0의 일본동북부지역의 대지진은 수 만 명의 사상자와 해안지역을 황폐화시켰고 인근에 건설된 후쿠시마원전마저 파괴하여 아직도 복구 작업이 진행되고 있다. 한 순간에 사랑하는 가족과 연인을 잃고 땀흘려 이룩한 모든 재산마저 자연의 재앙 앞에 속절없이 내려놓는 가혹한 시련이 우리에게 주는 메시지는 무엇일까. 어쩌면 신의 영역으로까지 다가가는 인간의 문명과 기술발전에 대한 자연의 말없는 경고는 아닐까.

대지진 참사 기념광장

타슈겐트식당 좌우로 LG와 삼성전자, NOKIA 등 전자상가 거리가 나타났다. 나보이거리에 한인들이 운영하는 안경점도 눈에 뜨여 반가웠다. 저녁 7시 35분 전동차에 탑승했다. 시가지는 독립기념일 전후라 화려한 네온사인 불빛으로 번쩍였다. 토요일 저녁 브로드웨이로 몰려드는 인파로 인해 거리는 젊음의 열기로 넘쳤다. 사람들에 둘러싸여 코미디언과 차력사가 열심히 공연을 하고 있다. 어린 시절 강릉남대천 가에서 보았던 약장수들의 신파극을 연상시킨다. 그 당시 무대 위에서 아낙들의 심금을 웃고 울리는 배우들의 공연은 1년에 한번 보기도 어려운 영화관람 보다 훨씬 더 매력적이었다. 막간을 이용해 만병통치라는 약 선전만 들어 줄 수 있으면 누구나 공짜로 볼 수 있는 매우 인기 있는 공연문화였다. 관객들에게 돌리는 모자에 1달러를 넣어주고 자리를 떴다. 초상화를 그리는 거리의 화가들과 각종 기념품과 생필품 가게 들이 늘어서 있는 거리로 나와 다양한 중앙아시아인들의 얼굴과 패션스타일을 감상했다.

다음날 오전 10시 중앙아시아에서 가장 큰 한국교육원을 방문한 후 이곳에서 버스로 10여 분 거리에 있는 버스종점에 도착했다. 버스터미널과 붙어있는 꼬일육시장은 시골장터 같은 공산품시장과는 달리 농산물 시장의 규모는 매우 크고 다양한 종류가 진열되어 있다.

샐러드시장에 자리 잡은 낯익은 고려인 아주머니들의 모습이 많이 뜨인다. 돌아가신 어머니의 모습을 다시 보는 것 같다. 거친 손마디로 덥석 안아줄 것 같은 느낌이다. 여정 내내 어려운 고비마다 어머니의 따뜻했던 마음이 느껴졌다. 돌이켜보면 여기까지 올 수 있었던 것도 헌신적인 어머니의 사랑과 희생 덕분이다. 아무리 힘든 상황이 닥쳐도 내색 한번 하지 않으시던 그 강인한 인내력, 공직을 떠나 힘들게 보냈던 5년간의 강사 시절 단 한 번도 안정된 직장을 권유하지 않으셨던 어머니의 믿음 덕분이다. 부유하지 못했기에 가난에 너그러웠다. 인생의 고비마다 닥친 시련 때문에 생과 생 사이를 흐르는 윤회의 강을 깨닫게 되었다. 하늘을 덮는 먹구름만큼이나 깊고 큰 청춘의 고뇌가 있었기에 삶과 죽음에 좀 더 여유로워질 수 있었다. 어느 순간 나는 그동안 내게 주었던 인생의 시련을 감사의 메시지로 바꾸기 시작했다. 길바닥에 뒹구는 돌멩이 하나 잡초 한 뿌리마저 모두 그 존재의 가치와 의미가 있다는 것을 절실히 깨닫게 되었다. 티끌 같은 존재마저 겸허히 존중하기까지는 무수한 시련의 파도가 일어나 덧없이 사라지는 순간들의 연속이었다. 그러나 그때마다 내 심연의 바다에는 영원한 어머니의 가슴이 살아 있어 늘 행복했다.

일본의 세계적인 부호인 '내셔널' 창업자 마쓰시다 고노스케는 가난하게 태어난 것, 허약한 것, 못 배운 것이라는 하늘이 준 3가지의 은

혜에 감사했다. 이 세상의 모든 불행을 갖고 태어났음에도 오히려 그
런 불행을 준 운명에 감사할 줄 아는 그의 불굴의 정신력에 경외감을
느낀다. 아버지의 파산으로 초등학교 4학년을 중퇴하고 자전거 점포
의 점원이 되어 밤이면 어머니가 그리워 눈물을 흘리던 심약한 소년이
었던 그는 자기 앞에 주어진 가난 때문에 부지런히 일해야 잘 살 수 있
다는 사실을 일찍 깨달았다. 병약하게 태어났기에 건강의 소중함을 깨
닫고 건강에 힘써, 90살이 넘어서도 겨울철에 냉수마찰을 할 정도였
다. 초등학교 4학년을 중퇴했기에 세상의 모든 사람들을 자신의 스승
으로 받들어 배우면서 많은 지식을 얻을 수 있었다. 행복과 불행의 차
이는 종이 한 장 차이다. 그러나 행복을 불행으로, 불행을 행복으로 바
꾸는 것은 사람들의 마음과 행동에 따라 차이가 날 뿐이다.

일본 작가 에모토 마사루의 '물은 답을 알고 있다'에서 '눈雪의 결정 하나하나가 모두 다르다.' 수백만 년 이 지구에 내린 그 수많은 알갱이의 얼굴이 제각기 다르다는 사실에 착안하여 현미경을 이용해 다양한 물의 결정 사진을 찍기 시작했다.

'사랑과 감사'라는 글을 보여주었을 때 물은 비할 데 없이 아름다운 육각형 결정을 나타냈다. '악마'라는 글을 보여주었을 때는 주변을 공격하는 듯 한 형상을 보였다.

쇼팽의 <빗방울>을 들려주자 정말 빗방울처럼 생긴 결정이 나타났고, <이별의 곡>을 들려주자 결정들이 잘게 쪼개진 형태가 되었다. 물은 그 글이나 말이나 음악에 담긴 인간의 정서에 상응하는 형태를 취했다. 이렇게 8년 동안 물 사진을 찍어온 저자는 마침내 '물은 모든 것을 알고 있다' '물도 의식을 갖고 있다'는 결론에 이르게 되었다. 인간의 생각도 그냥 그대로 투영된다. 창조의 이미지를 가진 말을 던지면 세계는 멋진 창조활동을 벌이게 될 것이고 파괴의 에너지를 보내면 파괴 행위를 도와주는 결과를 낳게 된다.' 그러므로 인간의 말과 생각은 세상을 만드는 창조자적인 에너지를 갖고 있다.

우주의 어떤 부분이라도 전 우주의 정보를 포함하고 있다. 세포 하나에도 전 우주가 존재한다. 지금 여기 있는 당신에게도 과거와 현재, 미래의 모든 정보가 들어 있다. 지금 이 순간에도 당신은 세상을 바꿀 수 있다. 그것을 안다면 우리는 자신의 처지를 원망하거나 자신의 불행을 다른 사람 탓으로 돌리지 않을 것이다. 당신이 할 일은 단 하나 선택이다. 사랑과 감사로 가득한 멋진 세계를 선택할 것인지, 아니면 불만과 피로가 꿈틀대는 고통스런 세계를 선택할 것인지, 그것은 지금이 순간 그대의 태도에 달려 있다.

우리를 둘러싼 온 우주는 눈에 보이지 않는 언어와 몸짓으로 서로서로 소통하고 있다. 들판의 이름 없는 잡초 한 뿌리나 뒹구는 돌멩이 한 조각조차 우리와 맞닿아 있는 유기체적 결합으로 이어져 있다. 우리의 눈에는 동떨어진 섬처럼 보이지만 깊이 들어가 보면 모든 섬들은 육지와 연결되어 있다. 하늘의 별과 바다, 모래와 바람이 내 안으로 흘러들어와 점점 더 깊은 강물처럼 흐르고 있다. 내 마음 속의 의식의 강이 흘러 초원 저 편 가득히 스며들고 있다. 자신을 가두었던 일체의 사념과 일상들이 자유의 강으로 흘러가고 있는 것이다.

예수는 말했다.

"들판에 핀 저 백합꽃을 보아라. 그들은 애써 일하지 않아도 아름답다. 솔로몬의 영광도 저 백합꽃을 능가하지 못한다. 그들은 솔로몬보다 더 아름다운 향기를 내 뿜고 있다. 저 백합꽃에 대해 명상하라."

만물은 자신을 즐기라고 있는 것이지 고뇌하라고 존재하는 것은 아니다. 아주 작은 생명 안에도 영원한 생명의 씨앗이 잉태되어 있듯이 작은 겨자씨 하나가 수천 수억 년 동안 씨앗을 퍼트리면 지구 전체를 푸르게 만들기에 족하다.

나무나 짐승이나 별이나 새들은 그 어떤 것도 고뇌하거나 지겨워하지 않는다. 고통 속에 있을 수는 있지만 번민 속에 있지는 않는다. 인간만이 고뇌하고 지루해하고 번민 속에 방황하다 심지어 자살까지 한다. 인간의 특권이자 가장 어리석은 유산이기도 하다.

뻴리타젤과 민족의 대이동

●●● 오전 11시 30분경 승합차를 타고 20분 정도 달려 김병하뻴리타젤에 들어섰다. 마을 중심에는 작은 경찰서와 2층으로 된 문화회관과 교회, 식당 등이 모여 있다. 김병하뻴리타젤은 쇠락하여 많은 사람들이 이곳을 떠났다 한다. 초기 이주민들은 살기 어려운 지역에 터를 잡아 고생하다 정부에 청원을 하고 노력한 끝에 이곳에 정착하게 되었다. 합심하여 하루에 한 두 채의 집을 지을 정도로 노력한 끝에 집단 마을을 이루었다. 지금은 많은 젊은이들이 도시로 떠나가고 어린이와 노인들이 주류를 이루고 있다. 산업화 시대에 겪었던 우리나라의 농촌이탈 현상을 보는 것 같다.

고려인이라면 1937년 스탈린의 독재시절 정착지인 연해주에서 멀고 먼 중앙아시아의 허허벌판으로 강제 추방당한 수난의 기록을 빼놓을 수 없다. 고려인의 선조는 조선왕조 때 러시아 연해주로 자진 이주한 사람들이다. 일제의 스파이로 몰려 18만 고려인이 집단으로 강제 이주

된 수난사는 국가테러리즘의 극치였고 인류잔혹사의 엄청난 기록이다.

한국의 역사나 민족사적인 관점에서 볼 때 고려인이란 역외 개척의 선구자들이다. 926년 발해 멸망 이후 한반도에서 거주하던 한민족의 지평을 광활한 대륙으로 확장시킨 주역이다. 고려인들은 연해주에 이주한 지 10년도 안 돼 천리 북쪽의 아무르강변에 첫 정착촌을 건설했고 이후 시베리아를 횡단하는 서진西進을 계속했다.

1937년 고려인의 중앙아시아 강제 이주는 타의에 의한 것이지만 민족사의 관점에서 보면 한민족의 영역을 획기적으로 확장시킨 역외의 개척사다. 지금 고려인의 생활무대는 러시아 동단 캄차카반도에서 서쪽으로 중앙아시아를 가로질러 동유럽의 우크라이나에 이르기까지 1만 2천㎞에 뻗쳐있다. 고려인이 50여만 명 밖에 안 되지만 유라시아대륙에 고려인이 살지 않는 곳이 없을 정도다. 2011년의 통계로 보면 구소련연방지역에 52만 3천 5백 명이 살고 있다. 그중 러시아에 21만 3천명, 우즈베키스탄 17만 1천명, 카자흐스탄 10만 5천명, 키르키스스탄 1만 7천명, 우크라이나 1만 2천명, 타지크스탄 1천 6백명 등이다.

연해주를 비롯해 극동아시아 지역에 정착한 고려인들은 부지런함과 성실함, 끈질긴 의지로 황무지를 기름진 땅으로 바꾸었고 그곳에 벼와 채소 등을 심으며 살았다. 조국을 위해 식량과 돈을 대며 독립운동을 적극적으로 돕기도 했다. 그러나 1937년 9월 소련의 최고통치자 스탈린이 극동아시아에 사는 고려인들을 멀리 중앙아시아로 강제 이주시키는 사건이 발생했다. 당시 일본은 만주를 침략한 후 극동아시아로 진출을 노리고 있었다. 러시아는 일본과 전쟁이 벌어질 경우 일본이 고려인들을 첩자로 삼거나 고려인들이 일본을 도와줄 것이라고 의심했다. 그래서 연해주의 고려인들은 쫓겨나 화물열차에 몸을 실어야 했다. 시베리아 벌판의 추위에 떨며 한 달 동안 짐짝처럼 취급받다가 낯선 중앙아시아의 황무지에 도착했다. 강제 이주에 저항하다 죽거나 추위와 굶주림을 견디다 못해 숨진 고려인이 무려 16,000명에 달했다 한다.

러시아 공산정권의 탄생을 도운 보은 대신에 러시아의 내전 중 일부 고려인들의 반러 친일행위를 못마땅하게 여긴 것을 빌미로 강제이주라는 배은망덕의 징벌을 받을 수밖에 없었던 나라 잃은 백성의 서럽고 고달픈 삶들을 되돌아보게 한다.

문화회관문에서 노인 한 분이 나와 우리를 안내했다. 최초의 지도자 황만근과 류보프 여사, 김바실리 쎄묘노비치 세 사람의 큰 사진이 홀 벽면에 걸려 있다. 텅 빈 1층 홀에는 문화공연과 집단농장 주택, 농장의 작업과정 등을 사진으로 전시하고 있다. 2층으로 오르면 1층 무대와 좌석이 보인다.

1950년 대 황만근시대에 지은 건축물로 그 당시로서는 대단한 건축물이었다. 규모나 건축구조를 볼 때 현재 우리나라 대도시의 문화공연장에 비해 손색이 없을 정도의 규모이나 낡고 쇠락하여 쓸쓸한 느낌을 주었다. 문화회관 건립을 통해 민족의 정체성과 문화적 전통을 잃지 않으려는 고려인들의 끈질긴 집념과 자부심을 느낄 수 있다. 강제로 추방당한 고려인들의 민족수난사를 떠 올려 보았다. 우리민족은 기원전부터 새로운 땅을 찾아 떠나 아메리카대륙을 개척하고 위대한 문명을 이룩했다는 새로운 학설이 제기되어 고려인들과의 모습이 오버랩되고 있다.

3세기 후반에 집필된 중국의 「삼국지」 위지동이전에 따르면 3세기까지도 만주대평원과 요동은 우리민족이 가장 넓고 비옥한 땅을 차지한 북방의 강자였다. 3세기경에는 우리 선조들이 말갈보다 인구가 대략 7배 정도 많았으나 10세기경에는 작은 민족인 거란과 숙신(말갈)이 발흥하여 요나라와 금金나라, 청나라를 건설하여 중국대륙을 차지했다.

손성태교수는 「우리 민족의 대 이동」 에서 새로운 시각을 제시하고 있다. 우리 선조들은 중원을 향한 남쪽이 아니라 북쪽으로 대규모 이동하여 오늘날 러시아 캄차카반도에 도착하여 알류산열도를 통해 대규모 민족이동으로 아메리카대륙으로 건너갔다는 것이다.

콜럼버스의 신대륙 발견 26년 후 스페인은 멕시코시티 지역과 유카탄반도에 아스타제국이 있다는 것을 알게 되었다. 수도 태흐고고라는 섬 안에 30만 평 규모의 도시에 20만 명이 살고 있었다. 당시 파리나 런던의 인구가 5만 명 정도였다.

1521년 스페인 정부는 아스테카제국 정복 후 신부이며 학자였던 사람들을 대거 멕시코에 파견하여 원주민들의 문화와 언어, 풍습 기원 등을 조사 기록하도록 했다.

고리족은 태양신을 믿던 고리족 땅에서 왔다고 했다. 맥이족은 원래 아스 땅에서 살았으며 자신들을 아스테카(Azteca)라고 부르며 조상들이 살던 그곳이 어딘지는 모르지만 위가 평평한 피라미드가 있는 곳이라 대답했다. 우리선조들은 태양신을 믿었고 아스 땅은 단군신화에 나오는 아사달(阿斯達)이고 '땅과 달'은 같은 말이다. 아사달의 원래 발음은 '아스따'이다. 만주에서 우리 선조들이 건축한 수만 기의 피라미드도 모두 위가 평평하다.

민족의 이동 경로에 대해선 고리족들은 기억이 너무 오래되어 대답을 못했지만 그곳에 늦게 온 맥이족은 아스 땅을 떠나 고리족이 살던 땅을 지나서 어느 곳에 정착한 후 많은 섬들이 징검다리처럼 있는 곳을 배를 타고 건너왔다고 했다. 원주민들의 언어에 대한 명칭이 따로 없었기에 그저 "나와 다들이 이렇게 말한다.라고 대답했다고 해서 오늘날 원주민들의 언어를 '나와 다들이' 라고 하고 줄여서 '나와들어' 혹은 '나와어' 라고도 한다.

맥이족 역사의 유래를 살펴보면 아스(az)는 '하얀, 흰'을 뜻하고 태가는 '사람'을 뜻하여 아스테카는 '백의민족'을 뜻한다고 한다. 아스테카인들은 그들의 역사를 그림책으로 남겼는데 그들은 원래 아스땅에 살았고 무당 키질의 선동으로 기원 후 820년 경 새로운 땅을 찾아 그곳을 떠났다. 그는 어느 날부터 "신이 우리에게 살기 좋은 새로운 땅을 주겠다고 약속했다." 모두 떠나자고 외치며 선동했고 아스

땅에 살던 여러 씨족 마을 사람들이 집단으로 그를 따라 나섰다. 아스땅을 떠나 제일 먼저 도착한 곳은 태양신을 믿는 고리족의 땅이었다. 고리족이 살던 땅에 잠시 머물다 다시 떠날 때 그 주변 8개 고리족 부족들도 함께 따라 나섰다. 그리고 고리 족과 어느 지역까지는 함께 이동했지만 그곳에서 그들과 헤어진 후에 아스테카인들은 어느 곳으로 가서 처음으로 사람을 신에게 바치는 인신공양으로 제사를 올렸다. 그후 아스테카라는 명칭보다는 맥이(Mexi)라는 명칭을 주로 사용하기 시작했다고 한다. 아스땅을 떠난 뒤 1325년 나라를 건국할 때까지 약 500백 년 동안 방랑생활을 하면서 북미대륙을 다녔다.

멕시코의 원래 국명은 맥이고(Mecico)이다. '맥이가 사는 곳'이란 뜻의 맥이곳이라고 불렀던 말에서 유래했다. 고리족은 기원전부터 아메리카대륙에 도착하여 남북아메리카 전체에 퍼져 살며 마야문명과 잉카문명을 건설한 사람들이며 맥이족은 800년 경 아스 땅을 떠나 10세기 말 또는 11세기 초에 맥시코에 도착한 사람들이다.

스페인인들이 신대륙을 발견했을 때 맥이고 원주민들은 상투를 하고 있었다. 노인들은 외출할 때 흰두루마기를 입었는데 20세기 우리나라 어른들이 입었던 것과 같다. 풀을 뜯어 먹었으며 신발은 풀로 엮은 짚신이었다. 아스테카 여인들도 한복을 입었다. 신분이 높은 부인들은 행사 때 머리에 덧대어 장식하던 가체(加髢)를 했었다. 양쪽에 올린 머리, 쪽진 머리와 비녀, 머리꽂이와 봉잠, 붉은 볼연지, 귀걸이 장식 등이 우리의 과거 풍습을 그대로 간직하고 있었다. 멕시코 원주민들도 아기가 태어날 때 산파는 점쟁이를 찾아가서 금줄을 받아 집 앞에 쳐서 외부인의 출입을 금지하는 풍습이 있었다. 아이가 태어나면 다마틴이(점쟁이)를 찾아가 사주로 점을 치는 풍습이 있었다. 여인들은 포대기들 이용해 아이를 업고 다녔고 젖을 물릴 때는 찌찌라고 말하곤 했다. 장례나 제사지내는 풍습도 우리민족과 비슷하며 상엿소리나 입안에 옥구슬을 넣었다는 기록이 남아있다. 음식을 먹기 전에 고수레를 하였고 물건을 나를 때는 여자는 머리에 이고 다녔고 무거운 것일 때는 다메(이)를 사용했다.

몇 가지 원주민 말을 살펴보면 화가(다+그리다)→다기려, 지게꾼(다+메다)→다메메, 점장이(다+마티다)→다마틴이, 왕(다+도와주다)→다도안이, 공놀이선수(다+치다)→다치들 등 모든 명칭에 다+동사로 구성되어 어휘형성에 규칙성을 볼 수 있다.

2007년 알류산열도의 아막낙섬에서 미국인 고고학자 릭 크넥교수가 우리의 쪽구들식 온돌을 발굴했다. 아막낙섬 온돌은 기원전 1000년에 만들어진 것으로 우리민족이 알류산열도를 통해 아메리카로 건너갔다는 중요한 고고학적 증거의 하나다.

멕시코에 정착한 우리민족은 쪽구들식 온돌을 만들어 살았다. 옷감짜기와 관련된 풍습으로는 물레, 베틀, 가락바퀴로 옷을 짜는 풍습이 있었다. 멕시코에 나타난 우리민족의 놀이 풍습으로는 팽이치기와 공기놀이, 윷놀이 등이 있는데 우리의 놀이 규칙과 거의 같거나 비슷하다. 같은 민족이 아니면 도저히 설명할 수 없는 많은 증거와 언어와 풍습, 유적들이 산재해 있어 향후 세계사와 인류학을 새로운 관점에서 써야할 것이다. 중국인들이 정화함대를 가지고 아메리카대륙을 콜럼버스보다 먼저 발견했다면 우리선조들은 그곳에 이주하여 새로운 문화와 문명을 개척한 민족이다.

우리민족은 중국대륙을 뛰어 넘는 더 크고 더 풍요로운 세계를 향한 탐구와 호기심을 갖고 새로운 시대를 열망하고 개척했던 문명의 선구자들이었다.

버스를 타고 다음 코스로 티무르박물관을 향했다. 옛날 티무르가 거처하던 천막을 본떠서 만든 건물이다. 넓은 광장 앞 둥근 분수대와 돔형의 녹색지붕이 어울려 우아함과 빼어난 조형미를 자아내고 있다. 건물을 들어서면 벽면 중앙에 티무르가 옥좌에 앉아 신하들과 정사를 보는 커다란 벽화가 나타난다. 티무르 관련 세계 각국 서적들과 천장의 화려한 샹드리에, 다양한 그림을 비롯한 예술품들이 진열되어 있다. 그러나 화려한 외부의 건축물에 비하면 티무르에 대한 자료가 너무 빈약해 보였다. 박물관에서 나와 타슈겐트법대 건물을 지나 고려카페로 향했다. 타슈켄트는 법대와 외교대가 경쟁이 제일 높고 고위 관리들이나 부유층의 자제들이 선호하는 대학이다.

새벽에 일어나 공항으로 향했다. 타슈켄트는 우즈벡공화국의 수도로서 치르치크강 계곡에 위치해 있다. 옛 이름은 샤시Shasi이며 중국의 옛 지명으로는 석국石國으로 잘 알려져 있다. 소그디아나인들의 활동무대로서 1세기경에 벌써 불사佛事가 있을 정도로 인도를 비롯한 서역 각지와 교류가 빈번했던 곳이다. 6~7세기에 이르러 타슈(돌) 켄트(도시)로 개명하면서 도시가 번창했으며 8세기 경 이슬람 동정군에 의해 파괴되었다가 9~10세기에 이슬람화 되면서 재건되어 11세기 카라한시대에 이르러서는 수공업과 상업이 발달하여 경제적인 번영을 누렸다. 13세기 몽골 서정군에 의해 크게 파괴되었다가 15세기 티무르제국 치하에서는 이슬람 문화의 중심지로 부상했다.

유라시아 대평원은 우리 선조들이 말을 달리던 중심무대였다. 지금부터 9천2백여 년 전 동북아에는 사람들의 추대를 받아 통치자가 다스리는 환족의 나라가 있었다. 환국시대 말 인구부족과 물자부족 등으로 서자부 환웅은 자위리환인으로부터 종통과 국통계승의 상징인 천부인天,符,印을 내려 받고 신시神市에 도읍을 정하고 배달국을 건국했다. 배달국은 도시국가의 틀을 벗고 동북아시아의 대국으로 성장했다. 배달의 5세 태우의환웅의 막내아들 태호복희씨는 하도河圖를 그렸다.

이 도표 하나에서 음양오행의 원리가 나오고 공간과 시간의 순환원리가 나온 것이다. 복희씨는 한마디로 동양철학의 아버지요 인류문명의 창시자다. 중국에서는 복희씨를 인문지조人文之祖로 받들고 있다. 배달의 14세 치우천왕은 백두산 신시에서 대륙의 청구로 도읍을 옮김으로써 역사의 전환점을 맞이했다. 헌원의 도전을 받아 탁록벌판에서 10년간 72회의 접전 끝에 헌원이 치우천왕에게 항복하고 배달국의 전성기인 청구시대를 열었다. 초대 환웅이 배달을 개국한 지 1,500년 18세 한웅에 이르러 국운이 쇠하여 배달국의 역사는 막을 내리게 된다. 거불환웅이 세상을 떠나고 단군왕검이 38세에 천제의 아들로 추대되어 배달 말기의 혼란을 잠재우고 구환족 전체를 하나로 통일하여 조선朝鮮을 열었다.

고조선 제1왕조인 송화강 아사달 제2왕조 백악산 아사달 제3왕조 장당경 아사달 시대를 거치며 2,096년 동안 47대 고열가단군을 끝으로 막을 내리게 된다. 고조선은 동북아의 대국으로서 70여개국의 크고 작은 제후국을 다스렸다. 단군세기를 비롯하여 국내의 다양한 문헌과 중국 사서들에 그 사실이 구체적으로 기록되어 있다. 일제식민통치를 위해 만든 한민족의 고대사는 조작되고 왜곡되어 고조선을 신화의 나라로 폄하되었고 20만권에 달하는 귀중한 문헌들은 일제에 의해 불태워졌다.

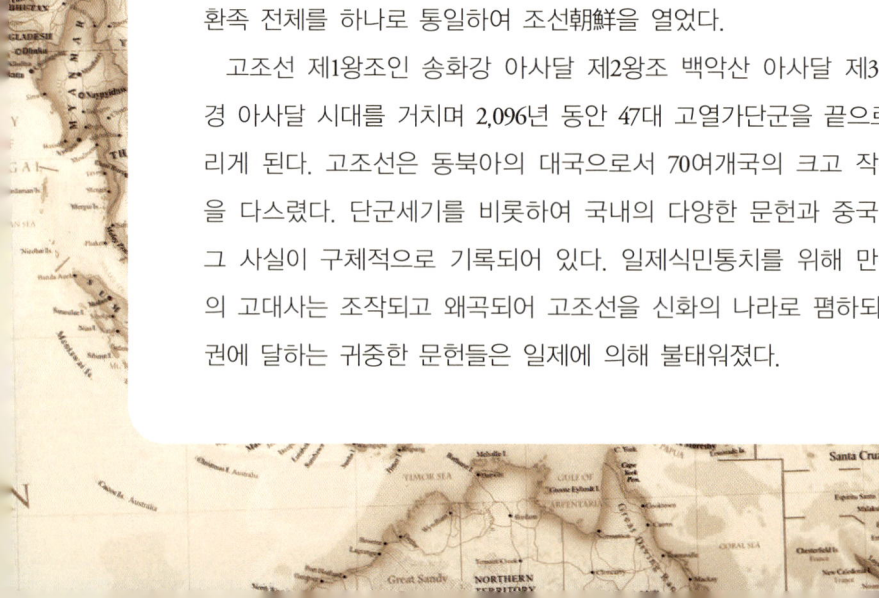

일본은 식민사관에 적당한 삼국사기와 삼국유사를 남겨두고 그것을 중심으로 일본의 입맛에 맞는 역사를 왜곡했다. 단군조선이 신화가 아니라는 것을 중국의 사학자들이 홍산문화를 발견함으로써 증명하게 되었다. 홍산문화는 요령성 조양시 건평현과 능원현의 접경지역에서 번창했던 신석기 말기의 문화로 석기와 청동기를 섞어 사용한 BC4700~BC2900년경의 문명이다. 특히 우량하의 16개 유적지 가운데 13곳이 돌무덤, 즉 적석총 유적지다. 적석총은 고대로부터 삼국시대까지 계속 나타나는 동이족의 대표적 묘제墓制로 황하지역의 중국 한족의 조상인 화하족 문명권에서는 전혀 출토되지 않는 것이다.

　중국은 홍산문화를 황하문명보다 2~3천 년 앞선 황하문명의 원류로 규정하였다. 현재 중국은 홍산문화를 요하문명이란 이름으로 이집트, 메소포타미아, 인더스문명보다 앞서는 세계 최고 문명국으로 내세우고 있다. 환단시대의 한민족 문화를 자신들의 문화로 둔갑시켜 이제 경제대국에서 문화대국까지 꿈꾸고 있다.

　중국이 현재의 중국 국경 안에서 전개된 모든 과거 역사를 자신들의 것으로 만들 목적으로 동북공정이란 목표아래 2002년부터 야심차게 역사 왜곡을 하고 있다. 안경전은 중국이 이 작업을 한중 고대사 전문가들을 총동원하여 고조선부터 북부여, 고구려, 발해에 이르는 모든 역사를 자국의 역사로 편입시키는 작업이라고 그 위험성을 경고했다.

　중국이 동북공정을 통해 얻고자 하는 최종 목표는 후일 남북한 통일 시 일어날 영토분쟁에 대비하는 측면이 강하다. 역사는 정신의 고향이며 민족의 비전과 새로운 문화의 지평을 열어주는 초석이다. 스탈린에 의해 수십만 고려인들이 강제 추방되어 이국땅에서 한 많은 세월을 달래며 살아야 했던 집단농장을 방문하면서 다시는 이런 비극이 되풀이 되어서는 안 될 것이다.

기독교와 이슬람, 유태교의 종교문화 비교

●●● 같은 성서의 민족인 아랍과 유태민족은 아브라함이라는 공통의 조상을 모시고 있는 뿌리가 같은 형제의 민족이다. 아브라함에게는 사라와 하갈이라는 부인이 있었는데 본부인 사라가 아이를 낳지 못하자 몸종인 하갈과 결혼하여 이스마엘을 낳고 본부인 사라는 나중에 태기가 있어 자식을 낳으니 이가 이삭이다. 이삭은 유대민족의 조상으로 후대에 예수가 태어나고 이스마엘은 아랍민족의 조상으로 그 가문에서 무함마드가 탄생하였다. 결국 아랍인과 유대 민족은 같은 성서의 백성이며 형제의 민족이다. 함께 유일신을 믿고 팔레스타인을 중심으로 척박한 땅에서 유목과 목축을 주업으로 살아온 오랜 전통을 가진 민족들이다. 구약성서에도 꾸란에도 두 민족은 아브라함을 공통조상으로 모시고 있다.

기원전 천년 유대민족은 왕국을 이루며 살았으나 기원전 7세기 앗시리아에 빼앗겼다. 그 후 또 다시 왕국을 세웠지만 기원후 1세기 로마에 멸망하였다. 2천 년간 유랑생활을 하던 유태민족은 1948년 팔레스타인에서 독립을 선포하고 이스라엘을 건국하게 된다. 유태민족은 특히 유럽에서는 그리스도를 팔아먹은 용서받을 수 없는 죄를 지은 저주받은 민족으로써 313년 기독교가 공인된 이래 16세기까지 악마와 동일시하여 박해와 차별을 받아왔다. 16세기 종교개혁의 시기에 유태인의 위상이 크게 향상되어 악마의 지위에서 탈피하게 되었다. 같은 민족인 갸롯 유다가 예수를 십자가에 못 박히게 한 죄로 유대민족은 유럽에서 장구한 세월을 악마에 버금가는 저주받을 민족으로 차별을 받았다.

유태민족들은 예수를 하느님의 아들이나 구세주로 보지 않으며 하느님에게는 아들이 필요하지 않다고 생각하고 있다. 구약성서는 아랍민족이나 유태인과 기독교도들에게 모두 공통된 성서의 이야기이다. 기독교는 예수의 탄생과 더불어 신약성서가 주축이 되지만 유태교인들에게는 신약성서는 남의 말과 같다.

유대교는 예수는 물론 성령도 거부하며 구약이 성경의 전부이다. 유대교인에게 성경은 구약 즉 모세 5경과 예언자의 말씀일 뿐입니다. 모세 5경은 '토라'라고 부르며 유대교인에겐 문서화된 율법이다. 유대교인들에게 모세의 율법이 정신의 바탕이라면 탈무드는 생활의 규범이다. 기원전 5000년부터 서기 500년까지 구전된 말을 1000명의 학자가 모여 1만 2000쪽에 이르는 방대한 역사와 지혜를 집대성한 탈무드는 단순한 책이라기보다는 하나의 학문에 가까운 지혜의 보고인 셈이다. 탈무드는 2000년간 흩어져 살았던 유대인을 하나로 묶어주는 장치이자 구약을 더 상세하게 전해주는 하느님 말씀의 일부로 생각하고 있다.

공통조상 아브라함을 모시면서도 유대인의 하느님은 '야훼'이고 아랍은 '알라'를 유일신으로 모시고 있다. 이슬람교는 성직자 제도가 없는 대신에 기독교에는 신부와 목사가 있으며 유대교인의 율법사인 랍비는 재판관이 되고 어버이가 되고 스승의 역할을 하고 있다. 유대인의 '야훼'와 기독교인의 '야훼'와는 반드시 같다고는 볼 수 없다. '천지를 창조한 조물주인 야훼 하느님을 믿으며 야훼가 아브라함을 통해 유대인을 선택해 모세 5경을 주었다'는 유대교의 기본 믿음에서 볼 때 유대교인들이 추구하는 선민사상의 야훼와 기독교에서 추구하는 만민평등의 야훼와는 반드시 일치하는 것은 아닐 수 있다.

기독교는 예수를 통해 하느님과 교감하는 중간자의 역할을 강조했지만 이슬람은 하느님과 인간 사이의 영적 중간 매체를 인정하지 않는다. 무슬림들은 언제나 하느님과 직접 대화할 수 있다. 신과 인간의 직접적인 대화나 소통을 강조한다. 또한 인간의 영혼과 육신은 전적으로 알라의 소유인 것이다. 기독교는 하느님의 아들 예수를 통하여 인간을 구원하는 구세주로 규정하고 있는데 비해 유대교인에게 예수는 이방인 같은 존재며 아직도 다른 구세주가 출현하기를 기다리고 있다. 이슬람교는 예수를 선지자 중에 하나로 인정하지만 신의 아들로 인정하지는 않는다.

이슬람에서는 네 권의 경전인 무함마드의 꾸란, 모세의 율법, 다윗의 시편, 예수의 복음서를 모두 인정한다. 그러나 하느님의 최종적인 복음은 꾸란으로 완성되고 집대성되었다고 보기 때문에 그 이전의 복음서 내용까지 그대로 받아들이는 것은 아니다. 아담부터 노아, 아브라함, 모세, 예수에 이르는 모든 예언자들은 동시에 무슬림의 예언자들이다. 이들 예언자 중 최후의 예언자가 무함마드인 것이다. 특히 꾸란에는 노아와 아브라함, 이스마엘과 모세, 예수와 무함마드의 이름이 자주 거론된다(꾸란 2장 136절)

이슬람에서는 마지막 계시가 예언자 무함마드에게 내려짐으로써 앞으로 더 이상 예언자가 존재하지 않는다고 믿는다. 최후의 심판의 날이 다가오면 모든 생명들이 부활하여 현세에서의 모든 행동이 하느님 앞에 기록으로 제출되어 심판을 기다린다. 선행과 악행의 경중에 따라 천국의 구원과 지옥의 징벌로 나뉜다는 관점은 유대교와 기독교의 가르침과 유사하다.

20세기 이데올로기적인 이념논쟁의 종식과 더불어 십자군전쟁이래 1000여 년 간 끝나지 않은 기독교와 이슬람의 종교전쟁이 세계를 불안하게 만든 것도 배타적인 유일신 사상이다. 기독교 내부에서도 신교와 구교의 갈등으로 내전이나 국가 간의 충돌과 전쟁을 야기해 수많은 인명이 목숨을 잃었다. 이슬람에서도 수니파와 시아파의 갈등은 아직도 끝나지 않고 있다.

이슬람은 예언자 무함마드가 후계자를 선정하지 않고 사망했기 때문에 후계자 계승에 관련된 문제가 가장 현안으로 대두되었다. 그 결과 무슬림들은 순니파와 쉬아파로 분열되었다. 순니란 무함마드의 '말과 행동 즉 관행을 따르는 자들'을 의미하는 순나를 의미한다. 수니파는 전체 무슬림 공동체인 움마의 약 90%를 차지하고 있다. 이슬람에서는 순니파는 정통파로 알려져 있다. 이 파는 예언자 사후 갈리파가 예언자 부족인 꾸라이쉬 출신이어야 한다고 주장했다.

무함마드 사후 이슬람 공동체는 4명의 정통 칼리파에 의해 운영되었다. 제1대 칼리파 아부 바크로, 제2대 오마르, 제3대 오스만 그리고 4대 알리였다. 쉬아라는 명칭은 '알리의 추종자들'이라는 의미의 쉬아트 알리에서 유래되었다.' 쉬아 '란 ' 떨어져나간 무리 '라는 뜻이다. 자연히 남아있는 무리는 순나가 되었다. 시아파는 '알라 이외에는 신이 없고 무함마드는 신의 사자이다'라는 이슬람 신앙의 가장 중요한 원칙인 '샤하다 '에 덧붙여 ' 알리는 신의 사랑을 받은 자이며, 신자들의 사령관이고 신의 친구다 '는 것을 주장하고 있다. 무함마드의 사촌이자 사위인 알리가 칼리파가 되자 시리아총독 무아위야가 알리에 도전하였다. 이러한 갈등의 와중에 알리가 암살당하자 이슬람제국은 무아위야에 의해 우마이야왕조로 통일되었다.

시아파는 비록 알리가 이슬람 공동체의 네 번째 칼리파로 선출되었지만 이러한 믿음을 근거로 시아파는 알리 이전의 3명의 칼리파의 합법성을 인정하지 않고 있으며 이들의 후계자들에 대해서도 그 적법성을 부정하고 있다. 이 두 파는 1400년 이상 동안 이러한 견해 차이로 화해와 조정과 단합을 이루지 못하고 있다. 이들 사이의 정치적, 이념적, 인종적 문제들은 가끔 전쟁과 갈등으로 귀결되었다. 비록 두 파는 함께 예배하고 동일한 대상을 숭배하지만 신학적으로나 실제적으로 별개의 모스크와 서로 다른 종교의식, 서로 다른 역할의 지도자를 추종하고 있기 때문에 분명히 다른 공동체를 형성하고 있다고 보아야 한다.

시아파는 신의 빛과 신적 속성들이 예언자 무함마드의 딸 파띠마, 파티마의 남편 알리 그리고 이들의 자손들에게도 부여되었다고 주장했다. 물론 수니파도 알리와 그의 자손들을 존중하고 있지만 예언자 무함마드와 그의 자손들이 신적 속성들을 부여 받았다는 시아의 주장을 인정하지 않았다. 또한 순니파는 쉬아파가 주장하고 있는 알리와 그의 자손 중심의 이맘 제도를 단호히 거부했다. 이러한 차이점도 수니와 시아파 사이의 갈등을 증폭시킨 한 요인으로 작용하였다.

인류의 중요 종교들의 탄생과 전파의 역사를 살펴보면 저마다 각각의 특수한 상황과 원인으로 수용하는 지역의 문화와 주변의 환경들로 인해 다양한 해석과 견해가 발생하게 된다. 불교도 소승과 대승불교 및 밀교와 같은 수행형태가 달라지고 깨달은 자의 견해에 따라 수많은 종파가 생겨났다.

종교사상은 인류의 정신문화를 유지하고 있으며 평화와 구원과 복지에 기여한 바도 지대하지만 반대로 종교적 이념의 차이나 갈등으로 수많은 전쟁과 핍박과 죽음을 몰고 온 가장 큰 요인 중에 하나이다. 아이러니하게도 사랑과 자비 정신으로 인해 평화와 구원을 주어야 할 종교의 기능이 수천 년 간 증오와 전쟁의 씨앗을 잉태해 오고 있다. 불교를 비롯한 동양의 종교는 주변 세계와 하나가 되어야만 인간은 궁극적인 진리에 도달할 수 있고 그러기 위해선 주변 세계와 일체가 되기를 강조하였다. 세계와 역사를 순환과정으로 보는 동양종교는 종교적인 신념과 견해 차이로 전쟁을 일으키지 않았다. 오히려 내면의 세계를 정복하여 자기 구원이나 마음의 평화를 추구하였다.

반면에 유대교와 기독교는 내세를 지나치게 강조한 나머지 현재의 삶 보다는 내세를 강조하고 이 세계는 내세를 향해가는 정거장에 불과하다는 것을 강조했다. 여러 세대에 걸쳐 서양을 지배해온 기독교 교리 중 자연과의 균형과 조화를 깨는 창세기의 세계지배에 관한 개념이다. "자식을 낳고 번성하여 온 땅에 퍼져서 땅을 정복하여라. 바다의 고기와 공중의 새와 땅 위를 돌아다니는 모든 짐승들을 부려라! 라는 지배 개념은 인간이 자연을 무자비하게 조작하고 착취하는 행위를 정당화하기 위해 이용되었다. 그러나 처음으로 기독교 신학자들이 지배의 개념을 재정립하기 시작했다. 수백 년 간 자연을 굴복시켜 생산성을 높이는 것에서 구원을 찾았던 기독교인들은 신의 피조물을 보존하고 보호하는 데서 구원을 찾는 새로운 기독교인들의 도전을 받고 있다.

금세기엔 종교 간의 교리를 뛰어넘어 함께 공존할 수 있는 초석을 만들어야 한다. 수천 년 전의 시대상황과 당시의 문화와 역사와 지식을 바탕으로 형성된 경전이나 성서의 구절이나 내용의 틀 속에 인류가 갇혀 있는 한 세계의 평화는 항상 위협을 받을 것이다. 현대에 맞지 않는 사상이나 개념들이 존재한다면 과감하게 내려놓고 인류가 함께 평화롭게 살 수 있는 지혜의 바다를 가꾸어야 할 것이다. 그 중에서도 가장 큰 종교적 위험요인은 유일신 사상이다. 기독교와 이슬람의 전지전능한 각각의 유일신 두 분을 모시고 있다. 각 종교의 믿음의 충돌과 배타성이 해소되지 않는 한 앞으로 인류의 평화에 커다란 장애물로 남을 소지가 많다.

2부

•
•
•

터키

그리스

발칸반도

톱카프 궁전과 금남의 구역 하렘

●●●오전 10시 50분 비행기는 카스피해 상공을 낮게 비행하고 있다. 막막한 고요의 바다가 구름 아래 펼쳐졌다. 배로 넘어야 할 카스피해는 아쉬움과 미완의 바다로 가슴 한 켠에 남겨두었다. 푸른색 초원에 떠 있는 갖가지 형상의 구름들이 파노라마처럼 펼쳐졌다. 첩첩히 이어지는 산맥과 구름의 바다가 발 아래 지나가고 있다. 아! 이제는 정말 중앙아시아를 벗어나는구나 하는 아쉬움이 잔잔하게 파문져 온다. 4시간의 비행 끝에 오후 2시에 아타튀르크국제공항에 도착했다.

호텔에서 여장을 풀고 톱카프궁전으로 향했다. 톱카프란 1453년 5월 29일 콘스탄티노플이 함락될 때 오스만 터키의 최정예 부대인 예니체리군 15,000명은 순교자의 성인 로마로스의 이름을 딴 문 주변에 헝가리인 우르반이 만든 대포로 집중 공격을 퍼부었다. 오스만 터키는 콘스탄티노플을 함락한 후 로마노스문을 톱카프라고 명명했다. 톱카프란 '대

대포의 문이란 뜻을 가진 톱카프 궁전

톱카프 식당 건물

포의 문'이라는 뜻이다.

톱카프궁전 입구 매표소에는 한국인 관광객들로 넘쳤다. 한 여대생이 다가와 이스탄불에서는 선생님신분증이나 학생증이 있으면 할인요금을 받는다고 귀뜸해 주었다. 일부 학생들은 이곳에서 약간의 비용을 들여 신분증이나 학생증을 만들어 사용한다고 했다.

톱카프궁전은 이스탄불에 있는 7개의 언덕 중 첫 번째 언덕에 자리 잡은 궁전이다. 1472년 착공되어 1478년에 준공되었으나 제 31대 술탄(왕) 압둘 메지드 1세가 1856년에 돌마흐체궁전으로 술탄의 자리를 옮기기 전까지 약 380년 동안 역대 술탄들이 각자의 취향에 맞게 수 없이 증개축을 했다.

하렘으로 향했다. 이곳을 입장하려면 별도의 요금을 내야한다. 이곳은 하렘에 전속되어 있는 현지 가이드와 함께 30분마다 출발하는 그룹에 참여해야 한다. 관람 시간이 톱카프 궁전 자체보다 1시간 먼저 끝나기 때문에 이곳부터 먼저 방문하는 것이 좋다.

하렘이란 아랍어로 금단을 뜻하는 '하람'의 터키식 발음이다. 술탄의 부인이나 첩, 가족 중 여자는 궁전에 살았으나 시녀들이 궁녀로서 하렘에 살게 된 것은 무라드 3세(1594~1603) 때부터이다.

하렘으로 들어가는 입구인 황금의 문을 들어서면 좁은 복도를 따라 서로 마주 보고 있는 객실과 본체로 들어가는 곳에 황태자의 공부방과 빅 마더가 거주하던 정사각형 홀이 나타난다. 안으로 깊이 들어가면 세수하는 곳과 수도꼭지 등을 금으로 장식한 사치스러운 하렘의 생활상을 엿볼 수 있다. 아름다운 샹드리에와 금분으로 칠한 술탄의 침소는 당시의 궁중 모습의 진수를 보는 것 같다. 옆에는 첫째와 둘째 부인의 자녀만을 따로 교육하는 공부방이 있다. 하렘의 내부 장식은 꽃과 화초, 나무를 그린 장식으로 주로 푸른색과 남색계통이 주종을 이루고 있다.

하렘은 외부세계와 고립된 곳으로 술탄의 가장 가까운 사람들과 이곳에 종사하는 사람들만이 드나들 수 있었다. 술탄의 부인들과 어머니 외에도 왕위계승을 준비하는 왕자들과 또는 왕위를 넘보지 못하도록 구금된 술탄의 형제들이나 아이들 그리고 술탄의 대 가족을 돌보는 남녀 하인들도 이 곳에서 거주했다. 이슬람에서는 4명의 부인이 공식으로 인정되고 있으나 무람트 3세는 무려 1,200명의 여자들을 하렘에 거느리고 있었으며 정사를 무시하고 여인들에 싸여 시간을 낭비한 첫 번째 술탄이 되었다.

하렘에서 거주하는 거의 모든 여자들은 식민지에서 사로 잡혀 왔거나 노예시장에서 사 왔거나 혹은 술탄에게 선물로 보내진 여인들이었다. 그들은 이슬람교도가 된 후 술탄과 밀접한 관계를 갖거나 아이를 낳아 주었다. 그녀들 중 후에 왕비가 되어 제국을 호령하는 여인들이 배출되기도 했다. 오스만 제국의 통치가 시작된 초기 150년 동안 새로운 술탄이 즉위할 때 마다 그 형제들은 실크줄로 교살을 당하는 일이 흔히 일어났다. 특히 1595년 술탄 메메드 3세의 경우 자신의 왕위를 보장한다는 명분으로 19명의 형제를 살해했다.

오스만 왕조의 왕위제도가 장자계승이기 때문에 모든 술탄 여인들의 목표는 첫 번째 아들을 낳아서 술탄의 총애를 받는 것이 그들의 미래를 보증 받는 방법이 되었다.

오스만 제국의 영화를 상징하는 보석박물관

●●● 하렘을 나와 보석박물관으로 향했다. 17세기부터 오스만시대가 끝날 때까지 제국의 보물을 보관하던 창고로 1924년 박물관으로 일반에게 공개되었다. 첫 번째 전시실에는 17세기 상아와 흑단을 이용하여 만든 무라트 3세가 사용하던 옥좌를 비롯하여 술탄 아흐메드 1세의 왕관, 독일 빌헬름 2세가 보낸 값비싼 보석으로 장식된 지팡이와 황금 촛대 등 루비와 에머랄드, 진주, 황금 등으로 세공한 화려한 장식들이 진열되어 있다.

　두 번째 전시실에 있는 왕좌는 17세기 술탄 아흐메드 1세가 사용하던 것이다. 유리램프와 루비, 터키석, 금으로 장식된 밥그릇, 술병, 에드워드 영국 왕이 보내온 선물, 명청 시대의 도자기 등이 전시되어 있다. 또한 이곳에는 유명한 톱카프의 단검이 있는데 이것은 오스만 술탄 마흐무트 1세가 페르시아 술탄 나디르에게 선물로 보낸 것인데 페르시아로 운반 도중 술탄 나디르가 사망하는 바람에 다시 궁전으로 돌

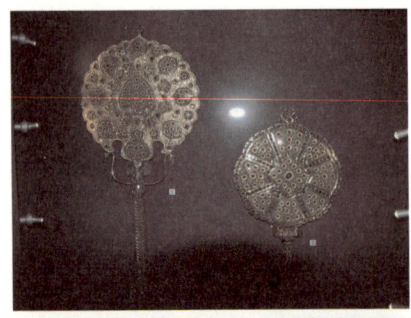

톱카프 궁전 보석박물관의 보석
아래) 스푼메이커스 다이아몬드

아오게 된 것이다. 제 2전시실에
는 금장식으로 된 관 속에 요한
의 팔이 들어 있고 금박과 루비,
에머랄드로 장식한 크리스탈 함
속에 유골이 보관되어 있어 눈길
을 끌었다.

세 번째 보석전시실은 3.25kg
의 에머랄드 원색 3개로 장식
된 칼리프 오스만의 검과 6,666
개의 다이아몬드로 장식된 거
대한 황금 촛대, 망사 같은 철
과 금과 루비, 에머랄드로 만든
갑옷과 투구들이 전시되어 있
다. 그러나 무엇보다도 눈길을 사로잡는 것은 세계에서 5번째로 큰
스푼 메이커스 다이아몬드이다. 86캐럿짜리 다이아몬드의 둘레에
2단으로 작은 다이아몬드를 둘렀는데 눈부시게 황홀했다.

보석전시실 안에는 촬영이 금지되어 있어 감시원의 눈을 피해 몇
컷 담는 것도 여간 힘든 일이 아니다. 보석전시실을 보면 과거 오스
만 터키가 얼마나 부유하고 강력한 국가였는지 짐작해 볼 수 있다.
현재의 보석만 팔아도 터키의 대외 부채를 갚고도 남는다 한다.

이슬람 건축 문화의 진수 블루모스크

●●● 제 2정원을 지나면 정의의 탑과 5,000명이 식사할 수 있는 거대한 식당굴뚝을 지나게 된다. 벽돌과 돌로 쌓은 낡은 건물 지붕위로 10여 개의 식당 굴뚝이 찌를 듯이 열병해 있다. 시대에 따라 틀리기는 하지만 보통 궁전에서 식사하는 사람이 1,000여 명 정도인데 축제나 특별한 경축행사 때는 3,000명이나 4,000명 정도가 식사를 해야 할 정도로 주방이 넓어야 했다. 좁고 긴 주방은 현재 톱카프궁전이 소장하는 동양자기 컬렉션을 전시하는 곳으로 중국도자기 10,358점, 일본 도자기 700점이 있다.

톱카프궁전은 제1궁전의 귤하네공원과 시르케지역을 포함하면 궁전의 원래 부지는 총면적이 70만㎡로 중국의 자금성과 비슷한 면적이다. 그러나 현재의 면적은 예전의 10분의 1의 규모로 축소되었다.

새벽에 천둥이 치고 비가 내렸다. 푸른 물결에 흐릿한 모습으로 젖어있는 보스포러스 해협이 잠에서 막 깨어나고 있다. 3층 테라스로 올라오는 회사원 용대씨를 만났다. 현지에 와보니 다소 싼 호텔들이 많이 있었지만 호객꾼의 안내로 공항에서 택시를 무료로 타고 와서 이틀간 여기에 머무르게 되었다는 얘기를 나누다보니 어느새 친구처럼 편한 사이가 되었다.

용대씨와 함께 호텔을 출발했다. 5분정도 구불구불한 구시가지의 골목길을 돌아 오르면 술탄아흐멧사원이 나타난다. 하늘을 찌를 듯한 6개의 첨탑이 위용을 뽐내고 있다. 신시가지의 갈라타탑에서 구시가지를 바라보면 왼쪽에 톱카프궁전과 소피아사원, 술탄아흐멧사원이 보인다. 이스탄불을 상징하는 세 건물이 함께 모여 있어 이곳이 이스탄불 유적의 핵심 지역이다.

술레이만의 증손자인 14대 술탄 아흐멧 1세(재위 1603~1617)는 하기아 소피아 옆에 자신의 이름을 딴 술탄아흐멧 모스크 일명 '블루모스크'를 건설했다. 블루모스크 건설은 아흐멧 1세 즉위 6년 후(1609)부터 그가 죽기 1년 전인 1616년에 걸쳐 이루어졌다. 이 모스크는 미나레트 즉 첨탑이 6개나 되며 터키에서는 유일하다. 성 소피아가 4개, 대 술레이만이 지은 모스크에도

블루모스크 앞에서 필자

4개, 정복자 아흐멧 2세의 모스크조차 2개에 지나지 않은 것을 감안하면 블루모스크를 지은 아흐멧의 인물을 짐작해 볼 수 있다.

첨탑의 기원에 대해 망루나 봉화대라는 설도 있지만 이슬람 문화에서 볼 때는 신자들에게 기도 시간을 알리는 탑이라는 설이 가장 유력하다. 이곳에서 무아진이 하루 다섯 번씩 예배시각을 알리는 아잔을 낭송한다. 이슬람 역사상 최초의 무아진은 에티오피아 노예출신의 개종자 빌랄로 알려져 있다. 이슬람 초기 최초의 예배장소는 장식이 없는 평범한 아랍식 토담집인 예언자 무함마드의 집이었다. 이슬람문화권이 확장되면서 주변문화를 적극적으로 수용하여 다양한 지역적 특색을 가미하게 되었다. 비잔틴문화를 접하면서 둥근지붕이 생겨나고 첨탑 모양도 다양해졌다. 완만하고 부드러운 둥근 돔형 지붕은 우주와 평화를 상징한다.

블루모스크의 건축은 1609년 메흐멧 아가에 의해 시작되어 8년간에 걸쳐 완성되었다. 이곳은 회교 신학교와 병원, 아라스타시장, 왕릉, 대상들의 숙소, 학교, 그리고 대중우물이 함께 있는 사원 복합건물이다. 안으로 들어가면 넓은 홀이 나타나고 23m의 돔의 높이에 대리석기둥을 받쳐 회랑을 만들어 우아함과 장중한 멋을 한껏 살렸다. 채광과 온도 조절을 위한 창문만 해도 260여 개나 되는 엄청난 규모다.

신발을 벗고 복도를 지나 카펫이 깔린 넓은 홀 안에 들어가면 통 대리석으로 만든 4개의 거대한 돌기둥 사이에 커다란 홀이 있고, 돔의 계단마다 여섯 단계의 창문이 우아하고 아름다운 장식으로 뚫려있다. 사원 내부 장식을 위해 사용된 21,043개의 타일은 이즈닉에서, 수백 평방미터에 달하는 바닥에 깐 실크 카페트는 유명한 실크카펫 제조장에서

첨탑이 6개나 되는 터키 유일의 블루모스크

가져왔으며, 조명을 위해 사용된 수백 개의 크리스탈 오일램프는 외국에서 수입되었다. 타일 한 장당 당시의 은화 18닢 정도의 가치를 지닌다 하니 내부 장식의 화려함을 짐작할 수 있다. 거대한 대리석 기둥을 받친 천장 지붕 아래로 수십 미터 늘어뜨린 크리스탈 오일램프의 화려하고 우아한 샹들리에 불빛을 보면 오스만제국의 부와 영광을 한 눈에 짐작해 볼 수 있다.

모스크 내부는 카펫이 횡렬로 나란히 깔려있다. 일렬로 평등하게 예배를 드리고자 하는 배려 때문이다. 알라 앞에는 모든 인간은 평등하며 신분이나 출신성분에 상관없이 모든 신자는 한줄로 예배를 보아야 한다. 앞줄이 채워지지 않는 한 두 번째 줄에 서서는 안 된다. 왕과 거지가 어깨를 맞대고 예배를 보는 성스러운 공간이기 때문이다.

술탄 아흐멧사원은 오스만 종교건축물 가운데 가장 훌륭한 작품으로 이후 이 사원에 필적할 만한 규모와 우아한 장식을 가진 건축물은 없었다. 블루 모스크를 세우기 위해 초기의 비잔틴과 오스만 건축물들이 많이 파괴되었다. 이들 중에는 비잔틴왕궁과 히드포럼의 관중석, 그리고 오스만 귀족들의 많은 궁전들이 포함되어 있다. 거의 정사각형으로 된 본당의 규모는 51m×53m이며 고전주의 시대 오스만 사원의 디자인을 거의 따랐으나 내부 장식 면에서는 이전의 사원들이 따를 수 없을 만큼 훌륭하고 특별한 방법을 채택했다. 특히 블루모스크로 알려진 이유는 사원 내부의 벽과 돔에 사용된 타일과 그림의 색갈이 거의 푸른색과 녹색을 띄고 있기 때문이다.

타일제조업은 12세기 이래 오스만에 전승되어온 수공업이며 타일도 카펫처럼 각 지역마다 독특한 디자인과 색을 가지고 있다. 오스만 터키의 카펫문화가 발달한 이유로는 유목민족의 이동성을 통한 전통적인 생활방식과 이슬람 기도회가 카펫이 깔린 바닥에서 행해졌기 때문이다.

비잔틴제국의 상징 성 소피아 사원

●●● 블루모스크에서 바라보면 바로 정면으로 보이는 건물이 하기아 소피아성당이다. 소피아란 '지혜'를 의미한다. 신성한 지혜의 성당을 뜻하며 특정한 성인을 기리는 의미는 아니었다. 이 도시의 수호신처럼 1,700년의 역사를 간직한 비잔틴 건축양식의 금자탑인 성 소피아 사원은 콘스탄티노플의 상징이며 이스탄불의 역사이기도하다. 둥근 돔 속 천장과 벽면은 오스만 터키가 콘스탄티노플을 정복한 후 사원에 있던 그림을 회칠하거나 덧칠한 부분들을 다시 원형대로 벗겨내어 복원한 것들이다. 537년에 건설되어 오스만 터키 술탄 메흐멧 2세에게 정복될 때까지 916년간을 교회로 사용되었으며 1453년부터 1934년까지 481년간 이슬람사원으로 개조되어 사용되었다.

　터키 공화국의 창시자 무스타파 케말 아타튀르크의 명령으로 대규모의 복구사업을 거친 후 회칠되었던 비잔틴 모자이크들이 다시 빛을 보게 되었다. 1935년 박물관으로 개방되어 터키에서 3번째로 많은 방문객이 찾는 명소가 되었다.

1453년 5월 29일 육지를 통해 대군을 끌고 들어온 정복자 메흐멧 2세가 이스탄불에 입성하여 처음으로 소피아 성당의 화려함과 웅장함을 본 3일 후인 1453년 6월 1일 최초로 성 소피아에서 이슬람식 금요기도회를 가졌다. 이슬람사원에는 우상 장치가 필요 없기 때문에 교도들이 매일 다섯 번씩 예배를 올릴 때 메카의 카바신전 방향인 '키블라'를 나타내는 장소인 '미흐랍'만 있으면 되었다. 미흐랍은 예배가 실제로 이루어지는 내부 공간에 메카방향을 표시하기 위해 벽면을 움푹 들어가게 깎아낸 곳이다. 예배의 중심이자 모든 신자들을 공간적, 정신적으로 통일시키는 중심점으로 가장 아름답게 장식하는 곳이다.

메흐멧 2세는 세속의 수장인 술탄이면서도 이슬람세계를 대표하는 교주인 칼리프를 겸하고 있었다. 그는 정복한 콘스탄티노플을 완전한 이슬람 도시로 만들면서도 그리스정교를 말살할 생각은 하지 않았던 포용력을 가진 인물이었다. 당시 그리스정교회에 가장 뛰어난 아리스토텔레스학파의 신학자이며 논쟁가였던 겐나디오스 2세를 기독교회 총주교로 임명하고 종교 활동을 보장해 주었다. 역사상 북방 유목민족인 몽고제국이나 오스만제국의 공통점은 종교적인 면에서 포용력이 넓었다.

콘스탄티누스 1세가 324년 에디르네에서 리키니우스에게 승리를 거두고 4명의 황제가 다스리는 로마제국의 유일한 황제가 된 후 새로운 수도로 비잔티움을 건설하여 콘스탄티누스의 도시로 명명했다. 그 당시 콘스탄티누스 1세는 로마제국의 유일한 황제로 서로마제국은 존재하지 않았기 때문이다.

360년에 봉헌된 최초의 하기아 소피아는 404년 주교가 추방된 것에 반발하는 폭동이 일어나 성당은 방화로 인해 소실되었다. 그러나 재건된 소피아 성당도 117년 후 니카이대란으로 다시 한 번 화재로 불타버렸다. 당시 유스티니아누스 1세는 532년 니카이대란을 진압한 후 곧바로 재건하여 537년에 세 번째로 완성한 건물이 지금의 소피아사원이다. 니카이대란을 피로 탄압하고 그 이듬해 아프리카 반달왕국을 점령하여 동고트왕국을 멸망시키고 지중해의 해상권을 회복하면서 유스티니아누스시대는 비잔틴제국 천여 년 역사 중에 몇 차례 찾아오는 황금기를 맞이하게 되었다.

두 번이나 소실된 후 유스티니아누스는 본체에 목재를 사용하지 않는 것을 원칙으로 하기아 소피아를 재건했다. 예배할 때 그 분위기와 설교를 뒤에까지 잘 전달하기 위해 직사각형 강당보다는 정사각형이나 다각형 또는 원형으로 만드는 집중형 구조를 선택하게 되었다. 또한 성당에 둥근 뚜껑을 씌우는 돔형을 만든 이유는 돔이 하늘을 상징하고 교회는 하느님이 계시는 신을 받들어 모시는 장소를 표현했다. 동방의 기독교가 초원의 유목민족과 접할 기회가 많아 그들의 영향을 받았을 것이라는 것도 추정해 볼 수 있다. 몽골족과 스키타이족, 훈족, 투르크족 등 푸른 하늘을 본떠 만든 유목민들의 이동식 주거인 돔형태가 그들의 건축구조에 영향을 주었다.

몽골계통의 돌궐족인 정복자 메흐멧 2세가 소피아성당 앞에 서서 자기 민족과 취향이 비슷한 소피아성당을 보고 우상들만 없앤다면 이슬람사원으로 사용해도 무리가 없을 것이라 생각했음을 능히 짐작해 볼 수가 있다. 메카방향으로 기도할 수 있는 미흐랍과 첨탑인 미나레트 정도만 보충한다면 사원으로 더할 나위 없이 만족스러운 건축물임을 간파했을 것이다.

성 소피아의 모자이크화를 훼손한 것은 그의 증손에 해당하는 쉴레이만 1세 때부터다. 726년에 시작된 우상타파시대에 제국 내 모든 교회의 성화모자이크들이 파괴되면서 대신에 단순한 십자가 형상들이 그려졌다. 성상 파괴운동의 제창자인 레오 3세(재위 717~741)는 동방 그리스도교의 전통에서 벽화나 모자이크, 목판 등에 신성한 인물이나 사건 등을 그린 그림들이 우상숭배로 이어지는 것을 경계해야 한다는 취지로 일으킨 운동이다.

인간은 태초부터 자연의 위대한 힘이나 강한 것에 대한 토템적인 신앙심을 가지고 있었던 것처럼 추상적인 이미지나 개념보다는 무언가 의지할 형상화된 구체적인 대상을 찾는 것이 본능적인 심성일 것이다. 인간중심의 가치관과 신화의 세계를 바탕으로 발전한 그리스와 로마를 중심으로 한 헬레니즘 문화는 인간 형상을 그림이나 조각으로 표현하는 양식이 매우 발달했기에 기독교나 이슬람 문화와는 다를 수밖에 없었다.

초기 불교의 경우도 구도자들이 명상을 통해 마음속에 석가의 모습과 가르침을 그렸지만 시간이 지남에 따라 상징적인 무엇인가를 추구하게 되었고 석가의 발인 불족석佛足石이나 보리수를 상징으로 삼기도 하였다. 불교가 간다라지방에서 헬레니즘문화를 만나 석가모니는 그리스신화의 아폴론이나 위대한 신들의 모습으로 형상화되어 숭배의 대상으로 태어나기까지 석가 사후 200년의 세월이 흐른 뒤였다.

843년 우상 타파시대가 끝나고 종교적인 성화들이 다시 그려지고 성

소피아교회는 황제의 명령에 의해 프레스코화와 모자이크로 다시 장식되기 시작했다. 우상숭배의 배격으로 인류의 귀중한 문화유산을 파괴하는 일들이 아직도 진행되고 있다. 우상이란 무엇일까. 왜 인간은 자신들과 다른 신앙이나 신념체계에 대해 이교도라 칭하고 그들이 추구하는 종교양식에 대해 박해를 하고 우상숭배라는 명목으로 문화적 파괴행위를 자행하고 있을까. 폐쇄적이고 독선적인 교리가 사랑과 자비를 베풀기보다 끝없는 갈등의 진원지가 되고 있다. 천 년 전의 십자군 전쟁이 아직도 다른 형태의 전쟁으로 이어지고 있는 것도 유일한 하나의 신에 집착하고 있는 것은 아닐까.

기독교도 이교도로 박해를 받다 로마제국의 국교가 된 후 타 종교를 배격하고 똑 같이 다른 종교를 탄압했다. 이슬람교도 유일신 사상으로 알라 이외에는 신이 없다고 외친다. 유일신이 진정 인간에게 행복을 주는 존재인가. 인간이 태어나는 것은 그 어떤 존재를 위하여 태어나는 것은 아니다. 아프리카 오지의 원주민들이 믿는 원시 신앙이라도 그것으로 인해 그들이 행복한 삶을 영위한다면 이 세상의 어떠한 위대한 종교의 논리나 경전보다 그들에게는 그들의 신앙이 소중한 것이다. 왜 인간은 끝임 없이 자신들의 생각이나 신앙체계를 전파하고 종교적 동질성을 강요하는 것일까. 자신들이 믿는 신이 하나의 가설의 신이라고 한다면 그런 논리를 전파하고 강요하는 것이야 말로 인간의 행복을 해치는 독소가 될 수 있다.

이 세상이 모두가 같은 자연경관과 같은 생각을 가지고 같은 신앙생활을 한다면 이동이나 여행을 할 필요조차 없을 것이다. 다름이 있으므로 인해 삶이 더 풍요로워지고 세상은 더 아름다울 수 있다. 오늘날 종교의 포교방법은 양육강식의 세계에서 혈투를 벌이는 기업들과 다를 바가 없지 않은가. 다른 기업을 무너뜨리고 마침내 거대한 대기업 하나만 생존한다면 아마 그 기업은 세상의 재앙이 될 것이다. 무속신앙의 춤사위나 아프리카 원주민의 원시신앙에도 서민의 애환과 전통의 문화가 이어져내러 오고 있다면 그 또한 보존해야할 하나의 소중한 문화자산이다.

젊은 날에 우상을 갖지 않는 청춘이 있을까. 인간이 바라는 대상이 대부분 절대자나 초월적 존재일 수 있고 산과 바다, 강이나 큰 바위, 나무 등 자연이 될 수도 있다. 어떤 개념을 사람의 모습으로 형상화 하거나 어떤 상질물로 나타낸다면 모두 '상'이라 볼 수 있다. 그것에 바라고 갈구하는 기도를 한다면 모두 우상숭배라 할 수 있다. 무언가 잘되기를 바래서 절대자나 초월적 존재에게 기도하는 행위는 모두 우상숭배로 간주될 수 있다. 그대상이 인간의 모습을 한 상이거나 아니건 간에 마음속에 대상을 만들어 놓고 그 대상에게 바라는 행위도 일종의 우상이다.

산에서 나오는 풍요로운 식량과 짐승들의 고기를 제공하는 산에 대해 경배하는 행위가 우상숭배일까. 바다에서 제공하는 물고기를 먹고 사는 사람들에게 바다를 경배하는 것이 우상숭배일까. 인류가 살아오면서 자연스럽게 느끼고 감사했던 하나의 생활양식이다. 자신을 낳아주고 길러주신 조상께 제사지내며 추모하는 것이 우상숭배일까. 종교적 신념이나 가치체계를 가지고 우상을 논하는 것은 일종의 넌센스는 아닐까.

오직 하나의 절대적인 존재에 대해서만 경배하라는 것은 인간의 다양한 선택과 신념의 체계를 상실할 수도 있다. 설혹 인간이 믿는 절대적인 존재가 가설의 종교적 대상이 아니라 실제로 존재한다고 하더라도 나는 절대자의 종이 되기보다는 좌절하고 방황하는 청춘과 고단한 삶을 살아가며 고뇌하는 자유스러운 영혼이고 싶다. 위대한 신의 노예보다는 영원한 자유를 사랑하고 싶다. 생과 생을 연결하는 무수한 인연의 고리를 끊고 우주의 영원한 에너지로 산화하는 그 순간까지 자신이 곧 세상의 주인이고 우주의 주인으로 살고 싶다. 그 어떤 위대한 신의 영광이 주어진다 해도 종으로 살기보다는 차라리 자유로운 영혼과 뜨거운 가슴으로 고뇌하는 방랑자의 삶을 살고 싶다.

미리 쓰는 묘비명

●●● 어린 시절 가끔 죽음을 생각해 본적이 있다. 땅에 묻히거나 불에 타는 모습을 상상 할 때 얼마나 답답하고 뜨거울까 하고 머리를 저어보기도 했다. 누구나 일생을 살면서 죽음의 문턱을 넘나들어본 경험이 있을 것이다. 4살 때 쯤 높은 수로에서 손을 놓치며 떨어졌는데 눈을 뜨니 동네 아이들이 나를 둘러싸고 있었다. 그리고 의식을 잃고 두 번째 눈을 뜨니 안방에 누워있는 내 모습이 생각나고 다시 의식을 잃었다. 그날 이후 나는 이마 정면에 바늘로 3줄 가로로 길게 꿰맨 흉터를 갖게 되었다. 고등학교를 졸업할 때까지 내겐 마치 주홍글씨처럼 이마에 달고 다녀야 했다.

두 번째 죽을 고비를 넘긴 것은 30대 후반 공직을 그만두고 사찰에서 생활할 때였다. 양양군 화조대에서 내륙으로 30여리 들어가면 명주사란 작은 암자가 있다. 그곳에서 대학에 출강하면서 한해를 보내고 있었다. 가을엔 버스를 갈아타다보면 달빛을 보며 울창한 송림 숲을 걸어야 했다. 90년도 2월 달로 기억된다. 어느 날 모처럼 하산하던 중 예상치 못한 눈사태를 만났다. 처음 눈이 내릴 때는 그리 걱정하지 않았는데 엄청난 양이 쏟아지기 시작했다.

눈사태로 마을버스는 끊기고 10여리 걸었을 때 허벅지까지 눈이 쌓였다. 눈사태가 난 곳을 통과할 때는 발이 바닥에 닿지 않아 허공을 딛는 느낌이었다. 아마 그런 상태로 100미터만 더 갔다면 지쳐서 쓰러졌을 것이다. 그 때 아! 이래서 눈 속에서 죽는구나하고 심한 허기와 갈증에 시달렸다. 다행히 중간에 민가를 만나 간신히 목숨을 구할 수 있었다. 당시 길에 나왔다가 눈 속에 죽은 사람도 있었다. 강릉기상대가 생긴 이래 최대의 적설량을 기록했다. 어성전 마을 초등학교 운동장 축구골대가 눈에 완전히 덮였었다. 그 때 두 번째로 죽음이 내 곁에서 숨을 쉬고 있었다.

내 생을 통해 가장 극적이고 슬프고 아름다운 시간을 꼽으라면 아마 그때 일 것이다. 30대 중반에 접어든 나는 사람들을 피해 은둔을 하며

지내던 시간강사 시절이었다. 가을에는 아름드리 참나무를 잘라 겨우내 장작불로 땠고 오후에는 진돗개 명화와 산길을 달렸다. 땀을 씻기 위해 사찰 뒤 폭포수에서 매일 목욕을 했다. 청춘의 가장 뜨겁고 빛나는 시절에 나는 계곡의

바람과 무성한 송림과 새소리를 벗 삼아 기약 없는 세월을 보냈다. 여름철이면 사람도 별로 찾지 않은 황톳길을 보수하며 스님과 함께 펄펄 끓는 청춘을 보냈다. 겨우내 폭포 아래 얼음 구멍에서 몸을 빼면 계곡에서 불어오던 그 상쾌하고 비단결 같은 바람을 아직도 잊을 수 없다.

산사에서 맞이한 첫 생일날 가을비가 단풍잎을 적시고 있었다. 비가 멎고 얼마 지나지 않아 갑자기 MBC촬영팀이 드라마 촬영을 위해 사찰을 방문했다. 한창 뜨고 있는 젊은 배우 박군과 변군이 여배우 한 사람과 함께 주연으로 출연한 드라마였다.

촬영이 끝나고 옆방의 룸메이트인 김군이 두 사람을 자기 방으로 초대해서 차를 대접했다. 뭉툭하게 자른 통나무 위에 찻잔 4개를 놓은 조촐한 생일상이지만 젊은 배우들에게 따뜻한 축하 인사도 받았다. 변군의 양말이 젖어 새 양말 한 짝을 주었다. 박군은 자기도 한때 산 생활을 한 적이 있다며 다시 한 번 찾고 싶다는 말은 남기고 일행보다 먼저 떠났다. 그 당시 명주사는 영화를 촬영해도 손색이 없을 만큼

산사에서 필자

순수하고 아름다운 풍경을 간직하고 있었다.

　나는 5년 동안 동화 같은 계곡의 순수함을 벗 삼아 은둔생활을 했다. 돌이켜보면 그 시절이 한 폭의 영화 같고 소설의 무대 같기도 하다. 가장 가슴 아프고 아름다웠던 시절이었다. 내 이마에 박힌 상처의 흔적도 세월의 주름살 덕분에 희미해졌다. 기둥 하나에 석가래 3개를 얹은 왕王자나 주主자로 해석하는 의식의 전환이 이루어졌다. 가장 고통스러웠던 상흔이 세상에서 가장 존귀한 주인의식으로 바뀐 것이다. 똑 같은 형상도 해석하기 나름이다.

　내 스펙 중 가장 아름다운 시간을 꼽으라면 5년간의 낭인시절이다. 나는 이 시절을 지인들에게 가끔 거지생활을 했다고 한다. 붓다도 탁발을 했다. 인류의 위대한 영적 스승들도 빌어서 먹고 대신 지혜의 양식을 베풀어 주었다. 그래서 거지의 개념을 클거(巨)에 알지(知)로 바꾸어 놓았다. 뜬 구름 같고 꿈같은 시절이었다. 속절없는 시간을 버릴 수 있다는 것도 하나의 용기다. 내 운명과 나를 들여다 볼 수 있는 순간들이었다. 그런 시간을 10여 년 보내고 나니 시간에 대해 좀 더 여유로워졌다. 어린 시절부터 생각해 왔던 죽음도 산사의 바람처럼 자연스럽게 다가왔다.

　『아름다운 지구촌을 방문하여 고단한 생의 푸른 파도를 넘어 즐겁게 여행을 마치고 돌아가다』 내 묘비명에 쓸 글을 미리 써 보았다.

기독교와 이슬람문화가 공존하는 성 소피아사원

●●● 로마와 콘스탄티노플은 당시 기독교를 대표하는 두 개의 중심도시였다. 레오 3세가 이콘 옹호파인 총주교 게르마노스를 파면한 것에 대해 로마교회는 반발하였고 동서교회의 갈등 야기와 분리의 원인이 되었다. 1차 십자군 원정은 콘스탄티노플을 그저 통과하는 것에 지나지 않았기 때문에 별 문제가 없었다. 그러나 기독교세계가 동서로 분리되어 오랜 시간이 지나자 교리를 둘러싸고 해석과 이해관계도 달라지게 되었다.

1204년 제 4차 십자군들이 이스탄불을 점령하고 이곳의 보물들을 약탈했으며 금을 바탕으로 만들어진 모자이크들도 대단히 많이 파괴되는 대약탈이 자행되었다. 김흥식은 십자군 원정 중 가장 부도덕하고 명분 없는 원정대였다고 세상의 모든 지식에서 밝히고 있다.

1198년 교황에 오른 인노켄티우스(Innocentius) 3세는 1202년 제4차 십자군원정을 승인하고 영국, 프랑스, 독일의 참여를 유도했으나 교황의 의도와는 달리 프랑스 북부의 기사들만이 참여했다. 예상보다 훨씬 적은 원정대원은 베네치아에서 발이 묶이고 수송비도 조달하지 못한 채 빚은 천문학적으로 증가했다. 이때 베네치아 당국은 헝가리가 점유하고 있는 '자라'라는 도시를 탈환해주면 빚을 모두 탕감해주겠다는 제안을 했다. 1201년 원정대는 자라를 점령했다. 자신에게 충성을 맹세한 헝가리왕에 대한 공격 소식은 교황을 격노하게 만들었고 십자군 원정대는 즉시 파문당했다.

그 무렵 동로마제국에서 추방당해 유럽에 머물던 이사악(Isaaac) 2세가 파문당한 원정대에게 또 다른 제안을 했다. 콘스탄티노플을 점령해 자신을 황제에 오르게 하면 이집트원정 비용과 베네치아에 진 빚도 갚아주고 동로마교회를 로마교황청에 귀속시킨다는 등의 내용이었다. 종교적 열정보다는 눈앞의 이익을 중시하던 원정대는 수개 월 간의 격전 끝에 1204년 4월 12일 콘스탄티노플을 함락시켰다.

십자가라는 이름 아래 모여 같은 기독교인을 공격한 오욕으로 점철된 사건이었다. 당시 기독교의 중심지인 콘스탄티노플을 공격한 이들은 3일 동안 잔혹한 약탈과 학살을 행한 뒤 불까지 질렀다. 십자군 원정대와 후원자인 베네치아 상인들은 승리의 전리품을 나누어 가진 후 콘스탄티노플 자체를 분할 통치하기 시작했다. 이 때 동로마제국의 플랑드르 백작인 보드앵이 황제로 추대되면서 라틴제국(1204~1261)이 성립되었다. 이로써 그리스정교는 가톨릭과 합쳐져 이것이 제4차 십자군원정이 거둔 유일한 성과였다. 한편 원정대는 자신들을 파문한 교황을 위해 성물과 보물을 바치자 교황은 이들을 용서했다.

그러나 라틴제국은 비잔틴인의 지속적인 저항에 부딪쳤고 1261년 비잔틴 성직자의 지지를 바탕으로 부활한 니케아제국과 투르크족의 습격을 받아 멸망당했다. 라틴 점령기간 동안 성 소피아는 가톨릭교회로 이용되었다. 1261년 이도시를 비잔틴왕족이 재탈환했을 때 교회는 다시 그리스정교회 본산으로 사용되었다.

술탄 메흐멧 2세의 정복으로 이슬람 모스크로 개조되어 오늘에 이르기까지 성 소피아사원은 동서양 문화를 대표하는 건축양식이다. 3개의 돔으로 된 성 소피아는 이런 형식으로 만들어진 첫 번째 건축물이다. 높이 55.6m의 돔은 이스탄불과 터키뿐만 아니라 전 세계에서 다섯개의 가장 높은 돔 중에 하나다. 553년 지진으로 파괴된 후 6.5m 더 높게 만들어졌다. 이 때 타원형으로 만들어진 돔의 직경이 동서로 31m, 남북으로 33m가 되었다.

본당으로 들어가는 문은 9개가 있는데 한 가운데 가장 큰 문은 황제만이 드나들 수 있고, 문 위쪽에 그리스도와 성모 마리아, 천사 가브리엘을 그린 모자이크화가 남아있다. 그리스도 발아래 비잔틴제국의 황제 레오 6세가 무릎을 꿇고 있는 장면이 있다. 내랑을 지나 본당으로 들어가면 가장 먼저 눈길을 끄는 것이 왼쪽 복도 앞부분에 있는 직사각형의 대리석 기둥인 일명 '눈물의 기둥'이다. 벽과 코너에 있는 8개의 거대한 원판들이 있다. 미흐랍의 오른쪽에 있는 판은 알라신, 왼쪽은 무하메드, 그리고 양 옆 벽에 있는 4개의 판에는 이슬람의 초기 4대 칼리프들의 이름인 아부 바크로와 오마르, 오스만, 알리의 이름이 적혀있고 입구의 양 옆에 있는 판에는 선지자 무하메드의 손자들이자 칼리프였던 하산과 후세인의 이름이 새겨져 있다. 직경이 7.5m인 이 둥근 판들은 이슬람 세계에서 가장 훌륭한 필체로 여겨진다.

교회에서 가장 잘 보존된 모자이크는 비잔틴시대에 황제의 출입문이자 현재의 출구로써 사용되는 내랑 오른쪽 끝에 있다. 이 모자이크의 중앙에는 아기 예수를 안은 성모마리아가 앉아 있고 오른쪽에는 콘스탄티누스 1세가 콘스탄티노플을 상징하는 도시의 모형을 들고 있다. 왼쪽에는 유스티아누스 1세가 성 소피아 교회를 봉헌하는 작품을 만날 수 있다. 이 도시는 콘스탄티누스 1세가 성모에게 헌납한 것이며 성당도 6세기에 유스타니스 1세가 기증한 것임을 그림을 통해 짐작해 볼 수 있다.

16세기 오스만 터키 술탄 쉴레이만 1세 때 이 모자이크들은 우상이라며 회반죽을 칠해 덮어버렸다. 20세기에 들어 터키정부의 허가를 얻어 미국인 토마스 위트모어가 1932년 회박죽을 벗겨내는 작업을 하면서 세상에 그 모습을 드러내게 되었다. 이러한 일련의 작업이 끝나자 초대 터키 정부의 대통령인 케말 아타튀르크는 1934년 10월 24일 하기아 소피아사원을 국립박물관으로 사용하도록 했다.

하기아 소피아는 1200년의 비잔틴제국의 수도 콘스탄티노플의 총본산이라는 역사적 상징성뿐만 아니라 500년에 이르는 이슬람을 대표하는 가장 중요한 모스크의 하나로 사랑을 받아왔다. 하기아 소피아에 있는 4개의 미나레트는 오스만 터키제국의 통치기간 중에 만들어 졌다. 미나레트는 모스크의 중요한 부분이며 예배시간을 알리는 '무앗진'이 첨탑에 올라가 예배시간을 알리는 소리 '아잔'을 외치는 곳이다. 마호메트가 메카를 탈환한지 얼마 되지 않았을 때 무앗진이 카바신전 지붕으로 올라가서 외쳤다고 전해진다. 이슬람 시대 하기아 소피아는 내부 장식이 모두 하얗게 칠해지고 메카 방향을 나타내는 아치형 벽관인 미흐랍과 설교단인 민바르가 설치되었다.

하나의 건축물 안에 기독교와 이슬람의 종교문화가 공존하는 인류 사상 보기 드문 역사성과 종교적 의미를 함축하고 있다. 하기아 소피아는 서로 상반된 두 개의 문화와 역사를 공유하고 있다. 만나는 사람마다 이스탄불에 대한 인상과 문화유적에 대해 매우 만족하고 있었다. 유럽보다는 물가가 저렴하고 볼거리와 즐길 거리가 풍부하며 한국 사람들에게 매우 친절하고 호감을 가지고 있다. 터키에 와서 카파토키아를 못 보면 터키를 보았다고 말하지 말라는 주변의 적극적인 권유에 당초의 계획을 대폭 수정해 보기로 했다.

식사 후 인근의 버스 티켓 발매소에서 그리스 행 차표를 미리 예매했다. 소피아사원에서 톱카프궁전 성벽을 따라 10여분 걸으면 해변 가에 도달한다. 먹구름을 뚫고 나온 햇살과 뱃고동 소리가 이국적인 풍물로 젖어온다. 동로마제국의 수도로서 기독교문명을 꽃 피웠고 이슬람문화의 중심지로서 지중해를 호령했던 역사의 파고가 보스포러스 해협에 잔잔하게 밀려온다.

가끔 예수의 탄생기점을 중심으로 한 연호를 세계가 공통으로 쓰는 것에 대해 의문점을 제기해 볼 때가 있다. 기원紀元이란 햇수를 세는 기준이 되는 해를 말한다. 연대표시는 세상의 모든 사람이나 나라가 같은 것을 사용해야하는 것은 아니다. 일본은 아직도 메이지明治니 헤이세이平成 같은 연호로 연대를 표시한다. 불교계에서는 불기佛紀나 이슬람에서는 이슬람역, 우리나라도 1950년대까지 단기檀紀를 사용했다. 과거의 어느 해를 기준으로 연호를 사용하는 방법은 기년법紀年法

이라고 한다. 서기란 '서력기원西曆紀元'의 약자로 어떤 연도 앞에 'BC'라는 글자 'Before Christ'의 줄임말로 그리스도 탄생 전, 즉 기원전을 뜻한다. 예수의 탄생 이전은 햇수로써의 의미가 없다는 기독교적 사고의 산실인데 이것도 사실 17세기에 들어와서야 사용하기 시작했다. 'AD'는 Anno Domini라는 라틴어의 줄임말로 '그리스도의 해'라는 뜻이다. 이를 처음 제정한 이는 1500여 년 전 교황의 명령으로 유럽의 신학자 디오니시우스 엑시구스(Dionysius Exiguus)가 '부활제의 서'라는 책을 쓰면서 그리스도가 태어난 해를 계산했는데 그해가 바로 서기 1년이 되었다.

그는 예수의 탄생 연도를 로마의 건국기원 753년으로 계산했는데, 실제로 예수는 그보다 약 4년 앞서 탄생한 것으로 보인다. 그가 제정한 서력기원, 즉 서기는 유럽에선 11세기, 스페인에선 14세기, 그리스문화권에서는 15세기가 되어서야 일반적으로 사용되기 시작했다. 그러나 나중에 밝혀진 바로는 서기 1년은 진짜 예수 그리스도가 태어난 해가 아니라고 한다. 그리스도가 태어난 해를 기원전 4년이라는 설과 기원전 7년이라는 주장도 있다. 또한 디오니시우스는 0이란 숫자를 활용할 줄 몰랐었다. 그런 이유로 기원을 0년부터가 아닌 1부터 시작하여 이 전통이 이어져 21세기가 2000년이 아닌 2001년이 되어서야 밀레니엄이 시작 된 것이다.

요즘 유럽뿐 아니라 전 세계에서 서력기원을 공통으로 쓰고 있다. 그래서 서기 1년을 '그리스도가 탄생한 해'가 아니라 그냥 인류공통의 해로 보자는 의견도 있다. 그런 의견을 가진 사람들은 서기 1년을 '공통시대(Common Era)'라고 부르면서 'CE'로 줄여 쓴다. 서기

대신 'CE'를 쓰면 기원전도 'BC'가 아니라 'BCE(Before Common Era)'가 된다. 중국에서는 우리처럼 서기라는 말을 쓰지 않고 '공원(公元)'이란 말을 쓴다. '공공의 기원'이라는 뜻으로 'CE'와 같은 개념이다.

대영제국이 근대사의 중심세력이 되지 못했다면 세계는 무엇을 기준으로 공통적인 시간의 흐름을 정해야 했을까. 오스만 터키가 서구열강을 누르고 세계를 호령했다면 이슬람력을 쓰게 되었거나 청나라가 개혁개방에 성공하여 세계의 중심국가가 되었다면 유교나 불교 중심의 세계 표준시간이 되었을 수도 있었을 것이다.

역사적인 시간은 무엇일까? 역사의 정의란 무엇일까? 보스포러스의 잔 물결 만큼이나 많은 생각들이 밀려들고 있다.

이븐 바투타는 마르코 폴로보다 50년 늦은 1304년 현 모로코 왕국의 탕헤르에서 태어났다. 전통 이슬람 명문사족에 속한 이븐 바투타는 독실한 무슬림으로 교육받은 법관출신이다. 1325년 21세에 홀로 메카 성지순례와 이슬람 동방세계의 탐험을 결심하고 대장정에 나서 아라비아의 북쪽 해안에서 시리아와 아라비아, 이란, 소아시아, 발칸, 중앙아시아를 경유하여 1333년 경 인도에 들어가 관리가 되어 약 9년을 보냈다.

1342년 원 순제에게 가는 사절단장의 명을 받아 캘커타와 세일론, 벵갈, 수마트라, 자바를 경유하여 복건의 천주에 상륙하여 북경으로 갔으나 때마침 북방원정 중이던 순제가 전사했기 때문에 다시 천주에서 수마트라인의 배를 타고 인도로 돌아갔다. 인도에 상륙한 후 페르시아와 이라크, 시리아, 이집트에서 지중해를 거쳐 1349년 모로코 수도 페스로 돌아가 술탄으로부터 명예로운 환영을 받았다. 조국을 떠난 후 25년에 걸친 긴 여행을 하였지만 놀랍게도 귀국 후에도 수단의 수도 메리로 견행사遣行使를 감행하였다. 그의 아시아 여행은 주로 해로에 의한 것이지만 내륙여행 때는 실크로드를 광범위하게 이용하였다.

30년에 걸친 이븐 바투타의 기행문은 마르코 폴로와 동시대의 것이며 폴로보다 훨씬 더 광범위한 지역을 다루고 있다. 이슬람인의 시각에서 본 세계에 대한 인식과 가치관을 엿볼 수 있는 귀중한 여행기다.

그랜드 바자르와 구시가지 유적들

●●● 바자르는 시장을 뜻하는 고대 페르시아어로, 식량을 의미하는 아바(aba)와 장소를 뜻하는 자르(zar)의 합성어로 원래는 식품을 주로 파는 시장에서 비롯되었다. 터키어로는 파자르라고 부르며 지붕이 높은 돔형지붕으로 이루어져 이국적인 풍취를 가지고 있다. 바자르는 노상에 물건을 펼쳐놓고 파는 것에서 시작되었는데 상설화되면서 눈과 비를 피하기 위해 천막을 치게 되고 오늘날과 같은 천장이 있는 시장이 형성되었다. 이스탄불에는 외국인관광객들이 많이 찾는 그랜드바자르 이외에도 향료시장인 이집트 바자르가 있고 신시가지의 탁심광장과 갈라타탑에 이르는 이스티크라르거리의 북쪽에 '꽃시장'을 뜻하는 '치체크 파사지'가 있다.

이집트 바자르는 주로 이집트 카이로에서 수입된 것들로 허브와 향료가 많아서 유럽인들은 '스파이스 바자르'라고 부른다. 또한 꽃시장 치체크 파사지는 꽃집만 있는 것이 아니라 생선과 고기, 야채, 반찬

외국인들이 이스탄불에서 가장 즐겨찾는 그랜드 바자르

가게가 많이 있다.

그랜드 바자르는 외국인들이 이스탄불에서 가장 즐겨 찾는 곳 중에 하나다. 그랜드 바자르의 역사는 정복자 메흐멧 2세 때부터 형성되어 대쉴레이만 시대에 확립 된 이래 500년의 역사를 간직하고 있다. 그랜드 바자르는 지금까지 12번의 강한 지진과 9번의 대화재로 소실되었다. 그중에서도 1894년 지진과 1954년 대화재 이후에 가장 크게 복구되었다. 그랜드 바자르의 전체 면적은 약 만 평 정도의 규모다. 65개의 거리에 3,500개의 상점이 있고 약 15,000명의 상인들이 장사하고 있다. 500년 역사를 가진 그랜드 바자르는 수많은 화재와 지진피해에도 불구하고 여전히 이스탄불을 대표하고 상징하는 시장으로 자리 잡고 있다. 그랜드 바자르의 가장 핵심적인 구역은 베데스텐이라 불리며 보석이나 귀금속을 파는 가게가 모여 있는 곳이다.

사마르칸트에서 가장 큰 바자르   양탄자 시장

    그랜드 바자르를 나오면 입구에 누루오스마니예사원을 만나게 된다. 1748년 오스만 술탄 마흐무트 1세 때 시작되어 그의 후대인 오스만 3세 때인 1755년에 완성된 사원이다. 유럽의 바로크양식이 오스만 건축에 적용된 가장 성공적인 건축물로 평가 받고 있다. 이 사원은 고대 콘스탄티노플의 성벽 안 7개의 언덕 중 하나에 건축되었다. 하기야 소피아를 많이 닮은 고전주의 양식으로 오스만의 건축으로는 가장 처음으로 지어진 건물이다. 술탄 베야즈트의 명에 의해 1481부터 1521년 사이에 건축가 야쿱 샤와 하이레틴 파샤에 의해 건축되었다.

    누루오스마니예사원을 지나 차 한 잔 마실 시간정도 걷다보며 비잔틴시대의 유일한 유물인 콘스탄티누스 기둥 일명 '불에탄 기둥' 으로 알려진 쳄베를리타쉬가 광장에 남아있다. 콘스탄대제에 의해 4세기에 세워진 높이 50m인 이 기둥 꼭대기에는 1105년까지 청동으로 된 동상이 있었다. 몇 번의 지진과 화재로 파괴되어 현재는 높이가 37m로 축소되었다. 로마제국 당시 히드포름에서 가장 가까운 광장이었던 콘스탄티누스대제의 광장은 흔적도 없이 사라지고 거대한 불탄 기둥의 잔해만이 눈길을 끌고 있다.

호화스러운 시라간호텔과 프랑스풍의 돌마바흐체 궁전

●●● 이스탄불 답사 3일째 되는 날 유람선을 타고 도시를 보고 싶었다. 오전 10시 10분 실케이지역 앞 항구 선착장에서 유람선에 승선했다. 선착장 주변에 정박한 선박들과 숲 속 별장들이 어우러져 한 폭의 수채화 같다. 눈부신 파도 위로 동서양을 오가는 차량행렬들이 보스포러스대교를 사이에 두고 딱정벌레처럼 달리고 있다. 바티흐 술탄 메흐멧대교를 지나 12시 15분 사르예르에서 편도 여행을 끝냈다. 이곳에서부터 배를 타고 왔던 해안을 따라 가능한 걸어서 답사하기로 했다. 사르예르부두가를 걸어 해변가 식당에서 터키의 전통음식 아데나케밥을 먹은 후 버스를 타고 사르예르를 출발했다. 유람선에서 보면 그림 같은 도시의 모습만 보이지만 이곳 신시가지는 54층 사반제 쌍둥이 빌딩을 비롯한 현대화된 거대한 공룡 도시와 같다.

이스탄불의 인구는 1,200백만에서 1,500백만으로 추정되는데 년 5%대의 인구 집중이 심각한 문제가 되고 있다.

　술탄들의 여름 궁전쯤으로 생각하고 들어선 곳이 호텔이라 너무 뜻
밖이었다. 반가이 맞아주는 웨이터와 화려한 내부 장식에 약간은 당황
스러웠다. 시라간은 과거의 화려했던 왕족이나 귀족들의 주거 공간이
었던 곳으로 지금은 가장 우아하고 비싼 호텔로 사용되고 있다. 고전양
식의 건물 안에는 화려한 대리석과 고급목재를 사용하여 내부를 장식
하였는데 화려하고 우아함이 마치 궁전 안에 들어와 있는 느낌을 준다.

　시라간호텔에서 나와 25분 쯤 해안선을 따라 걸으면 돌마체궁전이
나타난다. 제일 먼저 시선을 끄는 것은 돌마바흐체의 시계탑이다. 1890
년 술탄 압듈하미트의 명령으로 궁전 정문 바로 앞에 세워진 시계탑은
높이가 27m이며 탑의 4번째 층 꼭대기에 프랑스 폴 가르너의 시계와
오스만제국 왕실 상징인 엠블럼이 있다.

　돌마바흐체는 술탄의 정식 주거지이면서 정치를 관장하는 곳이다.

돌마바흐체궁전의 제국의 문

1839년 오스만 제국 31대 술탄 압둘 메지드 1세가 바다 옆에 연해있으며 도시의 중심지에 인접해 있는 이 지역을 새로운 궁전 터로 선택하고 아르메니아 건축가인 카라바트 발얀으로 하여금 궁전을 건축하게 하였다. 13년간의 공사에 든 비용은 5억유로 정도의 비용이 들었다 한다.

　돌마바흐체궁전은 입장부터가 공항검색대를 통과하는 것처럼 매우 엄격했다. 이스탄불 전역에서 통하던 직장 신분증도 이곳에서 만큼은 무용지물이다. 해변 선착장으로 연해있는 아름다운 철책 문 너머로 푸른 바다 물결과 항구의 배들이 한 폭의 그림처럼 떠다닌다. 궁전 현관을 들어서면 공식행사를 개최했던 홀과 넓은 복도에는 성지순례를 가는 대형 그림이 걸려있다. 2층 계단을 오르면 대리석으로 만든 세면대와 화장실 변기, 대리석 꽃무늬 장식, 수도꼭지 등 화려하고 우아한 궁중 생활을 엿볼 수 있는 것들이 전시되어 있다.

정복자 메흐멧 2세는 가능한 터키적인 요소를 버리고 서방적인 것을 추구하였으나 톱카프궁전만은 오스만 터키의 분위기로 살렸다. 그러나 돌마바흐체궁전을 건축한 압둘 메지드 1세는 개혁의 전당으로 부적절한 톱카프궁전을 대신할 새로운 궁전을 신시가지에 건설하고 돌마바흐체라 명명하였다. '돌마'란 꽉 들어차 있다는 의미며 '바흐체'란 정원을 의미한다. 돌마바흐체궁전은 동양적인 요소를 버리고 프랑스 베르사이유궁전이나 빈의 합스부르크궁전을 연상케 하는 유럽식 분위기를 강하게 풍긴다. 국민의 혈세로 건축한 이 건물로 오스만 터키의 재정고갈을 초래했고 막대한 국부 유출로 인해 나라가 쇠락하는 결과를 초래했다.

돌마바흐체궁전은 공식 행사용과 국사 집행용, 하렘 세 부분으로 나뉘어 져 있다. 바다 쪽에서 왼쪽이 남자들 거처이며 행정지역인 셀람륵과 중앙 연회실인 그랜드홀, 그리고 오른쪽은 하렘이다. 궁전의 전체 면적 250,000㎡(약 83,000평)에 건평 14,600㎡, 43개의 연회장, 6개의 욕실과 테라스, 1427개의 창문이 있다. 특히 궁전의 큰 홀은 넓이가 가로 세로 40m에 중앙 돔의 높이가 36m이며 이곳에 걸려 있는 샹들리에는 영국 빅토리아여왕이 기증한 것으로 무게만 4.5톤이나 된다.

탁심광장과 갈라타 타워

●●● 탁심광장으로 출발했다. 이스탄불 스타디움 뒤편 공원의 언덕 길로 올랐다. 가파른 언덕길에 즐비하게 늘어선 주택들을 바라보면 유람선에서 보았던 그림처럼 아름다운 도시의 풍광이 물거품처럼 무너진다. 이렇게 가파르고 험한 산정으로 주택들이 늘어선 언덕길 을 보니 주택난이 매우 심각함을 느낄 수 있다. 이스탄불의 속살을 살짝 들여다보는 기분이다.

갈라타전망대 위쪽에 위치한 탁심광장은 이스탄불을 방문한 관광객 들이 들려 휴식을 취하는 곳이다. 탁심광장은 상업과 쇼핑의 중심지로 도시의 각 지역으로 물을 분배해 주는 건물의 이름을 따서 명명했다. 탁심광장에서 휴식을 취한 다음 이스티크랄거리로 출발했다. 이스티 크랄거리는 젊은이들로 활기가 넘쳤다. 보스포러스해협을 통해 편도 로 갔던 코스를 해안선을 따라 반대 방향으로 걸었다.

저녁노을이 붉게 물들고 있다. 갈라타타워는 143개의 계단을 오르

거나 엘리베이터를 타고 꼭대기에 있는 테라스까지 올라갈 수 있다. 갈라타언덕 경사로에 지어진 이 탑은 도시의 전경을 한눈에 굽어볼 수 있는 높이 61m의 탑이다. 도시의 전경은 물론 보스포러스해협과 골든홀, 마르마라 바다를 모두 볼 수 있는 언덕에 위치하고 있다.

산언덕에 늘어선 주택가들을 내려다보면 촘촘하게 밀집한 모습들이 서울의 한 모퉁이를 보는 것 같다. 타워에서 내려와 정면으로 보이는 갈라타대교를 따라 보스포러스해협을 건너 술탄 아흐멧광장으로 나왔다. 비잔틴시대엔 도시의 심장부로 'U'자 형의 경기장을 중심으로 이륜차 경기를 하던 곳이다. 이곳에는 비잔틴시대의 유물인 테오도시우스의 오벨리스크와 뱀의 원기둥, 콘스탄티누스 오벨리스크 등 유적지 3곳이 남아 있다. 고대의 경기장인 히드포럼은 길이 400m, 넓이 120m로 그 당시 로마에 있는 시쿠스 맥시무 다음으로 가장 큰 경기장이었다.

높이 20m인 테오도시우스 오벨리스크를 이집트에서 가져온 황제는 유리아누스이며 경기장에 세운 사람은 테오도시우스 1세였다. 오벨리스크를 올려놓은 높이 6m의 단 위에 새겨진 조각품들에서 로마 시대의 옛 영광의 잔해를 엿볼 수 있다. 오벨리스크 앞에 있는 뱀의 원기둥은 그리스군이 기원전 479년에 페르시아군을 물리친 것을 기념하기 위하여 제작된 것으로 콘스탄티누스 1세가 이곳에 가져왔다. 원래 8m 정도의 높이였는데 중요한 머리와 상단 윗 부분이 손상되어 지금은 5.5m 정도 남아 있다. 그리스의 31개 도시 동맹이 페르시아와의 전투에서 승리하여 이때 포획한 페르시아군의 무기를 녹여서 만든 것이 뱀의 원기둥이다.

그리스 연합군과 페르시아 대군이 격돌하는 함성소리가 원기둥 너머로 환청처럼 들린다. 지구상에 존재했던 수많은 문명과 제국들의 사라진 잔해를 되돌아보는 것 같다.

문명의 승자와 패자

●●● 멸망하지 않은 제국은 없다. 동양을 대표했던 중국은 세계 4대 발
명품인 종이, 화약, 나침판, 인쇄술 등을 발명했던 최고 수준의 과학문
명을 갖춘 제국이었다. 유럽의 남쪽에서 일어난 돌궐족의 후예인 오스
만제국은 비잔틴제국을 멸망시키고 이슬람세계의 패자로서 긴 세월 번
영을 누렸다.

이슬람문명은 대수학과 광학, 물리학, 그리고 천문학 분야에 찬란한
업적을 남겼다. 한 때 이스탄불(현재 터키 수도)을 세계적인 과학 중
심지로 만들었다. 반면에 서유럽은 로마제국 멸망 후 천여 년 동안 중
세 암흑기의 침체기에 빠졌다. 당시 로마제국이 이룩한 찬란한 문명은
오래 전에 사라졌고 유럽인들은 대부분의 기술을 외국에서 수입해 썼
다. 유럽의 여러 도시들은 끊임없는 전쟁에 시달렸다.

1405년 중국 명나라 3대 황제인 영락제는 세계 최대 규모의 함대를
조직하여 흠차총병태감 정화로 하여금 전 세계로 파견했다. 콜럼버스

가 이끌었던 3척의 배를 다 합해도 적재량 1,500톤에 1,000명이 승선할 수 있는 영락제의 보선 한척보다 적었다. 매번 2만 7천 명에 달하는 승선인원으로 7회에 걸쳐 아프리카 동안까지 파견되었다. 그러나 영락제 사후 후임 황제들은 대항해에 들어가는 비용은 막대한데 비해 바깥세상에서 가져온 보물이라는 것이 고작 신기한 음식과 동물들뿐이라는 생각에 자신들이 발견한 엄청난 세계의 가치를 인식하지 못한 체 자만에 빠져 스스로 문을 걸어 잠그고 고립을 자초하여 쇠퇴의 길을 걸었다.

오스만제국의 경우도 황제는 자신이 알고 있는 세상을 모두 정복한 후 종교적 근본주의에 빠져 침체기를 겪었다. 회교지도자들과 학자들은 과학과 수학, 의학 등 반드시 필요한 지식을 외면한 채 꾸란에 너무 집착한 나머지 이슬람문명의 쇠퇴를 가져왔다.

그러나 중세 유럽은 십자군전쟁과 더불어 이슬람세계의 화려하고 풍요로운 문화를 접하게 되었고, 피렌체와 베네치아를 중심으로 한 르네상스의 서막이 열리면서 거대한 변화의 물결이 일어났다. 외부와의 교역이 활발해지고 구텐베르크의 인쇄기 발명은 새로운 문화와 사상을 빠르게 전파하게 되었다. 천년 가까이 위세를 떨쳤던 교회는 서서히 지배력을 상실했고 성서해석을 주로 가르쳤던 대학들로 뉴턴의 물리학이나 화학방면으로 관심을 돌리기 시작했다. 유럽 문명의 또 하나의 장점은 중국이나 오스만터키처럼 대제국을 형성한 절대 강자가 없었기 때문에 유럽의 작은 나라들은 끊임없이 전쟁을 치르며 과학문명을 장려했으며 새로운 지역과 교역은 물론 외부에 대한 새로운 영토의 확장을 추구하게 되었다.

유럽의 과학과 기술이 빠르게 발전하는 동안 중국과 오스만제국의 찬란했던 문명은 그 빛을 잃기 시작했다. 이슬람문명은 수백 년 동안 동양과 서양의 가교 역할을 하면서 전성기를 구가했으며 중세 유럽이 침체했을 때 세계문화의 발전에 기여했고 르네상스의 원동력을 제공했다. 그러나 유럽의 교역 대상이 신대륙과 동양으로 옮겨가면서 중동을 거쳐 가는 상인들이 점차 줄어들었고 교역대상에서 배제되었다. 찬란한 동양문명이 서양문명에 추월당한 원인은 유럽은 중국과 이슬람문명에서 수입한 과학과 기술을 장려하고 지속적으로 발전시킨데 반해 이슬람과 중국은 과거의 영광과 풍요로운 자원에 안주하여 시대의 변화에 문호를 잠그고 쇠락의 길은 걷게 되었다. 중국 또한 자신들이 발명한 나침판과 화약을 개량하여 발전시킨 유럽인들의 침략 앞에 손수 무책으로 당하고 무릎을 꿇을 수밖에 없었다. 역사는 끊임없이 반복한다. 영원한 승자도 패자도 없듯이 서양에서 아메리카대륙을 돌아 동양으로 문화의 황금기가 다시 돌아오고 있다.

환상적인 괴뢰메(GOREME)의 패키지 투어

●●● 저녁 7시 50분 카파도키아 행 버스를 타고 괴뢰메로 출발했다. 이스탄불에서 심야 버스를 타고 카파도키아의 괴뢰메에 도착하면 다음날 아침 7시 30분에 도착하게 된다. 11시간 30분 정도 소요된다. 창밖엔 꽉 찬 달빛이 호수를 따라 쫓아왔다. 수천 겹의 잔물결로 일렁이는 호수는 달빛으로 온통 은빛이 된다. 수천 개의 파문이 내 가슴으로 밀려들었다. 천상의 달 하나가 지상의 수억 수만의 모습으로 동시에 비치고 있다. 중앙아시아의 초원에서 보았던 초승달이 어느새 보름달로 변해있다. 여행 내내 늘 시간에 쫓기다보니 어느 한곳에서 하루 쯤 푹 쉬고 싶다. 불빛 가득한 호숫가의 야경이 무수한 상념을 몰고 왔다.

　아침 7시 경 잠에서 깨어보니 버스는 작은 시골마을을 달리고 있다. 아침 햇살이 눈부셨다. 버스 안내양이 친절하게 손에다 올리브 향을 뿌려주었다. 터키식 예법이라 한다. 지붕 위를 날아오르는 새떼들 사이로 기묘한 형태의 계곡들이 시야에 들어왔다.

괴뢰메 전경

우치사르성

오전 7시 30분 버스는 어느새 목적지인 카파도키아의 괴뢰메에 도착했다. 버스역 광장엔 숙박이나 차편, 관광정보를 알려주는 안내 센터가 있어 한국인들이 즐겨 찾는 SOS펜션을 찾았다.

평원 아래로 전개되는 기이한 동굴과 무성한 수목들이 연출하는 분위기는 다른 행성을 방문한 느낌이다. 버섯과 삿갓처럼 뾰족한 바위 속에 동굴을 뚫고 사는 모습은 한마디로 외계인의 마을 같았다. 펜션에 일일투어를 신청하면 저렴한 가격에 참여할 수 있는 패키지투어가 있어 대부분의 관광객들은 이 코스에 합류한다. 언덕을 올라 작은 마을을 지나 첫 번째 방문지에 정차했다.

언덕에서 가장 큰 바위 이름을 우치살케서라 부르는데 암벽 내부 장식으로는 비잔틴 양식과 오스만 양식으로 동굴 속이 꾸며져 있다. 동굴 구멍이 뻥뻥 뚫린 커다란 암벽 밑에 작은 바위와 주택들이 즐비하게 계곡 아래로 늘어서 있다. 이곳에서 보면 큰 바위를 우치사르라고 부르며 왼쪽 산언덕 전체를 우치사르성과 피아지온계곡으로 부르고 있다.

세계 9번째 불가사의 데린쿠유 지하도시

●●● 첫 번째 정차지에서 지하 동굴 코스로 출발했다. 오전 10시 35분 데린쿠유에서 정차하여 입장권을 샀다. 앙카라 동부에서 옛 아나톨리아의 시골마을과 카파도키아의 암굴교회를 접하게 된다. 본래 카파도키아는 그리스 도시왕국으로 로마 시대 때는 주州의 이름이었다. 현재 카파도키아의 영역은 과거 카파도키아의 지역 중 작은 일부분에 해당되는 곳을 일컫고 있다.

데린쿠유의 지하 동굴은 카이마크리동굴과 더불어 카파도키아에서 가장 유명한 관광명소의 하나로 하루에도 수천 명의 관광객들이 방문하고 있다. 안내인을 따라 동굴에 들어가니 지하에 흐르는 물 처리 구멍과 거미줄처럼 얽혀있는 미로 같은 터널로 횃불이나 촛불 없이는 걸을 수조차 없는 곳이다.

데린쿠유 주변은 평평한 지역을 형성하고 있으며 데린쿠유와 카이마크리 방향으로 하천이 있는데 폭이 50~60m, 길이가 8㎞로 지금은 완전히 메워져 있다. 이곳 지층은 수억 년 전에 일어났던 에르제스산의 화산폭발로 인해 형성된 것으로 이때의 화산재와 용암이 수백 미터의 높이로 쌓이고 굳어져 응회암과 용암층을 형성하였다. 그 후 수억 년의 풍화와 침식작용으로 기이하고 신비로운 형상의 카파도키아 풍광을 빚어내게 되었다.

빵을 굽던 화덕과 식사 장소, 구멍을 통해 연기를 취소화시키는 장치들, 물단지나 식량저장 창고 등을 돌아보며 미로 같은 동굴을 내려가는 기분은 영화나 소설 속에 등장하는 지하세계의 주인공이 된 듯한 기분에 젖게 한다.

카파도키아에는 에르다스와 카라다스, 카크니, 카우베시와 같은 많은 언덕과 작은 산들이 있다. 이런 언덕과 산꼭대기에 보초막을 세우고 거울을 반사시키는 방법으로 초소들끼리 의사소통을 했다. 이와 같은 지하 도시들은 초기 기독교 전파에 중요한 역할을 했다.

이들 지하도시는 출구와 환기창이 눈과 바람, 바위, 흙으로 덮여 수 세기 동안 텅 빈 채로 남아 있었다. 일부는 완전히 일부는 부분적으로 폐쇄되었으며 지하도시는 9세기 이후에는 사용되지 않았다. 이런 이유로 마을과 도시들이 지하세계의 비밀을 모른 채 지하도시 꼭대기 위에 세워지게 되었다.

지하도시를 만들려고 최초로 시도한 사람들이 누구인지, 어떤 시대에 만들기 시작했는지, 종족들이 어디서 왔으며 왜 이런 지하도시를 건설할 필요를 느꼈는지에 대해 아무도 명확하게 답변할 수는 없다.

이곳 데린쿠유는 네브세히르 주州에 위치한 인구 만 명 미만의 작은 읍이다. 해발 1,355m에 위치하고 있으며 주의 중심인 네브세히르에서

29㎞ 떨어진 거리에 있다. 최근에 알려지기 시작한 데린쿠유는 옛날 소아시아라고 불렀던 아나톨리아인들의 도시다. 우연히 발견된 지하 도시는 1965년 일반인에게 개방되었으며 이곳을 방문한 사람들은 세계 9번째 불가사이라는 것에 동감을 하고 있다.

창고로 쓰였던 첫 번째 층은 옛 소아시아 지방에 살던 하타이드 이전의 민족에 의해 만들어 졌다. 오늘날 볼 수 있는 지하 도시 8개 층은 나중에 이곳에 온 다른 사람들에 의해 추가로 확장되어 만들어진 곳이다. 최초로 기독교를 믿었던 사람들에게는 그들의 종교를 은밀하게 전파할 수 있을 뿐만 아니라 모든 외부의 압력으로부터 그들의 종교적 의무를 수행하기에 안전한 장소였다. 서기 7~8세기에 시작된 아랍민족 침입에 대한 피난처로서도 사용되었다.

두 사람이 겨우 통과할 수 있는 터널과 미로 같은 통로를 돌며 내려가다 보면 어떻게 이런 암굴에 사람들이 살았을까 하는 의문들이 구름처럼 일어난다. 이 비좁은 공간에도 미션스쿨과 세례 장소, 부엌, 저장실, 침대, 거실, 포도 저장창고, 마구간 등이 지하 1층과 2층에 꾸며져 있다. 지하 3층과 4층에는 피난처와 무기저장 창고와 터널이 있으며 도시가 대규모의 공격을 받을 때 이 터널을 통해 도망감으로써 안전을 보장받을 수 있게 만들어졌다. 세 번째 층에서 발견된 터널은 9㎞ 떨어진 카이마크리의 지하도시와 연결된 것으로 추정되며 터널의 환기창들은 경작지 안에 있기 때문에 완전하게 보존되지 못하고 바위와 흙으로 덮여있어 파괴되었다.

지하도시의 다른 층들이 피난처였다는 것을 보여주는 몇 가지의 명백한 증거 중에 하나가 통로에 있는 돌문이다. 도시가 침략을 받으면

빗장걸이 돌로 통로를 폐쇄해 버렸다. 바깥에서 돌문을 여는 홀이 있는데 이 홀들은 외부의 어떠한 공격으로부터 자신들을 방어할 수 있도록 만들어져 있다. 마지막 층에는 특별한 우물 샘과 비밀 탈출 창, 교회, 회의실, 고해성사실, 무덤과 환기창 등이 갖추어져 있다.

데린쿠유에는 52개 이상의 환기창이 있다. 도시가 다소 경사진 표면 위에 있기 때문에 환기창의 깊이는 70~80m 사이로 다양하다. 환기창의 맨 밑바닥 부분은 물을 저장하는 우물이며 꼭대기 부분은 환기창이다. 모든 층들은 이 같은 환기창으로부터 어떠한 방법으로든 공기를 얻을 수 있도록 고안되어 있다. 도시는 우물로부터 이름을 땄으며 이전의 이름은 멜레고피아라 불렀다.

지하 55m 앞 터널까지 내려와서 허리를 굽히고 계단 아래로 내려가니 비로소 넓은 공간이 나타나고 사방으로 뚫린 길이 나타났다. 통로를 따라 두 사람이 겨우 통과 할 수 있는 공간 사이로 관광객들이 물밀듯이 밀려오고 빠져나간다. 십자가형으로 된 비교적 넓은 지하교회를 만나게 된다. 마지막 층에 있는 이 교회의 폭은 10m이고 길이 2.5m, 높이는 1.5~2m 정도의 규모다. 교회의 구조는 십자가 형태로 교회의 정면 맞은편에 3개의 기둥을 가진 회의실이 있다. 이와 같은 지하도시가 데린쿠유의 땅 밑에는 400~500개 이상이 더 있으며 일부는 일반인에게 공개되고 있다. 지하도시에는 600개의 오르막 문과 내리막 문이 있으며 아직도 지하도시의 첫 번째 층 일부분은 여전히 지상 주택들의

함시경 스케치 「Cappadocia Cradle of history by OMER DEMIR」

데린쿠유의 지하도시

함시경 스케치 「Cappadocia Cradle of history by OMER DEMIR」

저장창고 역할을 하고 있다. 일부 주택들의 땅 밑으로는 18~20층 내려가는 지하 동굴이 있다.

지하도시에는 평균 10,000명 정도가 살 수 있는 공간이다. 땅 밑 55m의 깜깜한 지하도시에서 인간이 생존해야하는 그 절박함과 생명의 끈질김에 고개 숙여진다. 종교는 무엇이며, 그 종교적 신념을 지키고 전파하기 위해 밝은 세상을 등지고 비좁고 불편한 동굴에서 아이를 낳고 기르며 세례를 받고 교육을 시켰던 그들의 지혜와 삶의 방식을 눈으로 직접 확인하지 않고는 도무지 믿을 수 없는 불가사의한 삶의 유적들이다. 허리를 구부리고 이리저리 미로를 따라 오르다 보면 숨이 찬다. 동굴 속에는 동물을 데리고 왔을 때 사용하던 말구유나 식량저장 창고도 볼 수 있다.

너무나 쉽게 목숨을 버리는 현대인들에게 척박한 지하세계에서 자손을 번성시키고 자신과 종교적 신념을 지키기 위하여 외부의 적들과 대치하며 살았던 그 끈질긴 인간 생명력의 존엄한 현장을 이곳에 와 직접 본다면, 결코 자신의 생명을 가볍게 생각하지 않을 것이다.

은자들의 고향 이히라라아(IHLARA)계곡과 멜렌디즈계곡

●●● 시간 여행으로 잠시 외계의 새로운 문명권에 다녀 온 기분이다. 예쁜 22세 가이드 훈다 아가씨의 안내로 세 번째 코스로 출발했다. 둥그렇고 완만한 산들이 펼쳐지는 해발 1,000m의 네브세히르 고원 지대를 달렸다.

카파도키아의 특이한 경관과 부드러운 석회암 층이 만들어 낸 독특한 주거문화가 인류문화 유산으로 지정되고 세계적인 관광지로 각광받으리라 그들은 상상이나 했을까. 만리장성을 보고 그 장대한 성벽과 규모에 감탄했을 때만큼이나 지하세계의 도시도 문화적인 충격으로 다가 왔다. 이 지역은 신석기 시대 이후로 이런 지하 동굴의 미로에서 살아왔다.

카파도키아는 BC 3세기로부터 성직자에 의해 다스려지는 은신처로 7세기부터 9세기에는 이슬람 종교를 앞세운 아랍민족들이 침입해오면서 그들의 압제를 피하기 위해 지하도시가 건설되었다.

멜렌디즈 계곡 암벽 동굴

    초기수행자들과 신을 받드는 사람들에게는 이곳의 고립된 지형은 더할 나위 없이 좋은 수도처였다. 끊임없는 단식과 기도와 금욕을 통해 자신들이 믿는 신을 섬기기 위해 이집트 사막에서 툴라타워까지 오게 되었고 그들을 추종하는 신도들이 모여들어 첫 그리스도 수도원이 생겼다. 360년 카이사레아의 성인 바실은 이렇게 생겨난 공동체들을 위해 규칙을 정했다. 지금까지도 그리스정교회에서는 이 규칙들이 지켜지고 있다. 그리고 서부지역은 베네딕스규칙의 기본을 형성하는 데 많은 영향을 끼쳤다.

    이히라라아계곡의 거대한 암벽 사이로 내려오면 수십 미터의 포플러 숲 사이로 맑은 계곡물이 흐른다. 데린쿠유에서 이히라라아까지 40㎞의 거리로 가장 짧은 지름길이다. 계곡의 깊이는 150m 정도 인데 수백

만 년 동안 계속된 멜렌디즈계곡의 하천 침식작용으로 형성되었다. 계곡 아래에서 아젝아티교회를 만났다. 비잔틴양식의 프레스코벽화는 거의 훼손되었다. 7~8평 정도의 십자가형으로된 이 교회는 다른 교회보다 훨씬 더 오래된 곳이지만 천청부분만은 잘 보존되어 있다. 이 계곡을 따라서 위치해 있는 일란리 일명 '뱀의 교회'와 히야신스교회, 키르크 담 알티 교회, 바하틴 사만릴지교회 등 다섯 교회가 가장 유명하다.

교회를 나와 포플러와 버드나무가 무성한 좁은 계곡의 오솔길을 따라 걸었다. 고원의 평원지대 아래 형성된 계곡의 다양하고 아름다운 절리현상은 이곳을 외부세계와 분리시키고 또 하나의 신비로운 별유천지를 만들었다. 기이하고 신기한 자연경관이 동굴문화와 어우러져 이 계곡을 인간세계와 격리된 은자들의 세상으로 만들었다. 깎아지른 암벽 틈 사이에 암굴을 파고 이상향을 꿈꾸며 청빈한 신앙생활을 했던 은자들의 모습을 떠올려 보았다.

30대 초반의 내 젊은 날의 모습이 생각나게 하는 풍광이다. 공직을 떠나 석사과정을 마치고 한동안 진로문제로 고민하고 있었다. 외국으로 좀 더 공부하러 나가야할 것인가 아니면 비즈니스 세계로 나가야할 것인지 결론이 나지 않아 한해를 산에서 보내게 되었다. 사슴을 기르다 빈집이 되어버린 후배의 집을 얻어 시작된 산 생활이었다. 나는 그 빈집을 공록장空鹿場이라 이름 짓고 스스로를 유폐시켰다. 한 달이 지나도 지나가는 사람이 없을 정도로 고립된 산속이라 은둔하기에는 안성맞춤인 곳이었다. 손수 밥을 지어먹고 책도 열심히 읽을 수 있어 좋았다. 나는 그 때 외로움의 실체와 정면으로 맞서 본적이 있다. 외로움의 심연에 서면 외롭다는 생각조차 흔적 없이 사라져 버린다는 것을 깨닫게 되었다.

그 당시 밤마다 천정 구석에서 부스럭거리며 수면을 방해하는 거미 녀석이 있었는데 몇 번인가 추방을 하려고 마음을 먹었지만 하산할 때까지 함께 살게 되었다. 부스럭거림도 외로움의 몸짓으로 이해하니 함께 동거하게 되었고 친구가 될 수 있었다.

집 앞에 식수로 사용하던 얕은 샘물이 있었는데 비가 올 때만 되면 우물물을 흐리는 가재 한 마리가 살고 있었다. 녀석도 결국 추방시키지 못하고 함께 살게 되었는데 6개월 째 되던 때에 우물 한가운데 움직이지 못하고 누워 있었다. 차가운 샘물 속에 너무 오래 생활한 탓인지 몸이 굳어 죽어가고 있었다. 나는 가재를 꺼내어 따뜻한 웅덩이 속으로 넣어 주었다. 방구석을 기어 다니는 작은 벌레조차 죽이지 않고 추방하게 되었다. 고립된 공간에서 풀벌레 소리마저 내게는 감미롭고 정겨웠다.

그 당시에는 움직이는 생명체는 죽이고 싶은 생각이 일지 않았다. 경전의 가르침이나 생명 존중의 사상 보다는 오히려 외로움이라는 동질성이 너와 내가 같은 자연의 일부라는 극히 소박한 생각에서 비롯된 것이다. 오랫동안 말할 상대가 없었기에 하산하여 처음 만난 사람과 얘기를 나누었을 때 목에서 풀벌레 같은 소리가 굴러 나오는 것을 느낄 수 있었고 흰 아파트 벽면이 초록빛으로 보이는 착시현상도 겪어보았다.

젊은이들이여 외로움의 심연 그 밑바닥까지 혼자가 되어보라. 그러면 그것이 그대의 본래의 모습이라는 것을 깨닫게 될 때 더 이상 외롭다거나 고독하다거나 하는 생각에서 벗어날 수 있을 것이다. 외롭지 않으려고 몸부림칠 때 외로움이 그대를 삼켜버릴 것이다. 외로움 그 자체가 되어보라. 그러면 그대는 외롭다는 생각을 잊어버리게 될 것이다.

스타워즈의 촬영장 셀리메와 아쯔카라한

●●● 계곡을 따라 한 시간 정도 걸어내려 오면 여기서부터 많은 동굴들이 밀집된 형태로 나타난다. 돌담 너머 산골농가 주변에 옥수수와 호박, 자두나무, 감자밭이 보이고 동네 꼬마들이 몰려와 무어라 즐겁게 재잘대고 있다. 벨르시르마에 있는 이곳 아스란 식당은 세 개의 길이 합류하는 삼거리에 위치해 있어 여행객들이 모여 식사를 하는 중간 교차지점이다. 해바라기 꽃 너머로 자두가 한창 익어가고 있다.

오후 3시경에 스타워즈촬영장으로 알려진 셀리메로 향했다. 암벽에 뚫린 특이한 구멍들과 계곡아래 숲 속에 있는 주택가들이 한데 어울려 기묘한 분위기를 만들고 있다. 암벽 동굴로 들어서면 연기에 그을린 자국과 불을 지피던 화덕자리들이 눈에 뜨인다. 산 중턱 암벽 산 사이로 여러 개의 교회 터가 남아 있고 산 전체를 통하는 통로가 거미줄처럼 연결되어 있다.

　셀리메에서 아쯔카라한에 있는 카라반의 숙소로 향했다. 아크사라이에 위치한 대상들의 숙소는 커다란 돌을 잘라쌓은 건축물로 4㎞마다 한곳씩 배치되어 있다. 대상들은 이곳에서 3일간 무료로 묵을 수 있었다. 견고하게 성벽을 쌓아서 마치 작은 보루처럼 보인다. 마당 한가운데에는 아담한 사원과 사방에서 예배를 드릴 수 있는 돔형 테라스 공간이 있다.

　실크로드 종착지에 서 있다는 사실만으로도 흥분과 전율로 벅차올랐다. 중국 시안에서 둔황을 거쳐 고비사막과 천산산맥을 넘어 중앙아시아의 광활한 벌판을 달리면서 보았던 실크로드의 풍광들이 주마등처럼 스쳐갔다. 상하이 푸둥지역에서 뉴욕의 심장을 밟고 가는 것 같은 중국식 자본주의의 물결에 대륙의 잠재력을 확인할 수 있었고 도시

셀리메 바위산 공동체

곳곳의 빈민촌이나 낙후된 시골지역에선 여전히 60~70년대 빈촌들이 공존하고 있었다. 95년도에 중국의 가난한 사람들의 65%가 행복하다고 생각했지만 지금은 14%만이 행복하다고 생각한다. 그동안의 눈부신 경제성장과 높아진 GDP에도 불구하고 상대적 박탈감으로 행복지수가 떨어진 것이다.

　소주나 항주의 호수와 정원의 풍광은 중국인들의 풍류와 자연관을 감상할 수 있었고 장가계의 뛰어난 암벽 자연경관과 구채구의 오색찬란한 맑고 투명한 물결이 있어 중국대륙을 관통하는 황토물의 갈증을 달래줄 수 있었다. 계림의 기이한 산하를 맛보며 동양화의 진경산수를 실감할 수 있었고 곤명의 석림에선 하늘을 찌를 듯이 솟아있는 돌 숲의 위용에선 자연의 장쾌함과 경이로움에 감탄했다. 나는 새도 쉬어 넘는다는 사천성의 굽이굽이 골짜기 너머로 사람들은 여전히 밭을 갈고 있었고 소수민족들의 다양한 생활풍습과 문화들을 감상할 수 있어 매우 이채로웠다. 시안의 진시왕릉과 병마총에서 중국인들의 세계관과 삶의 규모를 짐작해 볼 수 있었고 둔황의 암벽동굴에선 그 옛날 사막을 넘나들던 사람들의 간절한 염원을 피부로 느낄 수 있었다. 세계에서 2번째로 낮은 분지인 투루판의 뜨거운 햇살에 영근 청포도알을 씹으며 맛보았던 달콤한 포도 맛은 아직도 잊을 수 없다.

천산산맥의 천산이 숨 쉬고 있는 우루무치에서 이슬람문화와 생활상을 엿볼 수 있었고 천산의 천지에서 하사크족 파오에서 안락하고 색다른 하루 밤을 보낸 추억이 감미로웠다. 흥망성쇠를 거듭했던 사막왕국의 유적들의 잔해에서 실크로드 상에 명멸했던 민족들의 숨결을 호흡할 수 있었다. 타는듯한 피부를 뚫고 땀방울을 적실 때도 먼 과거로의 여행이 주는 기쁨으로 가슴이 벅찼다. 바다처럼 망망한 사막과 초원을 바라보노라면 가슴 한켠에 숨어있던 고뇌와 욕망마저 무의미하고 쓸모없게 느껴졌다.

초원의 민족인 티무르제국의 찬란했던 영광과 풍요로움을 간직한 우즈베키스탄공화국과, 동로마제국을 멸망시키고 그 유산을 물려받은 오스만 터키제국의 부와 영광을 체험하면서 세계사를 균형 있게 인식하는 시각을 갖게 되었다. 서구문화의 뿌리인 비잔틴제국의 문화와 이슬람 문화의 종주국이었던 오스만 터키제국의 유산을 물려받은 실크로드의 종착역인 이스탄불에서 동서양의 역사를 함께 느끼고 체험할 수 있게 된 것에 무한한 감사를 올리게 된다.

요정들의 굴뚝계곡 괴뢰메와 세 쌍둥이 버섯바위 계곡

●●●비잔틴제국과 오스만제국의 영토인 아크사라이에서 남다른 감회에 젖었다. 카라반의 숙소를 떠나 괴뢰메와 아바노스로 출발했다. 한적한 고원의 들판을 달리노라면 쌓였던 피로가 눈 녹듯 사라진다. 여인의 젖가슴처럼 부드러운 산 능선들이 저녁노을을 어루만지고 있다.

카파도키아는 아나톨리아에서 세 번째로 높은 3,916m의 에르지예스 산 때문에 전 지역이 높은 곳에 위치하고 있다. 수천만 년 전 에르지예스산에 화산이 폭발하고 약 20,000㎢의 대지에 용암이 흘러내렸다. 수백만 년 동안 혹독한 바람과 침식작용으로 인해 땅이 벗겨지고 씻겨나갔다. 홍수와 비바람이 깊은 계곡과 갈라진 틈을 만들면서 용암으로 된 대지에 톱질을 하기 시작했다. 단단한 작은 암벽 조각들은 더 커다란 바위 꼭대기 위에 남아 원뿔모양과 기둥모양으로 형성되어 요정들이 사는 굴뚝 마을 같은 모양으로 이루워져 있다.

  아랍인들의 침략과 압력 때문에 괴뢰메계곡에 은신처를 잡은 기독교인들은 이곳은 '이방인들이 볼 수 없는 곳(You cannot see here)'이라는 의미로 괴뢰메라는 이름을 붙였다. 괴뢰메는 네브세히어로부터 17㎞, 위르기프로부터 7㎞떨어진 거리에 있는 아브실라계곡에 위치한 두 지역 사이에 있다.

  서기 6세기부터 8~9세기경까지 괴뢰메는 주변에 400개의 교회가 있는 기독교인들의 가장 큰 중심지역 중에 하나였다. 이 교회들은 젤부와 무스타파 파사, 아브실라, 우치사르, 오르타히사르와 같은 지역에 분포해 있다. 이 마을들은 서로서로 매우 가까이 위치해 있다. 괴뢰메에는 토칼리(버클,혁대)교회와 카르클리교회, 카란리크(검은)교회, 성모 마리아교회, 엘리말리(사과)교회, 일란리(뱀)교회, 성 바라바라교회, 엘 나자르교회 등이 있다.

언덕에서 마을을 내려다보면 암벽 구멍과 벽돌로 쌓은 주택들이 어울려 외계인의 도시처럼 분지 안에 웅크리고 앉아있다. 괴뢰메타운은 암벽교회 서쪽 500m지점에 형성되어 있어 계곡 안의 아름다운 자연경관과 유물들이 조화를 이룬 생활공간이다. 이 지역 주민들은 특이한 경관을 잘 이용하여 관광사업에 활용하고 있다. 암벽 속을 깎아 만든 방들은 추위와 더위에 잘 견딜 수 있는 구조로 일부는 관광객들을 위한 펜션으로 제공되고 있다.

괴뢰메언덕에서 5분정도의 거리를 차로 이동하면 아바노스에 있는 귀라이 도자기 공장을 만날 수 있다. 장작불이나 가스불로 굽는 우리의 방식과는 달리 물을 끓여 수증기를 이용한다. 접시 만들기 시범과 문양작업 현장을 보여주며 한 사람씩 직접 나가서 만드는 과정이 체험관광으로 매우 좋은 인상을 주었다. 도자기는 푸른색과 흰색을 많이 사용한다. 섬세한 꽃문양과 세밀한 디자인은 매우 화려하지만 여백의 미가 없어 아쉽다.

마지막 코스로 이 지역에서 가장 높은 지역인 파샤 바괴라리로 향했다. 이곳 사람들은 거대한 암벽위의 돌기둥을 환상적인 굴뚝모양(fairy chimney)이라고 표현하고 있다. 이런 형상은 우리 시각에 서 보면 송이버섯 모양이나 하늘로 솟은 거대한 남근석을 연상시킨다. 산 정상부터 비바람과 침식작용으로 깎인 암벽들이 조금씩 형상이 다양해지고 중간 지층에는 깎이며 살아남아 기이한 절리 형태로 다양한 띠를 두르고 있다. 암벽의 머리와 몸통 부분이 서로 다른 지층을 형성하여 송이버섯 몸뚱이에 검은 삿갓 모자를 얹은 것 같은 거대한 암석 기둥으로 살아남아 있다.

카파도키아 지역에 산재한 돌기둥들은 대부분 원뿔형 돌기둥에 삿갓을 씌운 형태지만 이곳은 여러 개의 돌기둥이 서로 머리와 가슴을 맞대고 다정하게 군락을 이루고 있어 더욱 신비로운 경관을 연출했다. 평평한 지형에 수십 미터의 거대한 암벽 돌기둥들이 넓은 계곡에 촘촘하게 들어서 있고 그 암벽 꼭대기에 몸체와는 지층이 완전히 다른 거대한 버섯바위 돌기둥들이 하늘로 머리를 치켜들고 있다고 생각해보라! 눈으로 보지 않고는 그 기묘한 형상을 상상이나 할 수 있을까.

파샤 바괴라리와 아스크 바디시가 호기심을 불러일으키는 것은 매우 특이하고 높은 돌기둥을 가진 지역의 중심에 있기 때문이다. 아스크 바디시는 아브실라 타운 북쪽의 4㎞의 긴 계곡이며 대지위의 많은 돌기둥과 새들의 노래 소리로 충만하기에 사랑의 계곡(Love Valley)이라 부른다. 파샤는 요정의 계곡 같은 곳에 위치하여 포도밭을 가지고 있기 때문에 일명 '파샤 포도원(Pasha's Vineyards)'이라고도 부른다.

파샤 바괴라리에서 분지 안에 우뚝 솟은 세 개의 송이버섯 모양의 돌기둥이 깎아지른 듯 한 거대한 암벽 위에 다정하게 머리를 맞대고 있는 모습은 저녁노을 속에 너무나 다정하고 환상적이다. 이 암벽 바위에는 2개의 방이 있는데 그 중 하나는 5세기 경 성 시몬 수도사가 은거하던 방으로 교회 안에는 칼로 훼손된 프레스코벽화가 희미하게 남아있다. 교회 안에서 밖을 내다보면 거대한 군락을 지어 늘어선 버섯 바위들과 평화로운 마을 전경들이 붉은 노을 속에 서서히 함몰되고 있다.

노을이 어둠 속으로 잦아들면서 빚어내는 운치로 인해 세쌍둥이 버섯골은 장엄하고 가슴이 터질 것 같은 아름다운 장관을 연출하고 있다. 회백색 바위언덕에 올라 버섯골이 석양에 지는 장면을 바라보면 외계의 별에 처음 도착하여 미지의 세계를 바라보는 그런 황홀감을 느끼게 한다. 금강산 만물상의 화려함에 눈시울을 적셨다면 파샤 바파라리의 돌기둥들은 외계의 신비로운 세계를 연출하는 것 같아 심장이 멎을 것 같다.

　저녁 7시 반경에 하산하여 숙소로 돌아왔다. 식사 후 테라스에 앉아 불빛 속에 잠긴 산언덕을 바라보았다. 바위와 촌락들이 웅크리고 앉아 그로테스크한 분위기를 느끼게 한다. 밤 9시경에 한국인 한 팀이 도착했다. 숙소는 여러 명이 함께 묵을 수 있는 다인방을 얻었다. 바위 속을 깎아 만든 방은 생각보다 편안하고 아늑했다. 추운 겨울이나 무더운 여름에는 오히려 이곳이 더 따뜻하고 더 서늘하다. 바위 자체가 기둥이며 몸체이고 집인 것이다.

　일행 중 어제 오후 이스탄불 갈라타타워에서 잠시 만나 인사를 나누며 시간이 있으면 차 한 잔 나누자던 노형 부부를 이곳에서 다시 만나게 되었다. 카파도키아행 버스를 예매해 놓아 시간을 갖지 못했지만 노형 가족이 하루 늦게 출발하여 같은 팬션에서 묵게 되었으니 인연이 매우 깊은 사람들이다. 젊은 날부터 혼자 여행 다니기를 좋아했다. 혼자 다니는 여행은 동행자의 동의 없이 자유로운 행선지를 선택 할 수 있는 장점이 있기 때문이다.

　인생은 무수한 사람과 생명체를 만나고 헤어지는 인연의 덩어리다. 70억 인구 중에 눈길 한 번 마주칠 수 있는 확률이란 존재할 수 있는 수리적인 개념일까? 아니면 수십 수백 생의 인연이 쌓여 만드는 절대

필연이 아니면 우연일까? 여행을 하면서 만나는 이런 인연의 소중함에 대한 느낌은 이 세상엔 진정으로 미워하고 증오해야할 대상이 존재하지 않는다는 것을 깨닫게 한다. 노형부부를 이곳에서 다시 만나는 것은 생과 생을 이어주는 인연이 없었다면 어찌 낯선 땅에서 낯선 이와 곡차와 별빛을 안주삼아 자정이 지나도록 여행과 인생을 논할 수 있을까.

은자들의 성지 괴뢰메 야외박물관

●●● 아침 9시 45분 괴뢰메 야외박물관을 향했다. 박물관 주변 일대는 30여개의 교회들이 암벽동굴에 산재해 있다. 두 번째로 좁은 암벽 통로를 따라 들어가면 암벽으로 둘러싸인 천혜의 요새 같은 계곡이 나온다. 암벽산 중턱에는 사다리나 밧줄이 없다면 오를 수 없는 여러 개의 동굴이 뚫려있다. 이곳은 인간 세계와 격리된 은자들의 고향 같다. 십자가에 못 박힌 예수의 모습이나 아기천사의 그림들이 잘 보존될 수 있었던 것은 찾기 어려운 동굴 입구나 험준한 주변 환경 때문인 것 같다.

세 번째로 방문한 곳은 11세기에 건축된 5~6평 정도의 성 바르바라 채플동굴이다. 교회가 비록 암벽을 깎아 만들었지만 내부 장식으로는 프레스코화를 이용함으로써 돌로 건축된 구조물 같은 영감을 받을 수 있게 만들었다. 네 번째 방문지는 입구 북쪽에 있는 비퍼레드교회 일명 성 온뉴프리우스 교회와 암흑교회이다. 북쪽 편에 위치한 암흑교회는 13세기에 건축된 가장 아름다운 교회 가운데 하나다. 생동감 있는

그림이 빛바래지 않은 이유는 외부로부터 많은 햇빛을 차단할 수 있었기 때문이다. 이곳은 집단 동굴거주지며 교회밀집 지역이다. 비록 높은 암벽 중턱에 지어졌다고는 하나 벽화의 대부분은 많이 훼손되었다.

야외박물관에서 조금 걸어내려 오면 근처에 아스말이란 식당과 기념품가게가 늘어 서 있다. 12시에 답사를 끝내고 야외식당에서 치킨 도우넛를 시켰다. 긴 빵 한가운데 배를 가르고 야채와 닭고기를 넣어 종이로 둘둘 말아 가져왔다. 값도 싸고 간편하게 먹을 수 있어 좋았다.

식사 후 공원입구 50미터 쯤 오른쪽으로 꺾어 산언덕을 오르면 산기슭에 수천 개의 거대한 창끝을 겹겹이 쌓아 놓은 것 같은 계곡이 나타난다. 이곳부터는 인적이 끊기고 정적에 싸인다. 야외박물관에 들렸다가 이곳을 방문하는 사람은 거의 없기 때문이다. 텅 빈 계곡의 분지 안

을 혼자 걷는 기분은 말로 표현하기 힘든 기묘한 분위기에 사로잡힌
다. 살을 뚫을 듯 한 햇살과 절대 고독의 정적이 어깨를 짓누른다. 대
부분의 사람들은 괴뢰메마을에 도착하면 일일투어에 함께 참여하여
야외박물관을 둘러보고 되돌아가지만 정말로 아름다운 진경산수는
패키지 투어코스에는 포함되어 있지 않았다. 혼자 보기에는 너무나 아
쉬운 절경들이 인적이 끊긴 계곡 곳곳에서 숨죽이며 탐방객들을 기다
리고 있다.

헤아릴 수 없이 많은 눈부신 흰 검 끝을 산정으로 향해 곧추세운 검
의 계곡(Sword Valley)을 지나면 붉은 계곡(Red Valley)이 전개된다. 창
끝으로 언덕에 기대는 것 같은 흰 바위들이 계곡을 에워싸고 그 위쪽
으로는 붉은 색조를 띤 자주 빛 칼날 바위와 수백 만 층의 시루떡을 층
층이 쌓아놓은 것 같은 암벽 절리들이 거대한 성벽처럼 앞을 가로 막
고 있다. 5부 능선과 8부 능선 사이의 붉은 암벽 층의 절리는 흰 암벽
바위와 어울려 환상적인 분위기를 연출하고 있다.

에덴의 동쪽 로즈밸리(Rose valley)

●●● 검의 계곡과 붉은 계곡 방향에서 도로로 나오는 길이 여러 갈래가 있어 30여분 주변을 방황했다. 뙤약볕에 5시간을 걸었더니 갈증이 났다. 겨우 입구를 찾아 우치사르로 가는 버스를 탈 수 있었다. 버스에서 내려 계곡 입구의 산정에 섰다. 계곡 허리의 작은 샛길을 끼고 걸었다. 햇볕이 쏟아지자 암벽들은 베일에 싸인 나신을 조금씩 드러냈다.

오후 4시경 고대의 성벽들이 무너져 형성된 것 같은 환상적인 분위기를 연출하는 암벽군락을 만났다. 숨죽이며 계곡이 연출한 광경에 전율을 느꼈다. 그리스 로마신전에서 봄직한 수천 개의 기둥들이 기묘한 형상으로 계곡을 떠받치고 있는 것 같다. 밧줄이나 사다리의 도움이 없이는 결코 오를 수 없는 높은 암벽 바위에도 사람이 살았던 동굴이 여러 개 남아있다.

덤불과 가시넝쿨이 앞길을 막는다. 한사람 걷기에 빠듯한 사이 길을 통해 계곡의 은밀한 처녀림을 밟고 지나가는 기분은 환상적이다. 여인

로즈(Rose) 계곡

의 무릎을 포갠 것 같은 미끈한 각선미를 드러낸 수천 개의 암벽들이 실오라기 하나 걸치지 않은 채 나그네를 기다리는 모습을 보면 숨이 멎을 것 같다. 차라리 로즈벨리가 이대로 인적이 끊긴 채로 영원히 남아 있기를 기도해 보았다. 잊혀 진 이브의 동산처럼 기억의 먼 저편 상상 속에나 남겨 놓고 싶은 계곡이다.

1시간 40분쯤 걸으니 과수원이 나타나고 작은 연못이 보인다. 오후 5시경 성 같은 형상의 멋진 쌍둥이 바위와 주변을 둘러싼 우아한 삼각 바위, 유방처럼 부드러운 곡선 바위가 어우러져 평화로우면서도 괴기스럽고 기품이 넘치면서도 환타스틱한 분위기를 풍기고 있다.

인간은 누구나가 무릉도원이나 에덴동산 같은 낙원을 꿈꾼다. 그 낙원이 종교적인 이상향이던지 아니면 현실세계에 옮겨놓은 또 다른 형

2부

태의 세상을 창조하는 것이든 가슴 한 켠에 자기만의 세계를 꿈꾸게 된다. 고단했던 지난 시간들이 슬픈 추억을 담아 피안의 언덕처럼 아름답게 저 멀리서 다가올 때면 가슴 에이는 기쁨의 눈물이 솟구치곤 한다. 자신이 쌓았던 모든 것이 한 순간에 산산 조각이 나고 한 가닥 남은 자존심마저 회복하기 어려운 상처를 받았을 때 좌절과 절망의 늪에 빠지게 된다.

오색약수터 위쪽에 위치한 망월사의 두 평 남직한 산사의 골방에서 귀에 눈물이 가득 차도록 밤새도록 울어보았다. 그 눈물은 지나간 시간에 대한 회한과 자신의 운명에 대한 한없는 슬픔 때문이었지만 나는 그 다음날부터 새로운 시작을 준비했다. 자신을 추스르지 못한다면 그곳이 바로 지옥이고 나락이 된다는 것을 알았기 때문이다. 내 밑바닥에 있는 눈물을 다 흘리고 나서야 주변의 모든 일들을 용서할 수 있었다.

다음 날부터 나는 우선 다시 일어서야 한다는 각오로 달리기를 시작했다. 양양군 오색온천 지대의 굽은 산언덕의 새벽 공기를 가르며 달리고 또 달렸다. 온 몸에 땀이 베이면 계곡의 선녀탕에 가서 그 투명하고 차가운 물길에 몸을 맡기고 홀로 계곡의 맑은 공기와 풍광을 즐기기 시작했다. 온 몸에 느껴지는 차가운 전율과 내장마저 씻어낼 것 같은 맑은 잔물결과 투명한 아침 햇살로 나는 세상에서 가장 풍요로운 아침을 맞이하는 즐거움을 누리게 되었다. 나는 근 6개월가량 새벽마다 선녀탕에 몸을 맡기고 시시각각 천의 얼굴로 변하는 아름다운 오색 계곡을 가슴에 담을 수 있었다. 한 세월 돌이켜보면 그 시절 그곳이야말로 로즈벨리와 같은 나의 무릉도원이고 에덴동산이었다.

33시간 아테네 행 버스여행

●●● 저녁 식사 후 이틀 동안의 식사와 방값을 계산해 보니 생각보다 매우 저렴했다. 친절한 서비스에 비해 저렴한 물가와 아름다운 경관으로 상큼한 추억을 간직할 수 있는 카파도키아는 평생 잊지 못할 것 같다. 짐을 꾸린 후 이스탄불 행 버스에 올랐다. 하루 종일 걷다 차에 앉으니 편안했다.

금강산과 설악산의 단단한 화강암 바위가 수천만 년의 풍화침식 작용으로 수많은 절리와 화려한 형상의 암석 군락으로 살아남아 천상의 꽃밭을 이루었다면, 카파도키아는 용암 퇴적층의 풍화침식 작용으로 약한 지층이 계곡으로 씻겨나가는 과정에서 생긴 경관이다. 그 중 일부 단단한 지층은 살아남아 거대한 남근석이나 송이버섯, 삿갓바위, 굴뚝모양의 특이한 경관을 형성하여 신비하고 환상적인 풍경을 만들었다.

중국 장가계는 하천의 물이 오랜 시간 흐르면서 계곡을 형성하고 풍화침식 작용으로 살아남은 거대한 돌기둥들이 웅장한 모습으로 하늘을 떠받치고 있다. 날카롭고 거친 암벽 기둥들이 장쾌한 분위기를 연출하여 설악산의 일부분을 많이 닮은 느낌을 주는 것이 특징이다. 쿤밍의 석림은 칼날모양의 수십 미터의 검은 돌기둥이 하늘을 찌를 듯이 군집해 있는데 사람들이 그 사이로 유람할 수 있어 친근감을 준다. 그러나 어느 지역의 경관이 더 낫고 우월하다는 평가는 의미가 없을지 모른다. 모든 경관은 나름대로의 특징과 장점을 가지고 있기 때문이다. 금강산의 비로봉이나 설악산 공룡능선은 자연이 빚은 화려함의 극치라면 카파도키아의 로즈밸리는 세상 밖의 별세계에서 빚어낸 신비로움의 극치다. 카파도키아는 한국이나 중국 산수에서 느낄 수 없는 환상적이고 색다른 신비감을 간직하고 있다.

아침 7시 잠에서 깨니 바다와 항구가 시야에 들어왔다. 버스는 아시아와 유럽을 넘어가는 길목인 보스포러스대교를 지나고 있다. 해안가의 아름다운 별장과 주택들, 저 멀리 성벽으로 둘러싸인 고성의 늠름한 자태와 그림 같은 해변의 숲과 건물들이 눈부신 햇살에 기지개를 켜고 있다.

오전 8시 20분 도심 근처에 있는 대형 버스터미널에 내려 아침 식사를 하고 아테네 행 버스표를 구입했다. 차에 올랐는데 함께 짐을 맡겼던 오스트리아 출신 아텐 다니엘이 짐을 찾아와야 한다고 알려주어 깜짝 놀랐다. 승차장 앞 화물 위탁소에서 짐을 맡기고 물표까지 받았기 때문에 당연히 차에 짐을 실어주는 줄 알았다. 카파도키아에서 함께 차를 타고 왔던 다니엘도 짐 때문에 문의하러 갔다가 그 사실을 알고 내게 알려주었다. 답사 일정을 다시 조정해야 할 최악의 상황이 발생

할 뻔 했다.

차창가에 해바라기 밭이 가득 밀려왔다. 오전 11시 10분 말마라해협이 나타났다. 그리스와 터키 사이에 있는 에게해로부터 300㎞ 떨어진 곳이다. 오후 2시경 국경근처에서 1시간 정도 대기하다 그리스 국경을 통과했다. 잠에서 깨어보니 작은 시골마을을 가득 메운 황금빛 옥수수 물결이 눈부셨다.

높은 산언덕 너머로 해와 달이 함께 떠 있는 장면은 생애 처음 보는 광경이다. 옆에 앉은 다니엘에게 창밖을 보라고 손짓했다. 행운의 여신께서 축복 해주는 것 같다. 에게해와 백사장이 언뜻언뜻 보이다 사라진다. 마치 아름다운 동해안을 여행하는 기분이다. 몇 척의 배가 석양을 탐닉하고 있다. 뒷 자석에 앉은 눈이 큰 소냐 아가씨가 지명에 대해 많이 가르쳐 주었다. 어둠이 노을진 숲과 수목들 사이로 스며들자 도시의 불빛이 넓게 퍼진 데샤로우키에서 소냐는 손을 흔들며 어디론가 사라졌다.

새벽 5시 20분 아테네버스터미널에 도착했다. 처음으로 버스를 타고 이틀 밤을 보냈다. 중국의 우루무치에서 카자흐스탄 알마티까지 철도로, 카파도키아에서 아테네까지 총 33시간 버스로, 각각 철도와 버스를 타고 이동한 가장 긴 여행시간이 되었다. 다니엘과 버스를 타고 오모니아 광장으로 향했다. 광장 부근에 내려 한동안 수소문한 끝에 국립극장 부근에 있는 애나벨유스텔을 찾았다.

아테네의 심장 신타그마와 오모니아광장

●●●오전 10시 30분경 잠에서 깨었다. 다니엘과 각자 편하게 아테네를 구경하기로 했다. 오모니아광장을 찾았다. 신타그마광장이 아테네의 현관이라면 오모니아는 아테네의 통용문이라 할 수 있다. 화려하지는 않지만 활기가 넘치는 거리다. 이곳에서 제일 먼저 구입한 것은 시가지 관광안내 지도다.

12시경 신타그마광장에 도착했다. 아테네는 생각보다 그리 큰 도시는 아니다. 파르테논신전을 중심으로 지도를 보면서 찾아가면 중요한 유적지를 걸어서 볼 수 있는 거리다. 무명용사의 비 바로 뒤에 국회의사당이 있다. 초대 그리스 국왕인 오토의 왕궁은 건축가 칼토너의 설계로 1842년에 완성되었고 1931년에 개조되어 국회의사당으로 사용되고 있다.

1834년 이곳에서 최초로 헌법이 선포되었기 때문에 헌법광장 즉 신타그마 광장으로 불리고 있다. 국회의사당은 고풍스럽고 아담한 인상을 준다. 신타그마광장이 아테네의 중심지로 여행자의 출발지로 알려지게 된 것은 아테네에서 그리스 각지까지의 거리는 모두 이 광장을 중심으로 측량되었기 때문이다.

그리스 병사

고대 올림픽의 발상지 아테네

●●● 기원전 331년에 판 아테네 대축제장으로 지어진 것이 시초이다. 그 당시는 관객석이 없었고 참관하는 사람들은 모두 제방 경사면에 서서 구경을 했다. 그리스신화는 바로 크로노스언덕에서 제우스가 자신의 아버지인 크로노스와 레슬링을 해서 이긴 것을 기념하여 최초로 이곳에서 신들의 올림픽을 창설했다고 전해지고 있다.

이 최초의 올림픽에서 태양의 신 아폴론은 권투에서 전쟁과 폭력의 신 아레스를 꺾고 우승했고 헤르메스는 전령의 신답게 달리기에서 우승했다. 이처럼 고대 그리스인들은 자신들의 모든 행위는 태초의 신들이나 영웅들이 행한 본보기를 다시 살리는 것이라고 믿었다.

기원전 1250년께 트로이 전쟁에서 승리한 그리스인들은 동부지중해를 공격하는 새로운 해양세력의 등장으로 국제 통상로가 위협을 받았고 다른 지역과의 교역도 어려움에 처하게 되었다. 주석 공급이 끊어지면서 청동기 문화가 황폐화 되었고 북쪽에서 남하하는 철기문명을 가진 도리아족의 침입으로 문명과 질서가 사라지는 암흑시대가 시작되었다.

그리스 각 도시국가들은 좀 더 유리한 조건을 얻기 위해 끝없는 전쟁상태가 계속되었다. 300년 동안 지속된 혼란 상태에서 벗어나기 위해 기원전 884년 도시국가 엘리스의 왕 이피토스는 델포이 신전에 가서 끊임없는 전쟁상태에서 잠시라도 벗어날 수 있는 방법에 대해 물었다. 신탁을 한 결과 이피토스 왕과 엘리스시민들은 신들을 위한 올림픽 경기를 인간세계에서 부활해야 한다는 답변을 들었다.

이 신탁에 따라 이피토스 왕은 스파르타의 현자인 뤼쿠르고스와 이웃 도시 국가 왕인 클레스테니스와 신성평화협정을 맺게 되었다. 그리고 이 협정이 새겨진 청동원판을 올림피아의 헤라신전 안에 정중하게 모셨다.

그리스 남서부에서 열린 고대 올림픽은 기원전 776년부터 로마시대인 기원 후 393년까지 무려 1200년 동안 지속되었다. 올림픽 준비는 1년 전부터 시작했다. 선수들은 올림픽이 열리기 한 달 전에 엘리스에 도착해 올림픽 심판들의 건전한 육체와 정신에 대한 엄격한 심사를 거쳤다. 12세 이상의 시민이라면 누구나 참가할 수 있는 자격이 있었다. 참가 자격도 국가나 도시를 대표하는 것이 아니라 철저히 개인 자격으로 자신의 역량을 겨루는 것이다. 따라서 고대 올림픽은 단체경기가 필요하지 않았고 달리기와 권투, 레슬링, 원반던지기와 같은 개인 종목을 겨루었다.

고대 올림픽은 승패의 중요성이 아니라 최선을 다해 연마한 기량을 정정 당당하게 겨루어 제우스신을 기쁘게 하는 것이 목적이었다. 승자가 받는 보상은 야생 올리브관 하나였다. 우승자는 조국에 영광을 안겨주었지만 오늘날처럼 국력을 상징하는 것도 아니었으며 단지 개인의 영광이었다. 올림픽이 열리는 기간에는 전쟁행위나 사형집행이나 고문 같은 폭력을 행사할 수 없으며 엘리스와 올림피아는 신성불가침의 땅으로 어느 누구도 무장한 체 들어갈 수 없었다.

또한 올림픽에 참가하기 위해 여행하는 모든 사람들을 보호하고 편의를 보아 주어야 했다. 평화협정 기간은 처음에는 한 달이었으나 먼 지방에서 온 선수들의 안전한 귀향을 위해 나중에는 3달까지 연장되었다. 이 협정을 위반하는 나라는 무거운 벌금과 함께 그 도시의 시민들은 올림픽의 참가와 경기관람도 금지되었다. 만약 어떤 국가가 벌금을 물지 않으면 델포이신전은 그 국가에 대해 신탁을 거절하는 무거운 처벌을 내렸다.

고대 올림픽의 특이한 사항 중에 하나가 여성들은 종교적 전통에 따라 경기에 참여하거나 참관조차 할 수 없었다. 그러나 토착신 데메테르 카미네를 모시는 여사제가 참관해야만 올림픽 경기가 정식으로 인정받을 수 있어 예외적으로 참관할 수 있었다. 그 당시 올림픽에 참가했던 선수들의 그림이나 벽화를 보면 모든 남성들이 벌거벗고 출전했다. 고대 올림픽 뿐만 아니라 평소에 운동을 할 때도 옷을 벗었다. 전쟁하는 모습에서도 알몸으로 싸우는 장면을 그림으로 볼 수 있다.

우리의 생각으로는 납득하기 어렵지만 고대 올림픽은 제우스신에게 바치는 스포츠 제전이기 때문에 신 앞에 벌거벗은 몸매를 드러내는 것은 수치가 아니라 오히려 깊은 경건함을 보여주는 행위였다. 남자들이 실오라기 하나 걸치지 않고 벌이는 경기에 여성의 입장은 금지될 수밖에 없었다. 2004년에 개최된 그리스 아테네올림픽은 근대올림픽 원년인 1896년 제1회 대회가 아테네에서 열린 지 108년 만에 다시 올림픽의 발상지에서 개최되었다는 점에서 더욱 뜻 깊다.

눈부신 에게 해의 햇살을 받으며 알몸으로 경기장 안에서 달리고 던지고 치고 뒹구는 고대 그리스 젊은이들의 역동적인 모습을 상상하니 그들의 힘찬 함성조차 들리는 듯하다.

🇬🇷 그리스아테네와 에게해
그리스신화가 숨 쉬는 신들의 오름과 유일신문화

●●● 서구문명의 모태이며 신화의 중심지인 성벽 언덕 위 파르테논신전을 보니 감회가 새로웠다. 올림픽스타디움에서 나와 올림피에온에 도착했다. 이곳은 아드리아스문 바로 뒤에 있는 제우스신의 성역에 있는 신전 터를 말한다. 매표소에서 6개 코스의 입장권을 모두 구입했다. 넓은 광장에 거대한 돌기둥들이 대리석 잔해를 받치고 있다.

제우스는 고대 그리스 신 중에 가장 강력하고 전지전능한 신으로 알려져 있으나 신과 인간을 사랑하고 신성과 인성을 함께 가진 신이다. 그리스인들은 고대 문명의 발상지인 이집트의 다신교의 영향을 받아 그들과 비슷한 개념의 신들을 창조했다. 어떤 신들은 이집트의 신들 가운데 이름 만 바뀐 것도 있다. 신도 인간처럼 사랑하고 질투하며 자손을 낳고 살아가는 친근한 벗이자 정신적인 지배자였다. 그런 연유로 인간은 신의 모습 속에 자신의 모습을 조각하고 자신들의 감정과 이야기를 꾸며 신화의 세계를 창조했다. 반면에 유일신 사상은 서아시아

지역인 중동의 사막지대에서 태동하여 지금은 세계 전역에 가장 강력한 영향을 미치고 있다.

유일신 사상이 왜 중동지역에 출현하여 세계화 시킬 수 있었을까 하는 의문점이 많았었다. 황량하고 불모지인 사막지역을 여행하면서 나름대로 그것을 피부로 느낄 수 있었다. 자연이 아름다운 우리의 경우 약초와 땔감 같은 인간이 살아가는데 필수불가결한 의식주의 일부를 공급해주는 산을 지배하는 산신령을 숭배하며 감사의 기도를 올렸다. 산과 바다, 태양, 땅, 조상을 비롯한 힘센 동물들을 숭배하는 것은 고대인들에게는 자연스러운 현상이다. 주변 환경이 물산이 풍부한 지역에 사는 사람들은 그들의 삶을 풍요롭게 하는 각종 대상들에게 인간은 감사와 존경과 숭배하는 마음이 생겼을 것이다. 상대적으로 헐벗고 황량한 사막, 풀 한포기 없는 민둥산이나 암벽 산같이 가혹한 환경을 안식처로 삶을 살아야하는 사람들에게는 생명보존을 위해 전지전능한 그 어떤 대상을 갈망하고 추구하게 되었을 것이다.

암벽산길에서 한 치의 오차가 사늘한 시체로 변할 수 있고, 모래폭풍으로 지형이 변하여 사막에서 뼈를 묻어야 한다면 인간은 정녕 무엇에 마음을 의지할 수 있었을까. 사막지역을 답사하면서 유일신 사상인 헤브라이즘과 이슬람주의를 실감할 수 있었다. 유일 절대의 신을 숭상할 만큼 자연적인 요건이 다른 지역보다 열악하다.

같은 아브라함을 공동조상으로 모시고 사라의 몸에서 태어난 이삭에서 예수까지 이어지는 기독교와 하갈에서 태어난 이스마엘에서 마호메트로 이어지는 이슬람교는 뿌리가 같은 형제의 종교다. 그러나 오늘날 인간에게 평화와 안정을 주어야 할 유일신 개념의 종교이념은

오히려 가장 고통스러운 테러와 갈등을 야기하고 불안을 조성하는 진원지가 되고 있다.

그리스 로마신들이 신화와 예술작품으로 살아남아 사랑을 받고 있는 것도 절대신성을 생명으로 삼는 유일신에 비해 신성과 더불어 인간처럼 희. 노. 애. 락을 느끼는 인간미를 가진 인성이 존재하기 때문이다. 우상숭배를 배척한다는 명목으로 인류의 소중한 문화유적들을 파괴하고 종교적 신념이 다르다는 이유로 헤아릴 수 없는 귀중한 생명이 형장의 이슬로 사라졌다. 종교전쟁으로 인한 파괴와 죽음이 2차 세계대전으로 죽은 사람보다 더 많다는 사실도 외면할 수 없는 역사의 상흔이다.

다양한 문화는 모두가 자신들의 기후풍토에 가장 적합한 풍습에서 성장 발전해 왔다. 가장 아쉬운 점은 쿠란의 우상숭배 배척 때문에 인간이 문화예술의 대상이 될 수 없다는 거다. 수천 년 전의 시대상황에 맞게 탄생한 교리의 내용을 초문명의 시대인 21세기인 오늘날 단 한 자도 고칠 수 없이, 맹목적으로 신봉할 때 그 부작용을 고려해 보아야 할 것이다. 그 당시의 과학기술문명 수준으로는 한정된 영역을 벗어나 다른 세계와 소통이 불가능했고 따라서 세계 여러 나라의 다양한 생각이나 문명을 알 수 없었다. 그러므로 한정된 지역에서 자신들의 생활에 맞는 풍습과 문화적 신념체계를 가질 수밖에 없었다.

21세기는 인간이 생명복제와 같은 신의 영역에 버금가는 과학기술문명을 갖게 되었다. 이제 우리의 종교문화도 새롭게 조명하고 검증하여 인류의 보편적 가치의 증진과 함께 공존 공영할 수 있는 방향으로 나아가야 하지 않을까.

아크로폴리스와 파르테논신전

●●● 아크로폴리스광장이 소크라테스와 플라톤이 그리스 지식인들과 젊은이들을 상대로 토론과 사색을 했던 공간이라 생각하니 감회가 새로웠다. 지중해를 제패한 아테네가 국력을 기울여 지은 그리스문명 최고의 유적 아크로폴리스가 거대한 암벽 산위에 미케네식 성채로 둘러싸여 있다. 이곳에는 파르테논신전을 비롯하여 많은 신전들이 있었으나 지금은 네 개의 성채만 남아 있다.

아크로폴리스는 '높은 언덕 위의 도시'라는 뜻이다. 아크로폴리스는 고대 그리스에서 도시마다 제일 높은 곳에 지은 신전으로 아테네여신을 위한 파르테논신전이 제일 유명해서, 아크로폴리스 하면 이곳을 일컫는 것으로 받아들이게 되었다. 고대에는 신전이 세워진 성역이었으며 도시국가 방위의 요새로서 역할을 했던 곳이다.

그리스가 페르시아와의 전쟁에서 승리한 후 아테네는 델로스동맹의 지도국으로서 페리클레스(?~BC 429)의 지도 아래 문화예술의 황금

기를 맞이하게 된다. 기원전 480년 페르시아인에 의해 파괴된 후 다시
복원된 아테네의 아크로폴리스가 바로 대표적인 예이다. 성벽 위 파르
테논신전이 늠름하게 햇살을 받고 있다. 아크로폴리스광장 앞은 야트
막한 언덕 산으로 둘러 싸여 있다. 언덕을 오르다 보면 오른쪽에 아레
오파고스언덕이라 부르는 십자가가 서 있는 작은 바위산을 만나게 된
다. 사도 바울이 아고라에 온 시민들에게 설교를 했던 장소로 기념동
판이 새겨져 있다.

  문명의 역사를 구동시키는 사상가들이 동서양에서 동시에 출현했
다. "너 자신을 알라" 는 소크라테스의 일갈一喝이 아크로폴리스 광
장을 천둥처럼 울리는 것 같다. 개체의식이 뚜렷해지기 시작한 문명사
적 전환의 시기인 2천5백 년 전 그리스에서는 소크라테스, 인도에서는
고타마 붓다. 마하비라, 중국에서는 노자, 장자, 공자가 있었다. 여섯
명의 각자覺者가 동시대에 출현한 것은 세계사의 엄청난 우연이자 매

우 희귀한 일이다. 이때부터 인류사에는 문명의 기축시대가 열리게 되었다. 그들의 언어는 달랐지만 영원한 진리와 깨달음을 추구한다는 점에서는 똑 같다. 깨달음은 시공을 초월한다. 그러므로 모든 각자들은 동시대인이다.

"악법도 법이다"는 그의 항변은 시대를 초월하여 우리들의 마음에 메아리쳐 온다. 소크라테스는 아테네의 학식 있는 사람들의 어리석음과 위선을 깨우쳐주려 노력했으나 오히려 그들의 분노와 모함으로 독살을 당하고 만다. 어쩌면 그의 유일한 죄는 진리와 진리를 찾는 방법을 사람들에게 가르치려고 한 것뿐이다.

"소크라테스는 젊은 날에 자신이 많은 것을 알고 있다고 생각했고 나이가 들어가면서 모든 걸 알고 있다고 생각하기 시작했다. 그러나 더 성숙해지자 의식이 깨이면서 갑자기 자신이 아무것도 모른다는 것을 깨닫게 되었다"고 최후의 날에 말했다.

그러나 델피의 신탁은 소크라테스야말로 세계에서 제일 현자라고 말했다. 소크라테스의 지인이 그에게 달려가서 "신탁에 의하면 당신이 세상에서 제일 현자"라고 알려주었다네. 소크라테스는 "신탁이 처음으로 빗나갔구만. 나는 아무것도 모른다네"라고 대답했다. 대단히 당혹한 사람들은 델피로 되돌아와 소크라테스의 말을 전했다. "델피 신탁의 말씀은 소크라테스가 최고의 현자라고 말했지만, 자신은 아무 것도 모른다고 합니다. 어찌된 일입니까?" 신탁이 대답했다. "바로 그 때문에 소크라테스를 세계 제일의 현자라고 말하는 것이다."

플라톤의 파이돈 편을 보면 한 달의 감옥살이가 끝나고 독약을 마시기로 되어 있는 날 소크라테스는 자기를 찾아와 슬퍼하는 이들을 오히려 격려하고 위로를 하였다. "아스클레피오스에게 닭 한 마리 빚진 게 있네. 소홀히 여기지 말고 꼭 갚아 주게나." 이렇게 마지막 말을 남긴 후 최후를 맞이했다.

소크라테스는 '나는 아무 것도 모른다는 사실은 안다' 는 깨달음을 가진 철학자다. 소크라테스는 어떤 대상의 본질(진리)을 이해하려면 대화를 통해 자기의 무지를 깨달아야 한다고 생각했다. 그래서 소크라테스는 스스로 무엇을 모르는지 알 때까지 밀어 붙이는 대화법을 통해 사람들에게 깨달음을 주려고 노력했다. 하지만 이것을 못마땅하게 여긴 사람들의 반감을 사서 고발당하게 되고 결국 감옥에서 독배를 마시며 임종을 맞이했다.

선지자가 자기 땅에서 박해받고 추방당하는 일은 흔히 일어나는 일이다. 예수는 지구상에 가장 위대한 유태인이었으나 유태인에 의해 십자가에 못 박혔다. 예수는 유태의식의 최고 절정이며 가장 아름답게 발현한 인물이었다. 그러나 예수를 존경하고 선지자로 받드는 대신에 그들의 전통과 의식에 부합하지 않는 용서할 수 없는 존재로 예수를 처형하였다. 예수는 동시대의 유태인들이 수용하기에는 너무나 뛰어났으며, 지역적 범주를 넘어 인류에 대한 영원한 사랑과 믿음으로 이 세상 모든 이들을 구원하고자 하였던 것이 그들에게는 용서할 수 없는 죄였던 것이다. 그러나 예수를 십자가에 매달았던 유태인의 후예들은 기나긴 세월동안 기독교세계에서 그들의 신앙의 대상이자 신의 아들인 예수를 죽인 용서할 수 없는 죄인으로 악마에 버금가는 취급을 당하며 고난의 세월을 견디어 내야했다.

예수 이전에 붓다에게도 똑 같은 일이 일어났다. 붓다는 우파니사드에서 말한 것을 현실로 구체화 시킨 힌두교의 정수이자 가장 위대한 힌두교인이었다. 당시 인도의 브라마니즘을 배격하고 만민평등 사상에 입각한 혁신적인 붓다의 생각은 수많은 신들과 고행을 존중하는 인도사회에서 사회성을 잃고 쇠퇴의 길을 걸었다. 모든 신들을 넘어선 궁극적인 상태가 깨달음이다. 붓다는 신들 위에 있다. 이것이 힌두교들이 붓다를 용서할 수 없었던 이유 중에 하나였다. 그들은 붓다가 신보다 위에 있다고 말했기 때문이다.

신들은 자면서 아름다운 꿈을 꾼다. 그러나 붓다는 깨어있다. 그는 더 이상 꿈꾸지 않는다. 불교경전에 의하면 싯타르타가 깨달은 날 하늘에서 신들이 내려와 그를 경배하고 발을 씻겼다고 한다. 힌두교들은 이런 사상을 용서할 수 없었다. 그들에게 있어서 하늘의 신들은 지고의 위치에 있었기 때문이다. 불교는 인간을 최고의 정상으로 끌어올렸다. 불교에 의해 인간은 존재계의 중심이 되었다. 붓다에 의하면 존재계의 중심은 신이 아니라 깨달은 인간이다.

붓다의 죽음과 더불어 인도의 전통적인 마음들은 붓다가 뿌린 생각과 깨달음의 세계를 뿌리 채 뽑기 시작했다. 인도의 가장 위대한 정신은 이곳에 머무를 집이 없었다. 반면에 붓다를 인도를 대표하는 비슈누신의 아홉 번째 화신으로 옷을 갈아입혀 불교는 인도에서 흔적도 없이 사라지게 만들었다. 인도인들은 붓다를 잊었지만 붓다의 사상과 가르침을 접한 아시아 전 지역에서 많은 사랑과 존경을 받았다.

인도인들은 너무 아는 것이 많아 가슴보다는 머리에 치우쳐서 깨달은 스승들은 제자들을 찾아 다른 나라로 떠나는 일이 흔히 일어났다. 중국에 선禪사상을 전한 보리 달마도 인도에서 마땅한 토양을 찾지 못해 씨 뿌릴 알맞은 토양을 찾아 동쪽으로 떠나야 했던 것이다.

인류 최고의 건축문화유산 파르테논신전

●●● 매표소에서 아크로폴리스로 들어가면 곧 바로 통과하는 문이 뵐 레문이다. 파르테논언덕은 아테네 도심 정 중앙에 해발 150m의 평평 하고 거대한 암벽 동산으로 솟아있어 신성한 분위기를 느끼게 한다. 프로필레아를 향해 오른 쪽으로 시선을 돌리면 아름다운 아테네의 니 케신전이 보인다. 기원전 424년에 완성된 이 신전은 일명 '날개 없는 승리의 여신' 신전이다. 우리에게는 운동화 상표인 '나이키'로 더 잘 알려져 있다. 전쟁에서 항상 승리하기를 바라는 아테네시민들은 승 리의 여신 니케가 아무데도 날아갈 수 없도록 날개를 없애고 이 신전 에 봉헌하여 기도를 올렸다. 참배 길을 다 올랐을 때 쯤 통과하는 문이 프로필레온 중앙 누각이다. 프로펠레온은 아크로폴리스로 들어가는 입구의 건물이다.

엠네클래스에 의해 B.C 437년에 설계된 이 건물은 신전이 아니다. 이곳은 경사로를 면한 홀을 지나 아크로폴리스로 열려있는 영광스런

파르테논 신전

관문이며 현관에 해당되는 곳이다. 프로펠라온을 통과하면 바로 눈앞에 고대 그리스의 영광을 상징하는 파르테논신전을 마주 보게 된다. 도리스식의 돌기둥에 둘러싸인 장엄한 파르테논신전을 보면 짜릿한 흥분을 느끼게 된다. 신전 언덕을 오르면 우측으로 이로데스 아티꾸스 공연장이 보인다. 위에서 보면 가파르게 경사진 객석을 마주보고 있는 둥근 공연장이다.

아티꾸스 반원극장은 2세기경에 지은 전형적인 로마식 야외극장이다. 발굴 복원한 지 100년 밖에 되지 않은 이 고고학적 유적이 아테네 시민의 일상으로 돌아온 것은 2차 대전 이후 극장의 기능을 되찾으면서부터다. 아티꾸스극장 옆에 기원전 6세기에 그리스인이 세웠다가 기원전 2세기에 로마인이 다시 세운 1만 7천 객석의 야외극장인 디오니소스극장이 있다.

아크로폴리스성벽을 배경으로 아티꾸스야외극장에서 벌어지는 아테네페스티벌의 대회장은 여름에는 연극과 콘서트, 고전극, 오페라 등 다양한 공연이 상연되는 곳이다. 아티꾸스는 161년에 지은 건축으로 아티카의 대부호 이로데스가 아테네시에 기증한 건물이다. 현재는 복원된 건물로 6,000명 정도 수용할 수 있는 객석규모를 가지고 있다. 아크로폴리스와 아티꾸스야외극장은 서로 같은 역사공간으로 이어져 과거와 현재의 역사가 함께 살아 숨 쉬는 문화인프라를 구축하고 있다.

분지로 둘러싸인 도심 한가운데 평지보다 70m 높은 암벽 동산이 도심 한가운데 마치 거대한 누각처럼 높이 솟아 모든 시선과 기운을 한군데로 집중시키는 극적인 효과를 연출하고 있다. 파르테논은 아크로폴리스에서 최초로 건축된 주 건물로 아크로폴리스 건축군의 중심에 있다. 도시의 여신 아테네에게 바쳐진 이 건물의 총책임자는 조각가 피아디아스였고 익타노스와 칼리크라테스가 주 건축가였다.

파르테논은 사방이 줄지어 늘어선 열주列柱로 둘러싸인 신전으로 좁은 폭이 넓은 폭의 절반에 약간 못 미치는 직사각형이다. 내부공간에는 자체의 지붕을 지지하기 위한 기둥이 있는데 나오스에는 2열의 작은 기둥이 서 있고 보물창고에는 네 개의 이오니아식 기둥이 있다. 이 두 공간은 그리스 건축에서 보기 드문 아름다운 실내공간이다. 내부공간은 이오니아식 기둥으로 경쾌하고 우아하며 외부공간은 도리스식 기둥으로 중엄한 장중미를 보여주고 있다.

그러나 안타깝게도 건물을 둘러싼 기둥과 벽면 일부만이 파르테논신전의 옛 모습을 간직하고 있다. 파르테논신전은 심하게 파손되어 지붕은 날아가 없어졌으며 남쪽 회랑 가운데 기둥들은 온전하게 보존된

것이 하나도 없다.

　신전은 커다란 대리석계단과 돌기둥, 성벽 암벽들이 어울려 웅장하고 고전적인 운치를 간직하고 있다. 파르테논신전은 가로 31m, 세로 70m, 기둥높이 10m로 아테네의 수호신 아테네를 제사지내기 위해 15년간 공사 끝에 기원전 438년에 완성하였다. 건물 둘레 약 160m에 아랫부분의 직경 2m, 높이 10m 인 46개의 거대한 돌기둥이 늘어선 모습은 원형이 많이 파손됨에도 불구하고 여전히 당당함과 강인한 위용을 자랑하고 있다. 파르테논신전이 만들어질 당시 신전 전체가 조각상이나 부조 등으로 꾸며진 하나의 예술작품 그 자체였다. 둘레 160m에 90개 이상의 부조가 있었고 정면과 이면 지붕의 삼각 부분에는 커다란 조각상이 놓여 있었다 하니 그 웅장함과 화려한 예술 작품들을 상상으로 그려 볼 수밖에 없다. 부조나 커다란 조각상들의 일부는 아크로폴리스박물관과 대영박물관에 보존되어 있지만 다른 것들은 거의 남아 있지 않고 현재 남아 있는 것은 모조품들이다.

신전은 시내 어디서나 볼 수 있고 대리석을 가공하여 만든 건축물이라 멀리서 보면 강인한 느낌이 든다. 파르테논의 강인함과 웅장함 속에는 치밀한 측량과 정밀한 수학적 비례를 바탕으로 한 창의가 숨어 있다. 신전의 각 기둥의 두께가 위치에 따라 다르기 때문에 기둥마다 각기 다른 크기의 돌들이 사용되었다. 건물 기둥 자체가 안정감을 위해 안쪽을 향해 약간 기울어져 있어 모든 돌들은 자신의 위치에 맞도록 구성되어 있다. 규모에서도 그리스의 건축물과 조각들은 이집트나 로마처럼 인간의 이성을 압도하는 듯 한 거대한 조형물 대신에 위압감을 주지 않는 편안하고 강인한 느낌이 들게 한다.

그리스신전을 받치고 있는 기둥들도 인체의 비율을 충실히 따르고 있다. 파르테논신전 기둥의 1/3 지점에 불록하게 부풀어 오르게 하는 배흘림 기법은 사람 팔뚝을 모방한 발상이다. 한 건축물 안에서도 도리스식과 이오니아식 기둥을 사용하는데 도리스식 기둥의 밑변과 높이는 1:6, 이오니아식은 1:8의 비례를 갖는데 이는 남자와 여자의 발과 키의 비례를 각각 그대로 따른 것이다. 이와 같이 그리스인들은 건축 미학에서 조차 인간중심의 척도와 사고를 기본 바탕으로 건축과 예술을 발전시켰다.

다른 민족들은 전지전능한 신을 염원하고 창조한 반면 그리스인들이 생각한 신들은 전지전능하지 못할 뿐더러 인간과 같은 오욕칠정을 느끼는 약점을 가진 신들이다. 그들에게 신들은 죽지 않는 존재일 뿐 사람과 같은 희. 노. 애. 락을 가진 인격신인 것이다. 신들에게 조차 초자연적인 능력을 기대하지도 요구하지도 않았다. 그리스인들의 인본주의적인 철학이 중세 암흑기에서 벗어나 르네상스를 꽃피우는 원동력이 되게 한 요인도 인간중심의 그리스문화 때문이다. 인간은 태어날 때부터 평등하고 시민은 신과 법 앞에 동등한 권한과 의무를 지닌 존재로서 존중되어야 했다. 그들은 평등을 깨는 행위는 그것이 정치나 사회, 경제 어디에서든 정의에서 벗어난 행위로 여겼다. 시민들은 법 앞에서 평등할 뿐만 아니라 자신의 의견과 소신을 자유스럽게 말할 권리와 정치에 참여할 권리도 동등했다. 건축물 하나 조각 작품의 표정이나 선 하나에서 조차 그들의 인본주의 정신을 느끼게 한다.

아크로폴리스의 가장 높은 장소에 세워진 파르테논신전은 먼 바다에서도 잘 보인다. 신전의 석재는 아테네 부근의 산에서 채취되었으며 빛의 변화에 따라 다양하게 변하는 특징을 가지고 있다. 실내외 건축공간의 성공적 일치와 극도로 세련된 건축형태로 인해 파르테논신전은 서양건축사에 있어 최고의 위치를 차지하고 있으며 건축과 조각이 하나가 된 종합예술의 최초 모델로서 높이 평가를 받고 있다.

파르테논신전은 멀리서 보면 직선과 평면의 조화로 만들어진 정육면체로, 강건하고 웅장한 기개를 느끼게 하지만 가까이서 보면 곡선과 곡면을 조화시켜 우아한 예술적 분위기도 동시에 느낄 수 있게 한다. 기둥은 수직으로 세워진 직선 기둥처럼 보이지만 중간은 부풀려져 있고 위쪽은 약간 가늘게 생긴 도리스식의 기둥이다. 자세히 보면 기둥도 조금 안쪽으로 기울어져 있으며 기둥 표면에 새겨진 20개의 홈도 곡선미를 지니고 있다.

바닥도 중앙부분이 양끝보다 높으며 기둥과 기둥 사이의 간격도 일정하지가 않고 코너의 귀둥이 다른 기둥보다 더 두텁다. 기둥이 안쪽으로 기울어져 있는 것은 지붕의 무게를 버티기 위한 것이고 바닥이 높은 것은 배수를 원활히 하기 위해서이다.

파르테논신전의 파괴

1687년 프란체스코 모로시니(1616~1694)장군이 이끄는 베네치아군이 쏜 포탄이 파르테논신전 한 가운데 떨어졌다. 파르테논의 내실 천정과 지붕사이에 저장돼 있던 화약더미를 뚫고 지나가던 파편의 폭발로 인해 2200년 동안 온전히 보존되었던 신전의 지붕과 남쪽 기둥은 순식간에 흔적도 없이 사라져 버렸다. 이틀 동안 파르테논신전은 불길에 휩싸였다. 화염에 휩싸인 신전을 보며 베네치아군은 공화국 만세를 외쳤고 베네치아군의 독일 용병 중위가 쏜 한 방의 포탄에 의해 파르테논은 무참하게 자신의 모습을 영원히 잃어버렸다. 그들은 인류문화의 중요한 유적을 단순한 군사 요새지 이상으로 생각하지 않았기 때문에 일어난 역사적 비극이다. 파르테논은 전쟁이 인류를 얼마나 공허하고 무자비한 파괴로 몰아갈 수 있는지를 보여주는 이정표처럼 서 있다. 모로시니장군은 1688년 아크로폴리스에 올라가 파르테논신전 서쪽 박공博栱에서 포세이돈조각을 떼어내 베네치아로 가져가려 시도했으나 일꾼들의 거친 작업과 미숙함으로 조각만 떨어뜨려 깨뜨리고 말았다.

고대 시장터 아고라와 헤파이토스 신전

●●● 파르테논신전 우측 아래쪽으로 고대 아고라(Agora)가 있다. '아고라'는 현재 그리스에서 '시장'을 가리키는 말이다. 고대에는 정치와 종교, 문화적인 시설이 모여 있는 곳이란 의미로 훨씬 더 폭 넓게 쓰였다. 그리스문화는 아테네와 스파르타, 코린트와 같은 도시국가를 위주로 발달하여 로마와 같이 제국을 형성하지 못했기 때문에 그리스 도시의 건축은 국가적이라기보다는 도시적으로 발달했다.

모든 고대도시는 도성의 중심 공간에 군주나 왕의 주거지나 신전을 중심으로 한 일정한 성곽을 쌓는 공통적인 특성이 있었으나 아테네시의 중심지는 더 이상 왕이나 군주의 주거가 아니라 아고라라는 시민들이 모일 수 있는 장소가 그 역할을 대신했다. 아테네의 중심지 아고라는 도시 활동 즉 집회나 상업, 공무 등을 수행하기 위한 장소로 제공되었다.

아고라의 모습을 통해 용도를 분석해보면 원래부터 단순히 시장 기능을 수행한 것이 아니라 집합장소가 우선적이었다. 상업 활동과 기업 활동이 자유롭게 된 5세기에 와서야 상점들이 진열되었다. 원래 아고라는 노천 공간으로 명확한 법칙이나 계획 없이 세워진 공공생활용 건물들로 둘러싸인 네모광장이었다. 헬레니즘시대에 와서 아고라는 표준화된 건축적 요소인 기둥과 갤러리를 갖추게 되어 사람들을 비바람으로부터 보호하도록 고안된 스토아(Store)를 형성하였다. 스토아는 시민들에게 만남의 장소를 제공하였고 공공의 의견을 투명하게 보여주는 공간이 되었다. 아고라는 원로원을 위한 곳이 아니라 공동체와 자유시민을 위한 우선권을 부여했던 곳이다.

아테네는 원래 왕이 다스리는 도시국가였다. 전쟁이 잦아지고 귀족이 기마부대로 활약하면서 귀족정치가 이루어졌다. 그러나 전쟁이 더욱 빈번해지자 보병으로 활약한 부유한 시민의 세력이 커졌다. 그 후 기원전 5세기 페르시아와의 전쟁에서 해군이 큰 승리를 거두면서 승리에 결정적으로 기여한 사람들이 배 밑바닥에서 노를 젓던 일반 시민들이었다. 이를 계기로 시민을 정치에 참여시키고 독재를 방지하기 위한 민주적인 정치 개혁이 이루어지게 되었다.

아테네의 정치인인 클레이스테네스는 전국을 10개의 마을로 나누고 추첨을 통해 500명의 공무원을 뽑게 했다. 남자들은 18세가 되면 추첨을 하거나 순서를 정해 번갈아가며 공무원으로 일하게 되었다. 아르콘이라는 최고지도자도 분야별로 뽑아 중요한 일을 결정할 때는 아크로폴리스언덕 아래에 있는 아고라(광장)에서 회의를 개최하여 의사결정을 하였다. 1년에 40여 차례 정도 열렸다.

그리스도시에서 질서 있게 배치된 기념물들은 신전들이다. 아크로폴리스는 먼저 왕의 주거지였다가 왕정 폐지 이후 신의 주거지로 신전이 세워진 신성영역이다. 반면 아고라는 잘 구획되고 품위 있는 집합장소였으나 간소한 편이었다. 그리스사람들의 주거지역을 둘러보면 매우 검소함을 느낄 수 있다. 지나치게 사치스러운 주거공간을 꾸미는 시민에게 추방령을 내리는 과거의 전통 때문이다. 고대 이후로 아테네처럼 먼저 신의 주거지를 건축하고 다음에 공동체용 건물과 개인생활용 장소로 세 영역을 구분한 전통은 찾기 어려운 사례다.

아크로폴리스언덕 아래 고대 아고라시대의 유물들을 전시한 박물관으로 향했다. 고대의 도자기와 토기들이 전시되어 있고 상당히 발달된 도자기문화를 감상할 수 있는 곳이다. 맞은편 산언덕 씨세이온(Thission)으로 향했다. 거의 온전하게 보존된 헤파이토스(Hephaistos)신전이다. 고대 아고라 주변 경내에 위치하며 그리스에서 가장 원형이 많이 보존된 신전이다. 파르테논과 비슷한 시기에 건축되었으며 봄에 피는 들꽃이 매우 아름다운 곳이다. 이 신전은 씨세이온과 헤파이토스라는 두 개의 이름으로 불리고 있다.

헤파이토스는 올림포스의 12신 중의 한 명으로 대장장이 일을 주관하는 이름이고 씨쎄온은 아테네시의 종주였다. 처음 발굴 당시에는 씨세이온이라 생각하고 발굴조사를 하였는데 주변에서 대장장이와 관계있는 물건들이 많이 출토되어 이 신전을 헤파이토스신전이라 부르는 것이 옳다고 생각하게 되었다. 그래서 오늘날까지도 두 개의 이름을 함께 쓰고 있다.

신전 내부는 검게 그을린 것처럼 보이나 거의 완전하게 보존되었다. 이 언덕과 파르테논신전 사이의 아고라 자리에는 수천 년 역사의 잔해들이 알몸으로 누워있다. 로만 아고라스로 향했다. 로마시대 초기인 기원전 1세기에서 기원 후 2세기의 유적이다. 이어지는 케라미코스도 고대 유적지로 지금은 폐허 위에 돌과 무덤, 조각품 몇 점만 무표정하게 졸고 있다.

저녁 8시 30분 오모니아광장에서 라까비토스 언덕으로 향했다. 떠나기 전에 아테네의 야경을 보고 싶었다. 도시의 여러 거리를 구경하며 10시에 산기슭에 도착했다. 산비탈을 오르다 뒤돌아보니 아름다운 불꽃들이 밤의 향연을 펼치고 있다. 리까비토스는 아테네 중심부의 아크로폴리스언덕과 마주 굽어볼 수 있는 해발 273m의 언덕으로 아테네에서 가장 높다.

피레우스바다를 배경으로 도시 한가운데 우뚝 솟은 웅장한 파르테논신전의 모습이 장관을 이루고 있다. 여름철 석양이 질 무렵이면 리까비토스언덕은 아테네시민들과 관광객들이 즐겨 찾는 명소다. 산정에 올라서니 성 이오르고스교회의 돔형 지붕 위에 십자가가 밝게 빛나고 있다. 교회 아래에는 아테네 최고의 전망을 자랑하는 테라스가 있다. 사람들로 넘치는 테라스와 식당에는 도시 전체를 한눈에 굽어보며 아테네의 야경을 즐길 수 있다.

살아 있는 교과서 아테네 국립고고학박물관

●●● 오전엔 오모니아광장을 거쳐 신타그마광장을 찾았다. 이 광장은 동서의 두 공항 터미널이나 피레우스항구로 가는 버스가 이곳에서 출발한다. 국철 역으로 갈 때도 이곳에서 1번 트롤리 버스를 타면 바로 갈 수 있는 교통의 요지다. 광장주변에는 은행과 우체국, 각 항공사의 사무실, 디럭스호텔에서 1급 호텔까지 다양하게 있다. 여름에는 유럽 각지에서 몰려드는 배낭족들이 제일 먼저 이곳의 관광안내소에 들려 필요한 현지 정보를 입수한 후 각자 목적지로 떠난다.

아테네에서 마지막으로 빼놓을 수 없는 곳이 국립고고학박물관이다. 신타그마광장에서 800m 정도의 거리에 위치해 있으며 유럽문명의 뿌리를 감상할 수 있는 곳이다. 입구에는 사람들로 붐볐다. 긴 행렬을 따라 선사시대부터 미케네시대의 전시품을 전시한 4. 5. 6실을 들렀다. 하프타는 인물상이나 플루트를 부는 인물상들이 돋보였다. 특히 4실 미케네 방의 황금가면은 매우 인상적이다. 황금잔을 비롯한 금을 많이

해신 포세이돈 청동상

사용한 고대 미케네문명이 퍽 인상 깊었다. 특히 15실인 포시도노시실은 그리스신화로 유명한 신 포세이돈(포시도노시)의 청동상이 서 있다. 높이 2.09m의 청동조각상을 보면 인체미학의 아름다움을 잘 표현하고 있다.

해신 포세이돈의 청동상은 균형 잡힌 근육질의 몸매와 위엄과 기품 있는 얼굴, 양손에 삼지창을 들고 지금 막 던지려고 하는 모습은 인체미학의 아름다운 비례와 역동성을 느끼게 한다. 이 상은 1928년 에비아섬의 아르테미시온 해저에서 우연히 발견되었다.

제 16실부터 기원전 5세기~330년까지의 묘비가 모아져 있다. 재21실 디아두메노스의 방에는 소년이 말을 타고 질주하는 청동상의 역동성을 보면 기분이 후련해진다. 각 실마다 진열된 작품들을 일일이 열거할 수는 없다. 교과서나 미술책에서 보았던 작품들을 이곳에 오면 많이 접할 수 있는 살아있는 교재 박물관이다.

도도니와 올림피아, 펠로폰네소스반도의 각지와 아테네의 아크로폴리스 등에서 발굴된 청동상들을 둘러보면서 시간의 부족함이 매우 아쉬웠다. 또한 각지에서 온 수많은 도자기들과 각종 유품들을 보면서 그리스문화의 풍요로움을 실감할 수 있었다.

특히 포시도노스의 No. 235 대리석상인 미로의 비너스를 보는 순간 이 박물관에 온 보람을 느꼈다. 헬레니즘시대에 만들어진 시원한 팔등신과 균형 잡힌 몸매는 아름다움의 모델이자 선망의 대상이 아닌가. 사진이나 영화 속에서나 볼 수 있었던 202cm의 비너스의 실물을 보면서 가슴이 설레었다. 기원전 130년 전의 작품이라고 믿어지지 않을 만큼 균형 잡힌 조각상이다.

스페이셔스섬에서의 휴가

●●● 박물관을 나와 피레우스 행 지하철을 탔다. 지하철은 아담하고 한산한 편이다. 오모니아광장에서 지하철을 타고 20분 정도면 피레우스항구에 도착한다. 스페이셔스섬을 갔다 온 몇몇 학생들의 추천을 받아 선택했다. 오후 3시 30분 돌핀호에 승선했다. 피레우스는 그리스에서 두 번째로 큰 항구다. 그리스 극작가이자 시인이며 소설가인 카잔차키스(1983~1957)의 소설 속 주인공 '희랍인 조르바'가 피레우스항구에서 고향 크레타섬으로 가는 배를 기다리며 에게 해의 푸른 물결을 바라보던 소설 속의 바로 그 항구다. 카잔차키스의 소설 희랍인 조르바는 자유와 인간의 본능적 즐거움을 추구할 줄 아는 낙천적인 성격의 소유자로 퍽 인상 깊게 남아 있다.

하루 네 번씩 운항하는 마지막 선박에 가까스로 승선할 수 있었다. 해안선을 따라 펼쳐지는 언덕과 산들 너머로 작은 어촌 마을과 화물선들이 끝임없이 이어지고 있다. 오후 5시 50분 스페이셔스섬에 도착했다.

방파제를 따라 해안가
엔 상점과 레스토랑
이 모여 있다.

스페이셔스의 유람선

이 항해 코스는 에
기나와 포러스, 빌
라드, 스페이셔스
등 4개의 큰 섬으로
관광객들이 즐겨찾
는 휴양지다. 아담한 방 한 칸을 구했다. 바닷내음
이 코끝을 스친다. 에게해의 푸른 물결에 수영을 하게 될 줄은 전혀 뜻
밖이다. 먼 곳에 위치한 섬으로 가기엔 시간이 부족했고 피레우스 항
구에서 2시간 반 정도의 항해거리이므로 부담 없이 하루 밤을 묵어가
기에는 적당한 휴양지인 것 같다. 붉은 노을 속에 불어오는 호젓한 바
닷바람은 두 달 간의 여독을 말끔히 씻어주었다. 수영을 하고 젖은 몸
으로 해안도로를 따라 걸었다. 카페에 둘러앉아 저녁노을을 바라보는
사람들의 열기가 살갑다.

아침 일찍 해변으로 나가 수영을 했다. 8월 말의 바닷물 치고는 포근
했다. 백사장이 거의 보이지 않고 자갈처럼 작은 돌멩이들이 해안가를
따라 펼쳐져 있다. 12시에 체크아웃을 하고 제과점과 슈퍼마켓에 들러
빵과 과일을 사서 점심을 대신했다. 벤치에 앉아 에게 해의 푸른 물결
을 바라보며 빵을 씹는 그 기분은 퍽 낭만적이다. 외롭다기 보다는 자
신의 모습이 소설 속의 주인공이 된듯한 희열감을 느낄 수 있었다.

유럽문화의 산실은 에게 해의 눈부신 햇살

●●● 구름 한 점 없는 투명한 햇살을 받으며 바다에 온몸을 던질 때 비로소 나는 동서 문화의 차이가 동양이 황하를 중심으로 한 중국의 추운 대륙성기후에 기인된 것이라면 서양은 에게 해와 지중해의 따뜻한 햇살 때문이라는 것을 실감할 수 있었다.

이집트의 영향을 받은 그리스문화는 바다의 따뜻한 기후 때문에 일찍이 껴입는 문화보다는 노출하는 문화가 발달된 것 같다. 따뜻한 바다를 무대로 생활했던 고대 그리스 로마사람들은 해변에서 옷을 벗는 것이 더 자연스러웠을 것이고 노출된 신체를 자주 접하면서 인간의 육체에 대한 관심과 그것을 어떤 형태로든지 표현하고 남기고 싶은 욕망을 가지게 되었을 것이다. 남녀의 신체를 조각으로 남기고 그림으로 표현하고 싶어 하는 환경도 눈부시고 따뜻한 바다를 가진 해양성 기후 때문이다.

반면에 황하문명을 중심으로 한 중국문명은 벗는 문화보다는 껴입

2부

는 문화가 더 발달되어 있다. 추운 겨울을 나기위해 껴입고 덮는 문화가 감추거나 가리는 문화를 낳고 도덕적인 이념이 투철한 유교의 번성과 더불어 더 폐쇄적이 되었을 것이다. 그림도 동양의 산수화나 인물화들이 자연과 더불어 있고 자연 속에 묻힌 은둔자들의 모습을 주로 표현하는데 비해 그리스 로마의 조각이나 그림을 보면 동양회화에서는 상상하기도 어려운 사실적이고 포르노적인 모습들을 그대로 표현하고 있다.

중국 황하문명의 대륙성 기후와 그리스 로마문명의 해양성 기후의 차이가 동서양의 예술적 표현 차이를 발생케 한 원인이 아닌가하는 생각을 하게 되었다. 에게 해에서 우연히 수영을 하다 섬광처럼 스쳐가는 한줄기 생각에 나는 무릎을 쳤다. 수많은 문헌과 책들 속에서도 명확하게 동서양 문화의 표현 차이가 발생한 근본적인 원인을 알 수가 없었는데 눈부신 햇살과 푸른 바다물결이 나의 무지함을 깨우쳐주었다. 실크로드에 대한 수백 권의 독서보다 한 번 여행을 해보는 것이 훨씬 더 피부에 와 닿았다. 사막에 대한 고정관념에서 벗어나고 초원과 대륙의 호수를 바라보면서 사람과 문화에 대한 편견의 틀을 벗어나는 데는 긴 여행의 도움이 매우 컸었다. 독서는 머리로 느끼는 것이고 여행은 온몸으로 느낀다. 내게 미숙하고 부족한 부분들이 광대한 초원과 사막과 바다을 지나면서 채워지고 있다.

눈부신 햇살 때문에 여행 중 처음으로 선글라스를 꺼내 썼다. 40도를 훨씬 웃도는 사막에서 조차 쓰지 않았지만 저 빛나는 에게 해의 햇살을 오래 담기에는 눈이 남아나지 않을 것 같다. 섬 둘레에는 10여 개의 해수욕장이 분포되어 있다. 눈물이 왈칵 쏟아질 것 같은 은빛 물결을 향해 기침을 토해냈다. 중국 구이린 양수오에서 걸린 감기가 아직도 완전히 가시지 않은 것 같다. 차가운 에어컨 바람을 맞으며 이틀 동안이나 버스 안에서 지내다 보니 사라졌다고 생각하던 기침이 다시 도진 것 같다.

돌핀호를 타고 오후 3시 45분 스페이셔스섬을 출발했다. 잠에서 깨어보니 황금빛 파도가 넘실거리며 달려오고 있다. 오후 6시 피레우스 항구에 도착했다. 항구에서 가까운 역에 내려 아테네 행 전철을 탔다. 주택들이 매우 가까이 있어 전철은 마치 4차선 도로 한가운데를 달리는 기분이 들게 한다.

저녁 6시 35분 오모니아광장에 도착했다. 햄버거와 감자 칩으로 저녁 식사 후 신타그마광장으로 향했다. 걸어서 25분 정도의 거리인데 20kg이 넘는 짐 때문에 생각보다 시간이 많이 소요되었다. 밤 23:17분 테살로니키 행 기차에 몸을 실었는데 밤기차는 다른 열차에 비해 비교적 긴 편이다. 7시간 동안 야간운행을 하기 때문에 전부가 침대차다. 이별이야 말로 또 다른 만남을 위한 축복의 순간이다. 여행은 자신의 영혼을 살찌우고 더 자유스럽게 만드는 열린 창이다. 옳고 그름의 이분법적 대립의 사고에서 벗어나 세상의 다름을 확인 인정하고 그 다름이야 말로 세상을 풍요롭고 아름답게 한다는 것을 확인하는 과정이다.

 **마케도니아**

마케도니아 수도 스코피아

●●● 눈을 뜨니 창밖엔 가로등 불빛만 간간히 스쳐가고 있다. 새벽 5
시 30분 열차는 테살로니키에 점점 더 가까이 다가가고 있다. 지난 밤
합석한 영국인 대학생 제미와 여대생 챨리와 여행에 대해 많은 대화를
나누었다. 제미는 패션의 도시 밀라노를 꼭 들려보라고 추천했다. 적
당히 칭찬할 줄도 알고 유머도 있는 챨리와 지미가 잠에서 막 깨어나
눈인사를 했다.

새벽 6시 8분 테살로니키에 도착했다. 마케도니아 수도 스코피아 행
티켓을 구입하였다. 여기부터는 출발할 때에 전혀 계획에 없었던 지역
이다. 아침 7시 27분 스코피아 행 열차가 출발했다. 발칸반도에 대한 정
보라곤 유로패스 지도 한 장뿐이다. 여행을 하다 보니 어느새 배짱이
생겨 현장에 가서 일단 부딪쳐 보고 그때그때 사정에 따라 즉석에서
문제를 해결했다. 이 또한 홀로 여행하는 자가 누릴 수 있는 특권이다.

아이도메니 국경마을에 도착하여 여권검사를 하고 9시에 국경을 넘

었다. 마케도니아에서 여권검사와 비자비용을 지급하고 9시 30분경에 출발했다. 앞좌석에 앉은 프랑스 대학생 알랜과 같은 일행이 되었다. 알랜은 특이한 곳을 찾아다니는 모험심이 강한 프랑스 젊은이다.

유로패스 지도를 보고 마케도니아의 스코피아에서 불가리아의 수도 소피아를 경유하여 세르비아의 베오그라드로 가는 계획을 세워 보았다. 특별한 계획이나 목적이 있었던 것이 아니라 불가리아에 그냥 가보고 싶은 호기심이 슬쩍 발동했기 때문이었다. 알랜을 만나서 여행일정에 대해 얘기를 해보니 보스니아로 간다고 해서 마음이 몹시 끌렸다. 한 때 신문지상을 떠들썩하게 장식하던 코소보 사태가 생각나 알랜과 같이 코소보로 동행하기로 했다.

12시에 마케도니아 수도 스코피아역에 도착했다. 그리스 테살로니키에서 이곳까지 5시간 30분 정도 소요되었다. 배가 고프고 지쳐서 아이리시 펍 레스토랑에서 우선 맥주 한잔씩 시키고 가볍게 식사도 곁들였다. 식당에서 바라보면 정면에는 흰색 건물로 된 마케도니아 국립극장과 좌측으로 케일 성채가 자리 잡고 있으며 무스타파 파샤 사원의 미나레트(첨탑)와 돔형 지붕이 높이 솟아있다.

알랜과 함께 작은 언덕 위에 위치한 케일 성채로 발길을 돌렸다. 스코피아는 삼면이 산으로 둘러싸인 도시다. 파괴된 성벽 안으로 담장들이 낮게 둘러 처져 있고 성터 자리에는 푸른 잔디가 잘 가꾸어져 있다. 성벽 뒤쪽으로 스타디움이 보이고 산정에는 나무로 만든 작은 가설무대와 시가지를 한 눈에 굽어볼 수 있는 전망대를 갖추고 있다. 성채를 내려와 몇 번이나 시도한 끝에 코소보 행 오후 4시 버스 편을 구했다. 아직도 2시간 정도의 시간 여유가 있어 성 셀베이션교회에 들렀다. 언

스코피아 시내 전경

케일 성채로 가는길

나를 찾아 떠나는 유라시아대평원

덕 아래 아담하고 시골집 마당 같은 정원을 가진 교회다. 뜨락엔 표주박과 붉은 장미꽃이 가득 피었다.

알랜과 언덕 위 모스크로 향했다. 매우 낡은 대리석 기둥과 벽면 장식으로 갈라진 틈새는 시멘트 자국으로 메워져있어 쇠락한 노인의 모습 같다. 사원의 규모는 작지만 여전히 꾸란을 읽는 소리가 낭랑하게 울려 퍼졌다. 정원에 핀 장미꽃 사이로 무궁화 두 그루를 발견하고 어쩌면 한국인 신도가 있어 이곳에 심어놓지 않았을까 하는 상상을 해보니 기분이 좋아졌다. 굳게 잠긴 모스크에 들어갈 수 없어 발길을 돌렸다.

언덕을 내려와 시장을 찾았다. 생필품을 필두로 각종 공구를 비롯한 수많은 물건들이 야외 천막매장에서 팔리고 있다. 서민들이 이용하는 우리의 동대문 시장정도에 해당되는 곳인데 60~70년대의 커다란 시골 장터를 연상시켰다.

어린 시절 우리 동네에서 가장 인기 있는 장소는 고물상이었다. 시간이 나면 동네 아이들과 함께 고물을 줍거나 땅 속에 매장된 쇠붙이를 찾으며 놀았다. 마을 인근에 6.25전 육군 8사단 연병장으로 쓰였던 넓은 공터와 하천이 있었는데 이곳에는 각종 쇠붙이와 포탄의 잔해들이 있어 이것들을 모아서 엿장수에게 엿을 바꾸어 먹거나 많이 모이면 고물상에 내다 팔아 용돈으로 쓰기도 했다. 포탄인 줄 모르고 망치로 쇠붙이를 두드리다 두 팔을 잃고 불구자 가된 동네 형이 있어 한 동안 고물 경계 주의보가 발동된 적도 있었다.

설날이 되면 동네에서 마당이 가장 넓은 집에 가래떡 기계를 임시로 설치하고 떡을 뽑는데 동네 꼬마들 틈에 끼여 침을 삼키던 기억이 지금도 선하다. 그 당시 기계에서 매끄럽게 뽑아져 나오던 가래떡을 한 조각이라도 얻어먹고 싶어 기다리고 기다려 보았지만 아쉽게도 한 번도 먹어 보지 못했다. 나는 가래떡을 볼 때마다 그 당시의 모습이 너무나 선하게 떠올라 혼자 살짝 웃곤 한다. 세계를 여행하다 보면 가난한 나라의 아이들이 빈손을 내밀며 구걸을 하거나 고사리 같은 손에 선물을 들고 1달러를 외치는 모습을 보면 어린 시절이 생각나 일부러 물건을 사주곤 한다. 어른이 되어서야 그 당시 침을 삼키며 몇 시간이나 자리를 뜨지 않고 기다리던 아이들에게 떡을 나눠주지 못한 어른들의 마음을 조금은 헤아려 볼 수 있을 것 같다. 어린 시절엔 불행하다거나 스트레스라는 것을 생각해보지 못했다. 그냥 주어진 환경에 순응하며 주변과 잘 어울리려 노력했다. 의식주에 있어 지금 보다 훨씬 헐벗고 굶주린 가난한 시절을 보냈지만 자살을 선택쯤으로 생각하지 않았고 극단적인 분노의 감정을 표출하는 모습들은 찾아볼 수 없었다. 그러나 상대적 박탈감과 빈부격차로 빚어낸 욕구불만과, 치열한 경쟁심으로 유발된 스트레스는 우리사회를 병들게 하고 극단적인 선택으로 몰아가고 있다.

누군가의 환희가 누군가에게는 절망일 수 있다. 패배가 가르쳐준 소중한 경험과 교훈을 자산으로 삼아 다시 일어설 수 있게 만드는 사회적인 배려와 따뜻한 격려가 무엇보다 소중하다. 1500분의 1초는 매우 미미한 수치지만 때론 경주마가 우승을 결정짓는 엄청난 차이를 만들기도 한다. 그 미세한 차이는 경주마로 은퇴 후에는 종마의 가치로써 1회당 교미비용이 1억 원대를 한다. 자본주의는 무한경쟁사회이다. 경쟁에서 패배를 인정하고 배우는 것은 우리의 삶 중의 일부분이다. 일등보다 더 소중한 것은 아량으로 서로를 인정하는 사회적 분위기를 만들어야 한다. 패배를 두려워하지 말자. 어둠이 없다면 빛도 없듯이 패배가 없다면 승리의 영광도 없다.

반 평정도의 공간에 만물상처럼 차려놓은 갖가지 물건들을 둘러보면서 수십 년 전 우리의 자화상을 마케도니아의 수도 변두리 장터에서 다시 찾아볼 수 있어 매우 감회가 깊었다. 작은 마을에 들어섰을 때, 동네 뒷골목에 의자를 내어 놓고 양쪽으로 열병하듯 둘러앉아서 한담하는 노인들의 여유 있고 낙천적인 얼굴에서 외로움이나 무기력함은 찾아 볼 수가 없었다.

6.25전쟁 직후 일인당 GDP가 67$인 세계 10대 최빈국 대한민국이 당시 보다 수백 배 더 많은 GDP로 성장했고 세계 15위의 경제규모를 자랑하는 잘사는 나라로 일구어 놓은 우리나라 노인들의 모습은 가난한 마케도니아의 뒷골목에 앉아있는 노인들의 당당한 모습에 비하면 무척이나 왜소해 보인다. 전쟁과 열사의 사막을 뚫고 온몸을 던져 한강의 기적을 이루고 세계사에 유례가 없는 경제성장과 민주주의 시장경제의 초석을 이룩한 주역들의 초상화는 존경보다는 잊혀져가는 시대의 미아가 되고 있다. 이 세상에 늙지 않는 젊음이란 어디에도 없다.

 **마케도니아**

고대 아리아인들의 종교 조로아스터교와 힌두교, 마니교

●●● 인류 종교문화의 발상지인 인도의 역사는 아리아족이 등장하면서 시작된다. 기원전 2000년을 전후해 동유럽과 중앙아시아에 걸친 고원지대에서 유목생활을 주로 했던 인도유럽어족은 인구의 증가나 가뭄 등과 같은 기후상의 변화로 인해 새로운 목초지를 구하기 위해 원주지原住地를 떠나 일부는 서쪽으로 향해 유럽의 민족이 되었고 다른 일부는 동쪽으로 향해 아시아로 들어온 이들을 인도-이란인이라 부른다. 그 후 그들의 일부는 이란으로 들어가 아리아계 이란인이 되었으며 조로아스터교의 성전인 아베스타를 성립시켰다.

이들의 일부는 기원전 1500년경 또 다시 남동쪽을 향해 힌두쿠시산맥을 넘어 서북 인도에 들어가 인더스강 상류의 편잡 지방을 차지하여 인도 아리아인이 되었다. 원주민을 정복하고 인도에 정착한 그들은 브라만교의 성전인 리그베다를 편찬하였다. 그러므로 조로아스타교의 성전인 아베스타와 브라만교의 리그베다성전의 언어에는 신의 이름과 제례

의식에 관한 술어가 공통된 것이 많다.

이란으로 진출한 아리아계 이란인은 BC 6세기경 조로아스터가 아베스타를 경전으로 조로아스터교를 창시하였다. 선신 아후라 마즈다와 악신 아리만과의 대립을 중심으로 선신의 최종적 승리를 신앙의 근간으로 삼는 이신교二神教이다. 사산조 페르시아의 국교로 융성했으나 제국의 멸망과 7세기 이슬람교의 등장으로 쇠퇴하여 소수의 종교로서 명맥을 유지하고 있다. 실크로드를 통해 남북조시대에 전파된 조로아스터교는 태양과 별, 불 등을 선신으로 숭배하였기 때문에 일명 배화교拜火教라고 불렸으며 수나라와 당나라 때 성행했다. 조로아스터교의 선과 악, 밝음과 어둠과 같은 이분법적인 사상은 후에 기독교 사상에 많은 영향을 주었다.

실크로드 상에 명멸했던 종교 가운데 하나인 마니교摩尼教도 3세기 초엽 페르시아 사람 마니를 교조로 페르시아의 조로아스터교를 바탕으로 불교와 기독교의 교의教義와 바빌로니아의 원시신앙을 혼합하여 만든 일종의 자연종교이다. 기이하고 금욕적인 이 종교는 이단적인 사상 때문에 기독교도와 무슬림, 조로아스터교 등 다른 종교 신봉자들에게 격렬한 적개심을 불러 일으켰고 마니는 이단자로 찍혀 십자가에 처형되었다. 중근동과 발칸지역에서 마니교 신앙은 잔인한 박해를 받고 거의 뿌리가 뽑혔으며 그후 마니교에 관한 기록이나 종교 문헌도 이 지역에서는 자취를 감춰버렸다. 그때 박해를 피해 약 500명의 마니교도가 동쪽으로 사마르칸트(우즈베키스탄의 역사 도시)까지 도주해 왔다. 피난지인 그곳에서부터 마니교의 교의와 미술은 실크로드를 따라 점점 동방으로 이동해 갔다. 그 과정에서 마니교는 불교의 영향을 흡수하며 카라호자까지 도달 위구르에서 그 꽃을 피웠다.

 **마케도니아**

인도의 전통사상과 불교와 자이나교의 종교관

●●● 기원전 1500~1300년 경 인도 북서쪽에서 유목생활을 하던 아리아인들이 인더스 강을 따라 인도로 침입했다. 원주민들을 정복하고 약 500년에 걸쳐 겐지스강 가로 이동하면서 벼농사를 하며 정착생활을 하게 되었다. 그들은 원주민들과 자신들을 구분하기 위해 신화를 이용한 신분제도를 만들었다.

인도의 오래된 종교문헌인 '리그베다'에 따르면 인간을 만들 때 푸루샤(purusa)의 입에서 지혜를 가진 브라만이, 팔에서는 용기가 넘치는 크샤트리아가, 넓적다리에서는 생산 활동을 하는 바이샤가, 발에서는 수드라계급이 만들어졌다고 한다. 이런 계급구조는 태어날 때부터 신이 정해준 것이기에 절대로 바꿀 수 없다는 숙명론으로 인식시켰다.

지혜로운 브라만계급은 제사를 담당하는 사제가 되어 '베다'라는 경전을 정리해 제사의식을 만드는 인도사회에서 가장 높은 계급이 되었다. 크샤트리아는 전쟁하는 무사계급으로, 바이샤계급은 농업과 상업, 목축을 하며 각종 세금을 냈다. 수드라계급은 가장 낮은 신분인 노예로 봉사하는 일을 했다. 이러한 엄격한 신분제도를 카스트제도라 하는데 이런 제도에도 속하지 못하는 불가촉천민이라는 가장 낮은 천민 집단도 있었다. 사람들은 현재의 삶이 전생의 업으로 인해 비롯된 것이라 믿고 자신의 계급에 맞게 열심히 생활하고 제사를 지내야만 축복을 받을 수 있다고 믿었다.

브라만계급은 자신들의 특권을 유지하기 위해 아무나 흉내 낼 수 없는 엄격한 제사의식을 만들고 물과 불, 연기를 이용하여 대단히 복잡한 구조의 제단을 만들었다. 막강한 권력을 지닌 브라만은 점점 복잡한 제사 절차를 만들었고 종교적 권위를 이용해 점점 타락해 갔다. 브라만은 마치 지상의 신 같은 대접을 받으며 이들이 만든 종교를 브라만교라고 했다. 형식주의와 지나치게 교조적이고 권위주의적인 브라마니즘은 대중의 지지를 얻지 못했고 신분제도는 사회 침체와 발전을 막는 요인이 되었다. 이와 같은 사회 분위기 속에서 새로운 종교를 요구하고 브라만 계급의 권위주의에 반대하는 자유사상적인 종교 운동이 일어났다.

자이나교와 불교는 브라마니즘의 제례의식과 이에 따르는 브라만들의 권위와 특권을 인정하지 않고 평등주의적인 윤리관을 내세웠다. 자이나교는 철저하고 극심한 고행을 통해 구제의 길을 걸었고 상대주의를 주장한 반면, 불교는 온건하고 상식을 벗어나지 않으려는 '중도'에서 길을 찾았다. 불타가 생각하기에는 극단적인 고행도 감각에 얽매이는 태도와 마찬가지로 결코 바른 길일 수 없었다.

마하비라가 창시한 자이나교도 처음에는 브라만이 주장하는 교리에 대한 반발로 일어났다. 마하비라는 처음부터 극단적인 고행을 했다. 출가 때 입고 나간 얇은 옷 한 벌마저도 13개월 후에는 불상한 사람에게 주어버리고 그 후로는 벌거벗고 고행생활을 했다. 12년에 걸친 고행 끝에 완전한 지혜를 깨달아 자이나가 되었고 마하비라로서의 명성과 많은 신자를 얻고 30여 년간의 포교생활 끝에 세상을 떠났다. 자이나교의 최고의 소망은 단식에 의해 죽는 것이다.

이것은 마하비라 자신이 선택한 죽음의 방법으로 그는 72세에 단식을 하여 스스로의 목숨을 끊었다. 현재 자이나교는 서인도와 서남인도의 상인과 부호들 사이에 많은 신도를 가지고 있다. 간디의 무저항주의나 단식수양, 동물애호, 채식주의 등 자이나교의 교의가 인도인의 일상생활에 스며있다.

신분제도의 차이를 인정하는 브라마니즘과는 달리 자이나교와 불교는 계급차별을 배격한 그 당시 인도사회의 급진적이고 이단적인 종교였다. 불교는 만민평등의 보편적인 진리로 세계적인 종교로 발전할 수 있었으나 힌두교는 인간의 계급차별을 인정하는 브라마니즘으로 인해 인도를 벗어나지 못했다. 반면에 불타는 인도를 대표하는 비슈누신의 아홉 번째 화신으로 추앙받는 힌두 신 가운데 하나가 되었다.

브라마니즘에 반대하여 베다를 존중하지 아니하고 고행과 희생을 경시하였던 불교는 결국 인도에서 사회성을 잃고 쇠퇴의 길을 걷고 소멸된 반면, 국경을 넘어 각 나라의 민간신앙을 흡수하면서 아시아 각 지역으로 전파되어 세계적인 종교로 성장했다. 반면에 자이나교는 인도적인 성격을 지키므로 인해 인도의 영역에서는 그 독자적인 명맥을 유지했지만 국경을 넘지 못한 대조적인 양상을 보였다.

윤회와 업(카르마) 사상은 불교 고유의 사상이라기보다는 그 당시 인도인들의 사상을 지배했던 보편적인 생각이다. 이런 사상은 계급철폐와 만민평등의 자비사상을 민중들에게 설파한 불타에 의해 새롭게 태어나 체계화되고 보편적인 진리로 인정받음으로써 인도 밖의 다른 세계에도 많은 영향을 주며 불교는 세계적인 종교로 성장하였다.

 **마케도니아**

성공적인 삶을 위한 붓다의 가르침

●●● 기원전 6세기 인도는 르네상스를 맞고 있었다. 상인들은 육로와 해로를 통해 페르시아, 그리스 지역과 광범위한 교역을 펼쳤다. 무역이 활발해지고 부富가 축적되면서 붓다의 활동무대였던 마가다와 코살라왕국에서도 신흥 부유층이 늘어났고 가족관계 및 사회관계와 더불어 사업관리, 현명한 의사결정 등이 삶의 중요한 문제로 대두 되었다. 붓다는 이런 문제를 해결할 수 있는 이성적인 가르침을 주었던 최고의 스승으로 두각을 나타내었다.

제자들의 생활을 위해 붓다는 신도들이 기부한 저택과 토지를 받았으며, 정기적으로 이런 후원자들의 초대를 받아 궁전이나 저택에서 식사를 하곤 했는데 대부분의 경우 수백 명의 출가자와 했다. 이렇듯 교단의 존속이 신도들의 경제적 번영에 달렸던 만큼 신도들에게 물질적으로 성공할 수 있는 길을 알기 쉽게 제시하는 것은 매우 중요한 일이었다.

붓다는 두 가지 행복이 존재한다고 했다. 하나는 욕망의 충족에서 오는 행복(kamasukha)이고 또 하나는 욕망을 끊음(nekkhamma sukha)으로써 얻는 행복이다. 붓다는 「숫다 피타가(sutta pitaka)」에서 속세의 행복이란 눈, 귀, 코, 혀, 몸의 감각을 자극하는 사물을 통해 얻는 충족감이며 이러한 요욕의 충족으로 얻는 행복을 속세의 행복이라고 하였다.

붓다는 속세의 행복을 인식하고 있었을 뿐만 아니라 존중했다. 비록 붓다가 속세의 행복은 영적인 행복보다 못하다고 강조했지만 단지 속세의 쾌락을 끊으면 더욱 심오한 행복을 얻을 수 있다는 의미일 뿐이다. 그러나 영적인 행복이 세속적인 행복보다 더 좋다는 이 비교에서조차 붓다는 속세의 삶이나 속세의 행복을 부정하지 않았다.

붓다의 가르침에 대한 오해는 설법의 대상이 너무나 다양하여 청중들의 수준에 맞는 눈높이 설법으로 인해 생긴 것이다. 속세의 무상함을 강조하는 가르침은 출가승들의 수행을 지도하고 교단을 운영하는 데 없어서는 안 될 요소였다. 감각적 쾌락을 쫓으려는 욕망을 버리지 못하면 속세를 떠나 출가승으로 살아가기란 불가능한 일이었기 때문이다. 이렇듯 속세의 번뇌에서 벗어나라는 붓다의 가르침은 출가제자와 출가하려는 신도들에게는 별 상관없는 내용이었다.

속세의 삶이 덜 중요해 보이는 까닭은 2600년이라는 세월 동안 붓다의 가르침이 전해지는 과정에서 문제가 생긴 것이다. 붓다의 설법을 보존한 것은 출가제자들이었다. 붓다는 45년 동안 끊임없이 중생교화를 목적으로 여행을 다녔고 엄청나게 많은 청중들을 가르쳤지만 기록되어 보존된 설법과 교리문답 내용은 극히 일부에 불과하다. 「숫다 피타카」에 수록된 설법의 80% 이상이 사원에서 생활하던 출가제자들을 대상으로 한 것이다. 제자들은 자신들에게 유용한 내용을 기록하여 보존하는데는 열심이었지만 중생을 위한 가르침에는 관심이 적었기 때문이다. 게다가 속세의 삶과 관련된 내용은 비슷한 내용의 경에서 떨어져 나와 출가제자를 위한 수백 구의 경 사이사이에 배치되어 별로 중요하지 않으며 모순적인 내용이라는 인상을 주는 원인이 되었다. 그 결과 현대의 독자들은 반복적으로 등장하는 무상함의 개념이 모든 사람들에게 적용되는 불교의 보편적인 철학이라는 인식을 가지게 된 것이다.

붓다는 성공을 향한 신도들의 노력을 제한하기 보다는 성공을 위해 노력하도록 격려했다. 붓다는 모을 수 있는 한 많은 재물을 모으라고 가르쳤다. 붓다는 한 개인이 추구할 수 있는 재화의 양을 나타내기 위해 막대한 부(ulare bhoge)라는 단어를 사용하였는데 이는 개인이 모을 수 있는 최대한의 재화를 의미한다. 붓다는 사람들에게 부귀해질 수 있는 자유가 있다고 했지만 축적한 재화를 계율에 맞게 올바로 사용하라는 것이다.

붓다는 도덕적인 방법으로 부를 성취해야 한다고 강조했다. 그리고 "꿀벌들이 꽃을 다치게 하지 않으면서 꿀을 모으듯이 남을 착취하지 않으면서 단계적으로 부를 늘려가야 한다. 붓다는 정당한 방법을 통해 축적한 재산은 그 자신뿐 아니라 남을 위해 쓰여야 한다고 강조했다. 개인의 막대한 부는 마치 ˮ생명의 빗물ˮ처럼 사람들에게 도움이 되어야 한다고 가르쳤다.

「숫타 피타카(sutta pitaka)」에서 붓다는 수입을 네 등분하라고 권장했다. 반은 투자하고 사분의 일은 저축하며, 나머지 사분의 일로 생활하라는 '사분법四分法'의 가르침이 그것이다. 붓다는 사람들이 조건 없이 남에게 베푸는 보시布施나 소비로 재산을 다 날려버리는 것을 원치 않았다. 붓다는 저축을 중시했는데 '저축은 예기치 못한 비극이나 불운이 생겼을 때 쓸 수 있다'라고 생각했기 때문이다. 붓다는 개인 비용과 보시 등에 사용하는 지출은 수입의 사분의 일 수준에 그쳐야 한다고 가르쳤다. 즉 자기 자신과 남을 위해 전 재산을 써서는 안 되며 일정 부분만을 할당하라는 것이다.

붓다가 제시한 부귀영화를 이루는 네 가지 방법으로는 첫째, 일에 필요한 지식과 기술을 익히는 것이다. 제대로 노력하려면 관련분야의 지식과 기술을 갖춰야 하는 것이다. 붓다는 「사갈로바타 숫타(Sigalovada Sutta)」에서 부모는 자녀를 가르치고 알려주어 적합한 직업을 가질 수 있도록 해야 한다고 가르쳤다.

둘째, 일을 조직화하여 처리하라. 어떤 분야에서든 성공하고 싶다면 조직화 기술은 필수적으로 갖춰야 한다.

셋째, 제때에 필요한 업무를 완수하라. 붓다는 "이 세상 어떤 동물의 발자국도 코끼리가 지나가면 그 발자국을 다 덮어 버리듯이 제때에 행동하는 것은 다른 어떤 행동보다도 중요하다." 붓다는 제때에 행동하지 못하면 "새로운 재물을 얻지 못하며 이미 성취한 것도 이내 줄어들고 말 것"이라고 경고했다.

넷째, 자기개발을 위한 전략적 수단을 찾아라. 성공에 이루려면 전략적 수단을 통해 자기개발을 이루어야 한다. 성공하려면 창의적이고 효과적인 방법을 찾아야 한다는 가르침이다. 말하자면 전문 분야나 사업

분야에 새로운 개념을 도입하고 모든 작업성과를 높이기 위해 새로운 방법을 적용하라는 것이다.

붓다는 신도들이 살아가면서 성공을 이루고 유지하는데 필요한 귀중한 가르침을 주었다. 붓다는 부를 지키기 위해서는 방어책을 마련하고, 지혜로운 사람들과 어울리며 조언을 구하고 제때에 필요한 행동을 하며, 계획을 세워 지출을 하고 가족과 재산을 지켜야 한다고 강조했다. 또 문란한 관계와 유흥, 술, 노름을 피하라고 조언했다. 일평생 성공적인 삶을 누리기 위해서는 전문지식과 기술, 앞을 내다볼 수 있는 안목, 그리고 자제력이 반드시 필요하다는 것이다. 오늘날 우리는 성공과 부에 대한 붓다의 가르침을 제대로 이해하지 못하고 있다. 이러한 경전에 대한 편견과 오해를 바로잡고자 바스나고다 라훌라스님(Basnagoda Rahula)은 저서 「성공적인 삶을 위한 붓다의 가르침(The Buddha's Teaching on Prosperity)」에서 재가신도들에 대한 2600년 동안 파묻혔던 붓다 본연의 가르침을 다양하게 제시하였다.

간다라 미술의 영향과 불상제작

●●● 기독교도와 이슬람으로부터 우상숭배로 배격대상이 된 불상과 회화도 불타를 따르던 제자들이나 불타의 의사와는 거리가 먼 것이었다. 초기 불교도들은 부처를 너무 숭배하고 사모한 나머지 감히 인간형체의 불상을 만들지 못하고 단지 발자국 혹은 빈 좌석 등으로 표현하였다. 그러나 간다라 지방에 정착한 그리스인들은 인간의 육체나 정신과 다를 바 없는 속성을 신들에 부여해 신상을 제작하여 숭상하고 있었다.

그리스신화에 나오는 제우스나 아폴로 신들을 인간의 모습으로 형상화하여 조각한 고대 그리스 조각상들처럼 이 지역을 대표하는 불타의 모습을 구체적인 형태인 조각으로 표현하기 시작했다. 이러한 신기하고 기이한 현상을 목격한 불교도들은 그들의 영향으로 불상을 제작하기 시작했다. 이로써 무형적인 불교정신이 그리스식 조각으로 말미암아 유형적인 예배대상을 갖추게 되었다. 불교전도의 주역으로 등장하던 석존상釋尊像이 점차 독립된 예배상인 불상으로 제작되기에 이르렀다. 아울러 석존의 모습에서 초인간적인 존재로서의 특성을 상징적. 조형적으로 나타내기 위해 특별한 형상을 표현하는 여러 가지 약속이 이루어졌다. 이러한 약속이 바로 석존의 32상相 82종호種好다.

간다라 미술은 기원전 4세기 알렉산드로스의 동정東征을 계기로 기원전 후의 수세기 동안 현재 파키스탄 북서부의 페샤와르를 중심으로 한 간다라 지방에 정착한 박트리아계 그리스인들의 그리스문화와 토착 인도 불교문화가 만나서 생긴 일종의 융화현상이다. 간다라 미술의 특징은 기법에서의 섬세함과 현실성이다. 전래의 인도의 조각이 단순한 웅장함과 정신적인 표현만을 추구했던 반면에 간다라 조각은 인체를 아주 섬세하고 아름답게 표현하면서 현실감을 살려냈다. 그리하여 조각을 비롯한 간다라 미술에서는 예술성을 각별히 중시했다.

간다라 미술은 헬레니즘 미술의 양식과 수법으로 불교의 주제를 표현한 조각 위주의 미술로 주로 불상조각 외에도 불탑을 위시한 건축과 회화 등이 포함된다.

동유럽의 이슬람국가 코소보의 프리젠

 오후 4시 코소보 행 버스 편에 올랐다. 스코피아의 뒷골목과 시
장터를 구경한 것이 가장 인상적이다.

4시 40분 코소보 국경지대에 도착하니 차
량이 많이 몰려있다. 차창밖에 무슬림 모스크
도 간간히 나타난다. 버스가 1시간 이상 첩첩
히 쌓인 산허리를 돌았다. 마치 강원도의 어
느 산골짜기를 달리는 기분이 들었다. 산야
엔 흰색과 노란 들꽃이 지천으로 피어 있다.

슈와렉까시를 지나 프리젠시에 도착하여
프리젠니호텔에 알렌과 둘이서 방을 하나 구
했다. 오랜만에 알렌과 편안히 하루 밤을 보
내고 호텔에서 제공하는 빵과 계란 튀김으로
아침식사를 했다. 짐을 호텔 카운터에 맡기

고 알렌과 도시 구경을 나왔다.

거리의 골목길을 정처 없이 걷다가 비가 쏟아지는 바람에 플라타나스가 우거진 식당 앞 천막 카페에서 케밥과 샐러드를 곁들여 점심을 먹었다. 질척거리는 도로 한 켠에서 학창시절 귀에 익었던 엘콘돌 파사의 노래 가락이 흘러나와 마음을 흔들었다. 목을 타고 넘어가는 따끈한 차 한 잔이 실핏줄을 따라 온몸에 깊숙이 스며들었다. 프리젠은 코소보에서 두세 번째 가는 도시지만 우리나라의 작은 시골 도시를 연상하면 된다. 도시 곳곳에 이슬람 사원이 세워져 있으나 차도르나 히잡을 쓴 여인은 거의 볼 수 없다.

세르비아의 니스 행을 포기하고 알랜과 시내를 굽어볼 수 있는 언덕을 올랐다. 산중턱을 오르다 보니 1998년 3월 코소보사태 때 일어난 살인과 방화로 불에 탄 문짝과 붕괴된 주택들이 곳곳에 방치된 채 잡초더미 속에 묻혀있다. 이슬람과 기독교 간의 종교적 갈등이 평화로웠던 삶의 터전을 폐허로 만들고 인종청소라는 대재앙을 초래했다. 이념적 대립은 지구상 한반도에 유일하게 남아 마지막 결과를 기다리고 있지만 종교적 갈등은 여전히 세계를 불안하게 만들고 있다.

코소보사람들의 결혼식 피로연과 마케도니아 행 야간버스

●●● 오후 5시 몰다비아공화국으로 떠나는 알렌을 마중하고 호텔에 돌아오니 1층 연회장에서 결혼 피로연이 한창이다. 밤 12시에 출발하여 내일 새벽 5시경에 마케도니아 스코피아에 도착하는 버스표를 구입했다. 5시간 정도 버스를 기다리기에는 너무 지루하여 결혼피로연을 구경했다.

테이블에 음식을 시켜놓고 빙 둘러 서서 손을 맞잡고 흥겹게 춤을 춘다. 어린아이나 노인 할 것 없이 손을 잡고 음악에 맞춰 가볍게 춤을 추어도 격조와 품위가 있다. 마치 강강술래를 하듯 한 덩어리가 된 큰 원은 가족과 친지들을 엮어주는 공동체의 운명 같은 것을 느끼게 한다. 악사들의 연주가 끝나고 배우자와 가족들이 호텔 입구에 서서 하객들에게 일일이 악수를 나누었다. 이슬람교도라 테이블 위에는 음료수를 제외하고 술은 보이지 않았다. 악사들의 흥겨운 노래 가락에 나도 모르게 어깨춤이 절로 나고 흥겨워졌다.

수천 만 원을 호가하는 호텔의 꽃 장식과 비싼 호텔음식, 축의금을 내고 인사 한번 나누고 곧장 식당으로 가서 총총히 예식장을 빠져나오는 우리의 결혼문화를 보면 느끼는 바가 많다. 그나마 사회 일각에서 지도층 인사들의 작은 결혼식 서약식이 진행되고 있는 것이 다소나마 위안을 준다. 많은 젊은이들이 과도한 결혼식 비용과 혼수문제로 갈등을 겪는 도를 넘는 우리의 결혼문화는 저출산과 결혼지연으로 사회적 비용을 가중시키고 있다. 함께 축하해주고 즐거워하는 코소보사람들의 모습을 보면서 왠지 마음이 씁쓸해졌다.

영국 BBC방송이 발렌타인데이를 맞이하여 방영한 북한 처녀와 베트남 총각의 40년 사랑이야기를 접하면서 진정한 사랑과 결혼이 무엇인지 되돌아보게 한다. 외교관 집안이었던 23세 베트남 청년 팜 녹 칸(Canh)씨는 북한으로 가는 유학생으로 선발돼 북한 함흥화학공업대학에서 공부를 하다 1971년 흥남비료공장에 실습을 갔다. 화학실험실에서 우연히 마주친 북한 여학생 리영희를 보고 첫눈에 사랑에 빠졌다. 두 사람은 1년 6개월 간 연애를 했지만 당시 베트남정부가 국제결혼을 금지하고 있었기에 결국 1973년 홀로 귀국할 수밖에 없었다. 귀국 후에도 일 년에 몇 번씩 서신을 왕래하며 1978년 함흥비닐론공장 실습을 위해 방북하면서 다시 만나 "계속 기다려 달라"고 부탁했다. "그럼 나 할머니 된다", "당신은 할머니 돼도 나의 영희다, 괜찮다"라며 서로의 사랑을 키웠다. 1992년 북한당국이 북한주민과 외국인과의 접촉을 강력히 반대하는 바람에 리씨의 편지마저 끊겨버렸다.

리영희씨의 마지막 편지엔 "나이를 먹을지라도 우리의 사랑은 영원히 젊어요"라고 적혀 있었다. 칸씨는 20여 년에 걸쳐 주고받은 편지를 들고 베트남 주재 북한대사관을 찾아 "리영희씨의 소식을 듣고 싶다. 생사 여부를 확인해 달라"고 사정을 했다. 북한 당국으로부터 돌아온 답변은 "이미 다른 사람과 결혼했거나 죽었다"는 것이었다. 하지만 칸씨는 북한정부의 말을 믿지 않았다.

2001년 베트남 정치권 대표단이 평양을 방문한다는 소식을 들은 칸씨는 마지막 기회라고 생각하고 베트남대통령과 외무부장관에게 사연을 알리는 편지를 썼다. 몇 달 후 칸씨는 북한당국으로부터 리영희씨와 결혼을 허락한다는 연락을 받았다. 이듬해 55세 리영희씨와 54세 칸씨는 하객 700여 명의 축복을 받으며 베트남 하노이에서 결혼식을 올렸다.

엄혹한 통제체제의 국경과 이념을 넘어 30년이라는 세월을 한결같은 믿음과 사랑으로 지켜온 그들의 애틋한 사랑은 투명하며 아름답고 순결하다. 마네킹같이 영혼 없는 미소를 짓고 자판기 같은 인스턴트 사랑에 익숙한 현대인들에게 진정한 사랑이 무엇인지 일깨워준다. 또한 우리들의 사랑과 결혼문화가 물질적 조건에 너무 사로잡혀 있지 않는지 되돌아보게 한다. 영어 love의 어원은 산스크리스트어의 로바(lobba)이다. 로바는 탐욕, 욕정을 의미한다. 일반적인 사랑은 탐욕과 욕정에 불과하다.

 **세르비아**

세르비아의 수도 베오그라드행 열차

●●● 밤 11시 15분 호텔을 나왔다. 깜깜한 뚝방길과 끊겨진 철길을 지나 버스터미널에 도착했을 때 대합실 문이 닫혀있어 도로 앞에서 심야 버스를 기다렸다. 가로등 없는 시가지는 칠흑 같은 어둠과 적막감만이 깔려 있다. 밤 12시 마케도니아 행 버스에 올라 새벽 3시에 코소보국경을 통과하여 새벽 4시 10분에 스코피아에 도착했다. 기차역에 도착하니 대합실 문이 닫혀있었다. 컹컹 개짓는 소리만 어둠을 흔들었다. 대합실 문을 두드리니 안에 있는 직원이 다섯 손가락을 펴며 새벽 5시까지 기다리라는 사인을 해주었다.

세르비아에 대한 정보가 전혀 없어 다소 막막했다. 역사 주변에 있는 컨테이너박스 같은 점포에서 넓적하고 둥근 빵 한 개를 사는데 맘씨 좋게 생긴 아주머니는 유로화 계산이 어려워 머뭇거렸다. 동전 여러 개를 손바닥 위에 올려놓았더니 유로 20센트짜리를 들고는 빙긋 미소 지었다.

베오그라드 행 3번 플랫폼에 나와 기차에 오르니 좌석은 텅 비어 있었다. 아침 9시 10분 마케도니아의 국경마을 타바노브치에서 여권을 검사했다. 오후 12시 45분 니슈에 도착했다. 코소보에서 찾았던 바로 그 기차역이다. 10분간 정차하는 사이에 기차에서 내려 빵 한 덩이와 콜라로 점심을 대신했다. 이 기차에는 식당차가 없어 베오그라드까지 4시간 반 정도를 더 가야하기 때문에 철로 변에서 음식을 사가지고 요기를 해야 한다.

니슈부터는 산 가운데 형성된 넓은 평야를 따라 기차가 달린다. 가끔씩 정차하는 역들은 우리의 시골 간이역 정도로 역사는 마치 주택 같은 느낌을 주었다. 맑고 투명한 햇살이 들어와 상쾌해졌다. 오후 5시가 가까워지자 베오그라드 근교의 밀집된 주택과 아파트 단지가 시야에 들어왔다. 베오그라드의 첫 번째 근교 역인 라꼬비치역을 통과하여 베오그라드정거장에 도착했다. 기차역에서 지도를 사고 안내센터에 저렴한 숙박 장소를 문의하니 젤리카 밀로바노빅유스호스텔을 소개해 주었다. 지도를 보며 찾아간 숙박지는 비교적 깨끗하고 아담한 분위기다. 룸에는 독일 대학생 요르겐 라이터가 하루 먼저 와 있었다. 라이터 군과 함께 빵을 사서 분수대가 있는 공원벤치에서 저녁 식사를 했다.

아침 8시 유스호스텔을 나와 베오그라드기차역에서 헝가리 부다페스트 행 기차를 예매했다. 차비가 너무 비싸 2번에 걸쳐 깎아 1인용 침대차로 다시 조정했다. 아마 2인용으로 계산해서 부당요금을 매긴 것 같다. 유고에 와서는 공공요금이라도 체크해서 꼼꼼히 따질 필요가 있다. 티켓 한 장 구입하는데 30\$을 더 날릴 뻔 했다. 베오그라드를 답사하고 밤 10시 5분차를 타고 기차에서 밤을 보내기로 했다.

베오그라드박물관과 도심투어

●●● 차표를 예매하고 역에서 좌측 길을 따라 300m쯤 벗어나자 낡은 전동차가 시내를 누비고 다녔다. 역에서 30분 정도 걸어 갈레메그단 고성古城에 도착했다. 성벽위에 올라보니 그림 같은 베오그라드의 전경이 한눈에 들어왔다. 정면엔 아다 씨간리자섬이 평화롭게 누워있고 사바 강이 감돌아 유유히 흘러가고 있다.

오른 쪽 성벽아래에는 넓은 공원 숲과 고성의 성벽과 건물들이 남아 있어 낭만적인 운치를 풍겼다. 고성 바로 앞에는 열대우림 같은 무성한 숲이 있는 벨리코 라트노 오스트라보섬이 도심의 정취를 넉넉하게 품고 있다. 다뉴브강의 붉은 물과 사바강의 푸른 물이 합수하여 성벽을 돌아 흘러가는 모습 뒤로는 현대식 건물들이 들어서 있어 도시의 경관이 아름답고 풍요로웠다.

강변에는 유람선과 선상카페가 있어 강의 운치를 돋보이게 했다. 성문을 지나면 빛바랜 탱크와 대포 20여대가 햇볕에 졸고 있다. 유난히

베오그라드 박물관

까마귀가 많이 눈에 띈다. 11시 반 경에 트레그 레퍼블리크광장에 도
착했다. 19세기 냐스 미하일로 오브레노비치 왕의 청동 조각 뒤편에는
세 개의 푸른 돔형 지붕을 갖춘 고전양식의 국립박물관과 우측에는 국
립극장이 위치하고 있다.

　박물관의 1~2층은 조각품들이 주류를 이루고 3층은 19~20세기 초
그림들이 주로 전시되어 있다. 동양의 조각들은 왕이나 대신 혹은 병
사나 장군에게 직책에 맞는 옷이나 갑주甲冑를 입히는 것에 비해 서양
의 조각은 옷을 벗기는 누드 상태를 선호하고 있다. 동양의 회화는 한
획과 한 점에 승부를 거는 선禪적인 묘와 힘이 느껴지는 대신에 서양
의 유화는 여러 번 덧칠하고 색을 혼합하여 다양한 색채와 입체감을
잘 표현하고 있다.

동양은 풍경산수화를 선호하고 선경이나 꿈의 세계와 같은 피안의
세계를 동경하는데 비해 서양은 남녀의 신체나 일상의 정물화와 같은
일상생활을 소재로 한 삶의 모습을 담고 있다.

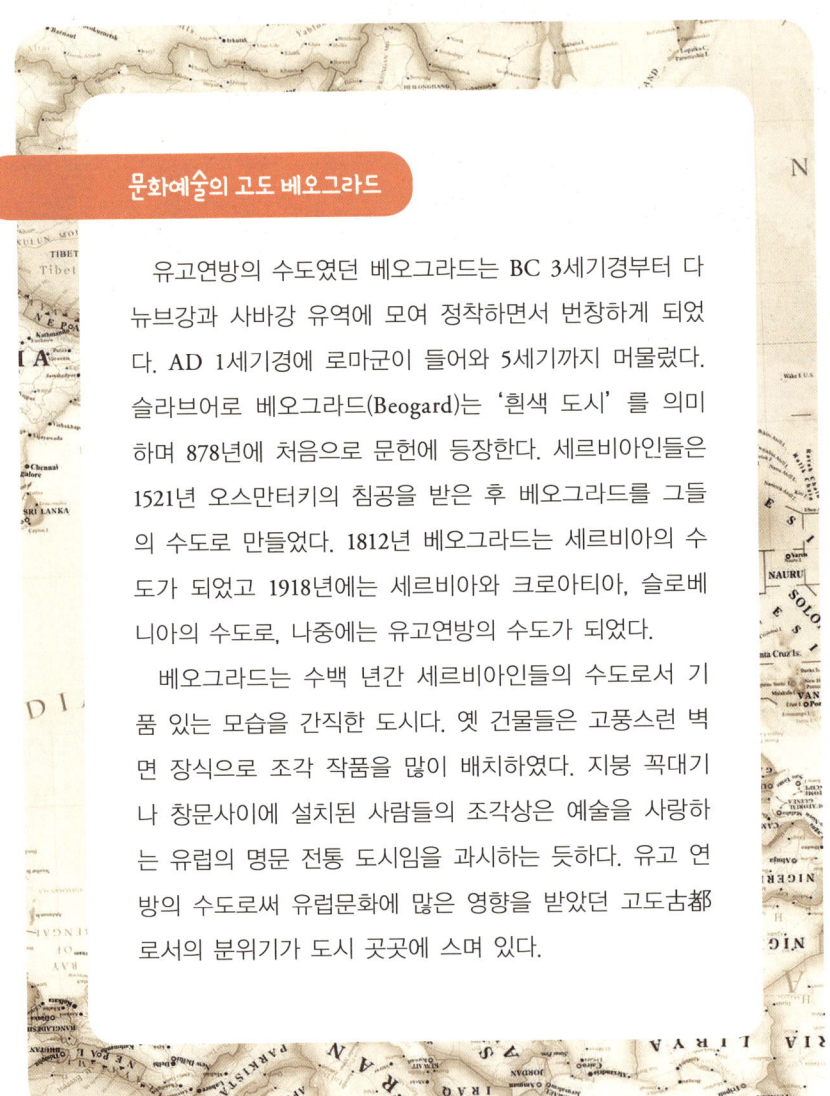

문화예술의 고도 베오그라드

유고연방의 수도였던 베오그라드는 BC 3세기경부터 다
뉴브강과 사바강 유역에 모여 정착하면서 번창하게 되었
다. AD 1세기경에 로마군이 들어와 5세기까지 머물렀다.
슬라브어로 베오그라드(Beogard)는 '흰색 도시'를 의미
하며 878년에 처음으로 문헌에 등장한다. 세르비아인들은
1521년 오스만터키의 침공을 받은 후 베오그라드를 그들
의 수도로 만들었다. 1812년 베오그라드는 세르비아의 수
도가 되었고 1918년에는 세르비아와 크로아티아, 슬로베
니아의 수도로, 나중에는 유고연방의 수도가 되었다.

베오그라드는 수백 년간 세르비아인들의 수도로서 기
품 있는 모습을 간직한 도시다. 옛 건물들은 고풍스런 벽
면 장식으로 조각 작품을 많이 배치하였다. 지붕 꼭대기
나 창문사이에 설치된 사람들의 조각상은 예술을 사랑하
는 유럽의 명문 전통 도시임을 과시하는 듯하다. 유고 연
방의 수도로써 유럽문화에 많은 영향을 받았던 고도古都
로서의 분위기가 도시 곳곳에 스며 있다.

 **세르비아**

시간리자와 발음 실수로 만난 일본인

●●● 오후 1시 30분 트래크 레프리카광장을 지나 스크프스티나 분수 광장으로 나왔다. 광장엔 리코라 파쉬치(1845~1926)라는 현명하고 지혜로운 정치가의 동상이 말을 타고 시가지를 굽어보고 있다. 중앙청 앞에서 버스를 타고 오후 2시경 시간리자섬 입구에서 내렸다. 푸른 다 뉴브강과 사바강이 도심을 흐르는 시간리자섬에 와 보니 베오그라드 가 오랜 세월 동안 세르비아와 유고연방의 수도가 될 수 있었던 지리 적인 조건을 알 수 있을 것 같다. 섬 안 숲 속엔 축구장을 비롯하여 스 포츠 시설과 위락시설들이 들어서 있다. 강변엔 선탠이나 수영을 하며 즐길 수 있는 도심 속의 섬이다. 다뉴브강에 발을 담그고 맑은 공기를 깊이 호흡해 보았다.

오후 5시 20분 베오그라드호텔 앞에서 동양인을 처음 만났다. 기차 역에서 가까운 베오그라드호텔에서 나오는 그를 보는 순간 둘이서 누 가 먼저랄 것 없이 반가움에 서로 악수를 나누었다. 객실료가 40유로라는 것을 알고 고개를 저으며 나오는 그를 보고 어제 밤 묵었던 유스호스텔을 가르쳐주었다. 안내지도도 없고 난감해하는 그를 데리고 유스호스텔을 찾아 갔더니 토요일 오후여서 직원들은 모두 퇴근 한 후였다.

30대 중반 쯤으로 보이는 꼬지씨는 아프리카에서 NGO 활동을 하고 있다. 그는 시간을 내어 아시아를 여행하다 발칸반도를 넘어왔다고 한다. 그는 아프리카에 많은 NGO 친구들을 갖고 있으며, 일본인들이 자선기금을 모금하여 아프리카지역에 봉사와 지원을 많이 하고 있다는 설명도 곁들였다. 카운터에서 꼬지씨의 표정이 갑자기 환하게 밝아졌다.

14유로인 'fourteen'을 연발하며 그는 기쁜 표정으로 'No, forty'라고 즐거워했다. 카운터 직원이 영어로 14를 40으로 발음을 잘못하여 발생한 해프닝은 이렇게 뜻밖의 만남으로 이어졌다. 낯선 땅에서 피부 색깔이 같다는 이유 하나만으로도 매우 반가웠다. 마케도니아에서부터 베오그라드까지 여행하면서 처음 만난 동양인이다. 세계를 여행 하다보면 같이 여행지에서 만났다는 것만으로 친구가 되고 동지가 될 수 있다.

야외 건축박물관 헝가리 부다페스트

●●● 베오그라드를 정감 있게 만드는 것은 건축물의 조각상들이다. 창문사이의 공간에 남녀의 조각상을 배치하거나 지붕 둘레 전체를 조각품들로 꾸며 건물 전체를 하나의 예술품으로 만든 미적 감각과 안목이 돋보였다. 두 번째로 두나브(다뉴브)강과 사바강을 끼고 형성된 두 개의 섬이다. 도심 속에 열대의 원시림처럼 우거진 숲이 있는 베리코 라트노 오스트로보강과 시민들이 수영과 스포츠 시설을 이용할 수 있는 아다 시리겐자섬이 있어 도시의 활력을 불어넣고 주변경관과 조화를 이루고 있다.

밤 10시 5분 부다페스트 행 기차가 출발했다. 가로등 불빛이 다뉴브강 물결을 어루만지고 있다. 세르비아의 국경을 넘어 새벽 4시 30분 부다페스트 역에 도착했다. 먼저 오스트리아 비엔나로 가는 저녁 6시 55분 기차표를 예매했다. 여행안내 센터마저 닫혀있어 어디로 가야할지 다소 막막했다.

아름다운 다리와 페스트 전경

　기차역 정면으로 고풍스런 건물들이 늘어선 거리를 걸었다. 그랜드
호텔이 눈에 띄여 여행정보를 얻기 위해 들렀다. 안내지도 한 장을 구
하여 호텔 직원에게 갈만한 유명 유적지를 물으니 네 군데 지역을 표
시해 주었다. 호텔로비에 앉아 몇 사람의 얘기를 종합해 보니 답사지
역이 좀 더 뚜렷해 졌다. 건물들은 오랜 역사와 문화의 흔적이 스며있
는 고전적인 분위기다. 시가지가 잠에서 깨어 활기차게 움직인다. 샌
들을 신고 두 달 가량 다녔더니 후유증이 발바닥의 통증으로 나타났
다. 거리에 앉아 주먹으로 발바닥을 주무르며 통증을 없애려 애를 섰
다. 다뉴브강 가까이 다가가자 에르제베트육교가 보이고 사바추어토
우 빌딩을 비롯한 몇 개의 빌딩이 모여 아름다운 자태를 한껏 뽐냈다.
거리 전체가 하나의 건축박물관이다. 이 부근의 건물들은 창문과 지붕
위에 정교하고 화려한 조각품을 설치하여 매우 아름답고 우아한 풍경
을 연출시켰다.

유명 의류점이나 상품들이 많이 진열되어 있는 다뉴브강 옆 거리를 따라 걸었다. 서울의 명동처럼 제일 번화하고 상권의 중심거리다. 오전 10시 20분 보르스마티공원에 도착했다. 벤치에 앉아 맞은편 안드라시 거리에 있는 성 스테펀 보슬리카 성당을 바라보니 마치 중세 어느 도시에 와 있는 느낌이다. 안드라시거리는 에르제베트광장에서 영웅광장에 이르기까지 약 2.5㎞의 거리로 부다페스트의 샹젤리라고 불려진다. 1872년 착공한 이래 15년에 걸쳐 형성된 거리로 오스트리아제국(헝가리제국)의 외무대신 안드라시의 이름을 따서 거리 이름을 명명했다.

성 이슈트반 바실리카성당에 들어서자 광장분수대가 눈에 들었다. 성당 안을 들어서자 비잔틴양식의 큰 원형 돔이 중앙에서부터 주변으로 이어지고 황금색 색조와 장식들, 천정 꼭대기 돔형의 성화를 비롯한 천사들의 모습들, 벽면에 장식한 조각들이 부다페스트의 예술성을 한곳에 집결해 놓은 것 같다.

1851~1905년 사이에 완성된 웅장하고 화려한 이슈트반성당은 부다페스트에서 제일 크고 헝가리에서는 두 번째다. 이 성당은 초대 헝가리의 왕 이슈트반이 기독교를 전파시킨 위업으로 후에 성인으로 칭송되었고 그를 기리기 위해 세워진 건물이다.

돔의 높이가 96m인 것은 헝가리인들이 896년 이 땅에 정착한 것을 기념하기 위해 만든 높이다. 네오 르네상스 스타일로 지은 이 성당은 고전주의 스타일과 다른 여러 가지 건축스타일이 혼용되어 한 마디로 표현하기 힘든 건축미학을 가졌다고 성당 안내인이 설명해 주었다. 다뉴브 강 가의 벤치에 앉아 강 건너를 바라보니 언덕 위에 우뚝 솟은 부다왕궁이 시선을 끌었다 .

부다페스트를 굽어보는 부다왕궁 언덕

●●● 왕궁 언덕에 올라 맨 끝 쪽 망루에 서면 시가지를 가장 잘 볼 수 있는 전망대가 나타난다. 도심 양안을 흐르는 다뉴브 강과 아름다운 철교, 고풍스런 건축물들이 어울려 마치 19세기 낭만주의 도시로 시간여행을 하는 기분이다. 유람선과 화물선이 떠다니는 다뉴브 강 다리 위로 질주하는 자동차의 행렬은 과거와 현대가 뒤섞여 도시의 활력을 불어 넣었다.

부다페스트는 다뉴브 강을 중심으로 부다지구와 페스트지구로 나뉘어진다. 강 서쪽 부다는 이름 그대로 산이 많은 지역으로 관광명소로 유명한 왕궁 언덕과 겔레르트언덕, 고급주택지인 장미언덕, 하이킹하기에 적당한 야노스 산으로 형성된 지역이다. 반면에 강의 동쪽 페스트지역은 지명 그대로 평탄한 지역에 시가지를 형성하고 있다. 관광명소를 비롯하여 비즈니스거리와 상점가, 학생의 거리 등 문화예술과 상권을 중심으로 발달한 지역이다. 국회의사당을 비롯하여 의사당 맞은

편에 위치한 민족박물관과 부다페스트의 8개의 다리 중 가장 아름다
운 세체니다리, 부다페스트 제 1의 성당 성 이슈트반 버질리카, 헝가리
에서 세 번째의 루터파와 관련된 루터파교회와 박물관, 1896년 유럽
대륙에서 최초로 부다페스트에 지하철 1호선이 개통된 지하철박물관
등 각종 명소들이 페스트지역에 위치하고 있다.

　점심식사 후 마챠시교회로 향했다. 교회의 이름은 1470년 마챠시 왕
의 명령으로 높이 88m의 첨탑이 증축되면서 붙여졌다. 역대 왕들의 대
관식이 행해진 이유로 '대관교회' 라고도 부른다. 1541년 오스만 터키
에게 점령당하면서 가장 먼저 이슬람사원으로 변한 교회이기도 하다.

　1686년 오스만이 물러나자 다시 가톨릭교회로 되돌아와 18세기에는
바로크양식으로 재건축되었다. 이후 교회 증축을 겸하여 1874~1896
년 사이에 슈레크 프리제슈가 고딕양식의 본래 모습을 기본으로 개축

하여 현재의 모습을 갖추게 되었다.

일반교회는 성서 장면에 대한 프레스코벽화가 주류를 이루고 있는데 비해 이곳은 이슬람 색채가 물씬 풍겨 내부는 매우 독특한 분위기를 연출하고 있다. 또한 교회 앞에는 바로크 양식의 삼위일체 동상이 우뚝 서 있는데 1712~1713년 사이에 헝가리 전역을 휩쓸던 전염병으로부터 목숨을 건진 사람들이 감사의 뜻으로 만든 동상이다.

마챠시교회에서 강변 쪽으로 나오면 다뉴브 강을 굽어보는 오래된 어부의 요새를 만나게 된다. 네오 로마네스크양식으로 건물 전체가 긴 회랑으로 이어져 있으며 고깔 모양의 뾰족한 지붕은 동화속의 한 장면처럼 독특한 운치를 풍겼다. 회랑에 올라서면 다뉴브 강 맞은편의 페스트지구를 한 눈에 굽어 볼 수 있는 최고의 전망대가 나타난다. 성의 이름은 19세기에 다뉴브의 어부들이 강변을 따라 습격해 오는 적군을 막기 위해 성채에서 파수를 보던 데서 유래한 이름이다.

다뉴브 강가의 왕궁 언덕은 볼거리도 많고 시가지를 전망하기에 알맞은 높이 약 60m, 길이 약 1.5㎞의 남북으로 가늘고 길게 이어진 바위 산 요새로 둘러 싸여있다. 밤이면 왕궁을 중심으로 조명이 밝혀져 마치 동화 속에 온 듯 한 분위기를 자아낸다. 어부의 요새에서 페스트지역을 바라보면 가장 눈에 띄는 건물이 국회의사당이다. 다뉴브강 가에 위풍당당하게 서 있는 모습은 역사의 무게를 느끼게 한다. 길이 268m, 폭 118m, 총 691실 규모이며 돔의 높이 96m의 네오고딕양식의 건물에는 뾰족 지붕이 구름을 뚫을 듯 날카롭게 솟아 있다. 이곳은 헝가리 역대 통치자 88명의 동상이 세워져 있다.

의사당 앞 코슈트 러요시광장에는 1848년 합스부르크가문의 지배에

부다왕궁 언덕에서 본 페스트 지역

저항하던 헝가리 지도자 코슈트 러요시의 동상이 있다. 현재 광장에는 각종 의전 행사가 거행되고 있는데 1896년 10월 23일 신생 헝가리공화국 탄생을 공표한 곳이기도 하다.

어부의 요새에서 보면 다뉴브 강을 연결하는 8개의 다리가 동서를 잇고 고전양식의 빌딩과 주택들이 역사의 향기를 느끼게 한다. 세느강의 유람선을 타고 구경할 때 느꼈던 파리의 역사적인 유물들과 그 아름다움을 여기서도 또 한 번 맛보게 된다. 서울의 한강 주변에 늘어선 현대식 빌딩과 아파트단지를 연상하면 문화란 인간의 의지로 한 장 한 장 쌓아 올리는 땀과 의지의 산물임을 다뉴브강 물결은 말없이 보여주고 있다.

언덕에서 보면 다뉴브강 한가운데 위치한 머르기트섬이 시야에 들어온다. 머르기트섬에 도착하자 입구에는 잔디운동장과 각종 위락시설이 나타났다. 비키니 차림으로 일광욕을 하는 사람들과 아름드리 나무숲들이 어울려 섬 전체가 시민들의 휴식공간으로 활용되고 있다. 특히 각종 꽃으로 조성한 넓은 꽃밭과 잔디밭이 매우 인상적이다.

머르기트섬은 길이 2.5㎞, 넓이 500m로 다뉴브강 한가운데 나뭇잎이 떠 있는 형국이다. 로마 시대부터 부다지구와 다리로 연결되어 있었고 한 때는 토기섬으로 불렸다. 13세기 벨라 4세의 왕녀인 머르기트 공주가 이 섬의 수도원에서 비극적인 일생을 마친 것을 기리기 위하여 '머르기트섬'이라는 이름으로 명명했다고 전해지고 있다.

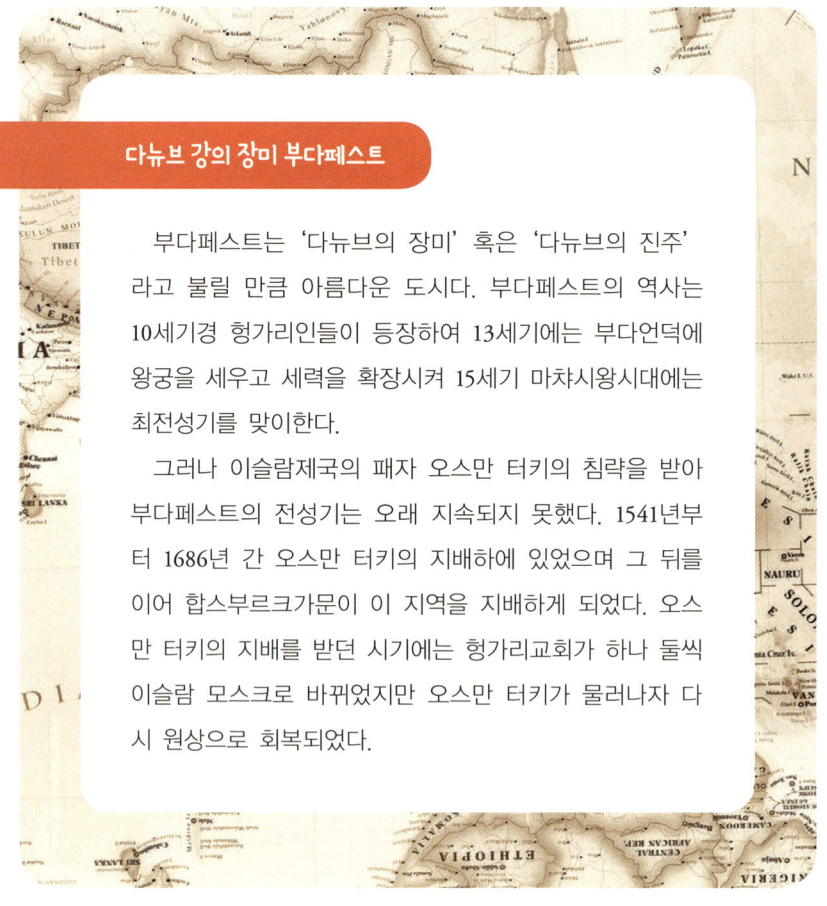

다뉴브 강의 장미 부다페스트

부다페스트는 '다뉴브의 장미' 혹은 '다뉴브의 진주'라고 불릴 만큼 아름다운 도시다. 부다페스트의 역사는 10세기경 헝가리인들이 등장하여 13세기에는 부다언덕에 왕궁을 세우고 세력을 확장시켜 15세기 마챠시왕시대에는 최전성기를 맞이한다.

그러나 이슬람제국의 패자 오스만 터키의 침략을 받아 부다페스트의 전성기는 오래 지속되지 못했다. 1541년부터 1686년 간 오스만 터키의 지배하에 있었으며 그 뒤를 이어 합스부르크가문이 이 지역을 지배하게 되었다. 오스만 터키의 지배를 받던 시기에는 헝가리교회가 하나 둘씩 이슬람 모스크로 바뀌었지만 오스만 터키가 물러나자 다시 원상으로 회복되었다.

헝가리 건국 영웅들을 기념하는 영웅광장

●●● 머르키트공원에서 휴식을 취한 후 4시 반경 영웅광장으로 향했다. 청동으로 만든 동상들이 늘어서 있고 광장 우측으로 시민공원이 조성되어 있다. 안드라시거리가 끝나는 지점에 있는 영웅광장은 왕궁과 어깨를 나란히 하는 관광명소다. 에르제베트광장에서 영웅광장에 이르기까지 약 2.5㎞의 안드라시거리는 부다페스트의 샹젤리제라고 일컫는 코스다. 건국 천년을 기념하여 세워진 광장은 국가적인 행사장으로 자주 이용되고 있다.

1896년에 착공되어 1929년에 완성된 건국천년 기념비는 안드라시거리의 연장선상에 높이 36m의 둥근 돌기둥이 서 있다. 기념비의 밑부분은 헝가리 건국의 영웅인 마자르족의 아르파드 족장과 6명의 부족장으로 장식되어 있다. 돌기둥 앞에 있는 건물은 영웅기념비로 독립전쟁 때 목숨을 잃은 전사들의 위령비다. 위령비 아래 부분 기둥 사이에는 14명의 영웅동상이 있고 그 위에는 일과 번영, 전쟁, 평화, 학문과

부다페스트의 영웅광장

영광을 상징하는 동상이 있다. 광장 왼편으로 아테네의 제우스신전을 본뜬 미술관이 있다. 스페인을 제외하고는 스페인 미술품을 가장 많이 소장하고 있다.

광장 우측 시민공원으로 향했다. 세계를 여행하면서 느낀 점은 한국 인처럼 바쁘게 살고 있는 사람들은 이 지구상에는 거의 없는 것 같다. 가난하지만 여유 있고 낙천적인 성격을 가진 사람들을 만나면서 결코 GDP가 삶의 질이나 행복의 척도로 평가될 수 없다는 것을 실감하게 된다.

인간이 돈을 버는 목적은 궁극적으로 행복해지기 위해서다. 수년전 유럽의 신경제단(NEF)이 발표한 국가별 행복지수조사에서 남태평양 의 외딴 섬나라이며 1인당 GDP가 1,404달러인 바누아투공화국이 행 복지수 1위를 차지했고 전통적인 선진국인 서방 8개국은 50위 안에 한 나라도 들지 못했다. 2010년 NEF가 발표한 국가별 행복지수에서 1인당 국민소득 1,200달러인 부탄왕국이 국민 100명 중 97명이 행복하다고 답변하여 당당히 1위를 차지한 반면 2015년 GDP 11위인 대한민국이 세계 158개국 대상으로 실시한 국가별 행복지수에서 47위를 차지하고 OECD 자살율 1위를 기록했다.

행복지수를 연구하는 전문가들은 GDP가 산업문명이 가져온 악몽이라고 말한다. GDP는 대량의 자원과 에너지의 고갈, 환경과 기후의 파괴를 증가시켰다. 또한 대다수의 돈은 물질적 풍요를 가져다주었지만 심리적 안정과 행복을 가져다주지 못하고 오히려 초조와 불안을 가중시켰음을 지적했다. 히말라야 동쪽에 있는 인구 100만 명도 안 되는 작은 나라 부탄왕국은 국민의 행복을 최우선의 가치로 삼는다. 부탄왕국의 행복중심 사고는 새로운 미래가치로 부상될 것이다.

　　헝가리의 역사는 9세기 후반 수장 아르파드의 인솔을 받으며 다뉴브강 유역으로 진출한 유목민 마자르인들이 지금의 헝가리 땅에 정착하게 되었다. 서기 1000년경에 왕국을 건설하여 이슈트반 1세가 헝가리왕국의 초대 국왕으로 즉위하여 기독교왕국으로 발전시켰다. 11세기 말부터 13세기 초까지 헝가리왕국은 발전을 거듭하여 대국으로 성장하였다. 1241년 몽골군의 침략으로 붕괴위기에 놓이게 되었으나 러요시 1세가 즉위하여 수도를 부다페스트로 옮기면서 헝가리는 다시 번영의 길을 걷게 되었다.

　　15세기 오스만 터키의 침략을 받았으나 귀족 후냐디 야노슈의 용감한 활약으로 위기를 극복하고 그의 아들 마챠시 1세(재위 1458~1490)가 왕으로 즉위했다. 마챠시 1세의 경제와 문화부흥정책에 힘입어 헝가리의 르네상스시대가 열리게 되었다. 그러나 1541년 오스만 터키의 재차 침입으로 인해 수도 부다페스트는 점령되고 헝가리 중앙부와 남부가 오스만의 직할령으로, 서부는 합스부르크가문의 지배하에 들어가게 되었다.

　　17세기 말에는 합스부르크가문이 헝가리 전역을 점령하자 이에 대항하여 1703년 페렌츠가 독립전쟁을 일으켰고 1848년 두 번째 자유혁명이 일어났지만 실패하였다. 여러 차례의 수난과 실패를 겪으면서 1867년 내정 자치권을 부여받아 헝가리제국으로 탄생하게 되었다.

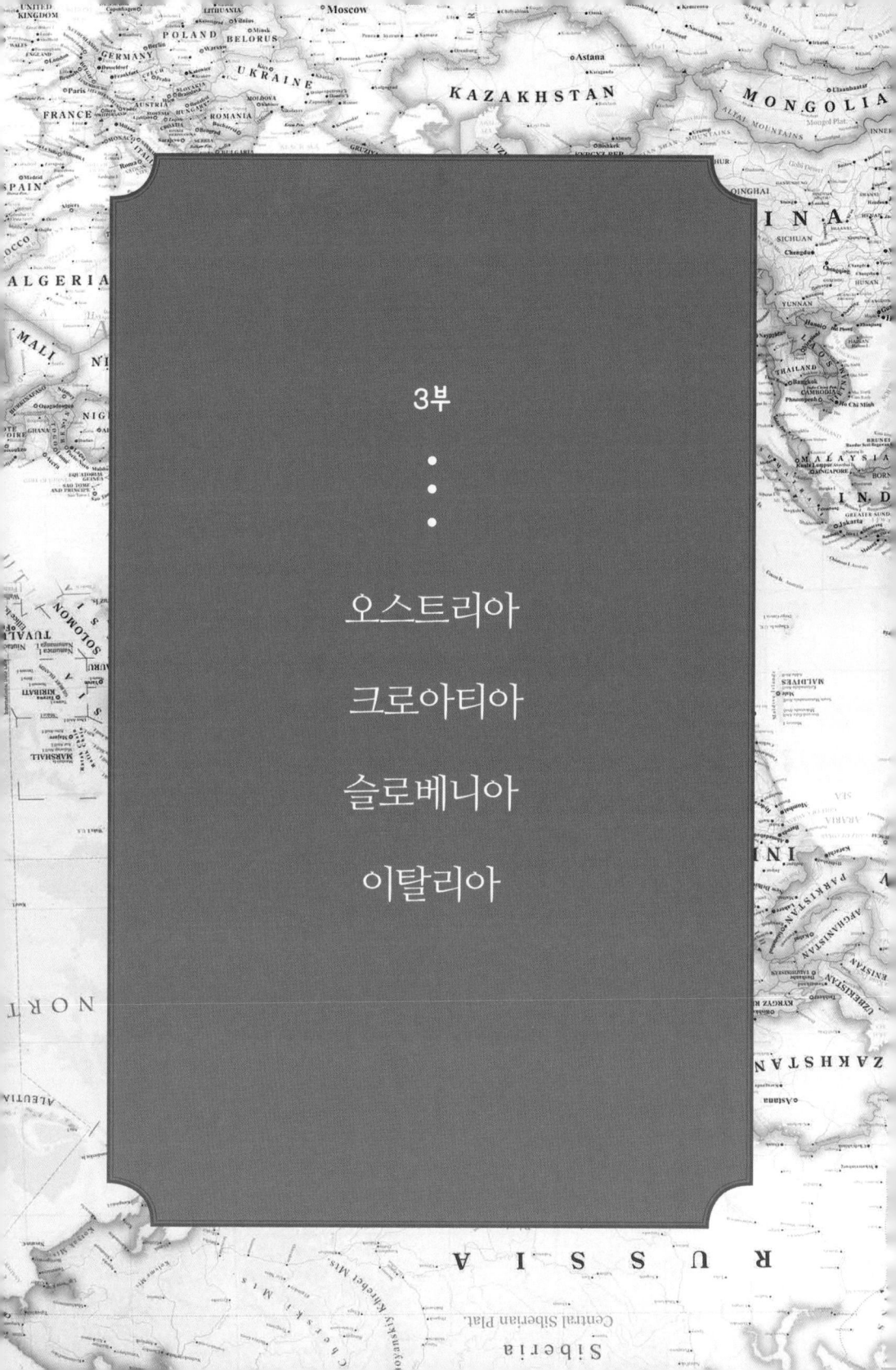

3부

.

.

.

오스트리아

크로아티아

슬로베니아

이탈리아

오스트리아 비엔나
음악과 정원의 도시 오스트리아 비엔나

●●●저녁 6시 55분 비엔나 행 열차에 올랐다. 저녁노을이 붉게 물들었다. 좌석은 거의 텅 비었다. 철로 변에 유난히 나무가 많이 있다. 밤 9시 25분 비엔나역에 내려 숙소를 찾기 위해 안내센터를 찾았으나 일요일이라 문이 닫혀있다. 부다페스트에서 비엔나까지 2시간 반 정도의 거리다. 지도를 샀지만 어디에 숙소를 정해야 할지 난감했다. 여행 온 대학생 커플에게 유스호스텔을 물으니 포르첼라노임을 가르쳐 주었다. 지도를 기차역 바닥에 펼쳐놓고 두 사람에게 묻고 상의했지만 감이 잡히지 않아 방향이 같으면 같이 가기를 요청했다. 두 사람을 따라 도시의 전철인 트램(Tram)을 갈아타며 포르첼라노임에 도착했다. 1인용 객실을 잡았다. 우리나라 여관수준으로 깨끗하고 편안했다. 비엔나에서는 수돗물을 생수로 이용하고 있다.

아침에 일어나 발마사지로 몸을 조금씩 풀었다. 인근에 있는 햄버거 가게에서 간단한 아침식사를 했다. 비엔나의 아침 날씨는 매우 서늘하다. 샌들을 벗고 준비해 온 운동화로 갈아 신었더니 발걸음이 날아갈 듯 가볍다.

오전 9시 35분 지그문트 프로이드(1856~1939) 공원에 도착했다. 도시 한가운데 넓은 잔디밭으로 된 나무숲과 벤치에 앉아 젊은이들이 책을 읽고 있다. 햇살이 비치자 시원한 바람이 불어왔다.

여름에도 최고 기온이 섭씨 23도 정도다. 공원 앞에는 도심 한가운데를 뚫을 듯이 솟구친 웅장한 성당이 자리 잡고 있다. 성당을 지나 마치공원에 도착했다. 잔디밭과 가로

비엔나의 고건축물

수길 사이로 아름다운 나무와 꽃들이 피어 있다. 공원 건너편의 라트하우스 플라츠성당의 첨탑 너머로 구름이 떠돌고 출입문 위의 첨탑과 시계탑이 돋보였다. 창문가에 메어단 화분에는 붉은 꽃이 화사하게 꽃잎들을 늘어뜨려 매우 정감 있게 느껴졌다. 문득 우리나라 카페나 음식점

입구 창가에 저런 화분과 꽃들을 늘어뜨린다면 얼마나 운치 있을까 하는 생각도 해보았다.

오전 11시 에리히통 데어 레퍼블릭공원을 지났다. 2마리 말이 이끄는 4륜 마차가 달려가는 모습은 19세기를 연상시켰다. 도시는 공원과 공원사이에 위치한 낭만과 예술이 가득한 분위기로 넘쳤다. 마리아 테레지아공원에 도착했다. 맞은편 쪽에 미술사미술관과 자연사박물관이 들어서 있다. 빈의 미술사미술관은 유럽의 3대 미술관 중에 하나이다. 대대로 합스부르크가문의 황제들이 수집해 온 세계의 미술품들은 빈을 유럽 미술의 보고로 만들었다.

세계 여러 나라의 유명화가들의 작품뿐만 아니라 이 미술관 내 19실에는 합스부르크가문에서 대대로 전해 내려오는 보물이나 신성로마제국 황제의 왕관을 비롯하여 순금 화병 등 값을 헤아리기 어려운 수많은 보석들이 진열되어 있다. 반면에 빈 자연사박물관은 공룡을 비롯하여 다양한 동식물의 뼈와 화석들과 각종 토기와 청동제품, 농사도구와 전쟁도구, 동식물과 새들의 박제품들이 전시되어 있다.

박물관을 나와 부근의 오픈페시지에 서 있는 오프렌 건물(1861~1869)로 갔다. 지붕에 날개달린 청동기사와 2층 아치에 조각된 5인의 조각상이 시선을 끌었다. 건물 양 옆 조각상에서 흘러내리는 물은 건물의 운치를 한껏 돋보이게 했다. 레셀공원에서 잠시 앉아 빨간 꽃무리 속을 날아다니는 나비 한 쌍을 보면서 비엔나의 화사한 가을 햇살을 만끽했다. 벤치에서 일어나 칼스키르헤성당(1716~1737)으로 갔다. 양 옆에 커다란 석주石柱기둥에는 성경의 수많은 이야기들이 빼곡하게 조각되어 있다.

스테이트 스위트반 호프정거장으로 가는 트램을 탔다. 기차 정거장은 국내용과 국외여행 기차역이 따로 있는데 크로아티아로 가는 역은 스위트반 호프역이다. 크로아티아 행 열차표를 예매한 후 넓은 정원과 큰 분수대가 있는 슬로스벨리아 건물 앞에 도착했다.

넓은 잔디정원과 시원한 연못 분수대를 배경으로 있는 아름다운 궁전을 바라보며 1시간 정도 휴식을 취했다. 꽃향기를

오스트리아빈의 공원과 첨탑

맡으며 잔디에 누워 푸른 하늘을 보니 여기가 천상의 끝자락처럼 느껴져 너무나 편안했다.

커피의 원산지는 에티오피아의 카파(Kaffa)지방으로 알려졌지만 커피의 대명사 모카는 아라비아 남부 예멘에 있는 모카지방이다. 인간이 커피를 의도적으로 마시기 시작한 것은 16세기 초 예멘의 이슬람 신비주의자들이나 종교지도자들이 애용한 것으로 알려져 있다. 커피의 효능이 알려지면서 이슬람세계로 전파되었고 1511년 메카에서 커피를 마셨다는 기록이 남아있다. 1554년에는 세계 최초의 카페인 차이하네가 이스탄불에 문을 열었다.

처음 중세 가톨릭교회에서는 시커먼 커피를 보고 이교도들이 마시는 악마의 음료로 간주하여 커피의 음용은 불경스럽게 생각했다. 교황의 유권해석을 어긴 수많은 사람들이 목숨을 잃거나 불이익을 당했다. 그러나 교황 클레멘스 8세가 직접 커피를 마셔본 후에 하나의 기호식품으로 인정했다. 커피에게 세례를 준 셈이다.

오스트리아와의 전쟁에서 패한 후 오스만제국 군이 남기고 간 보급품에는 커피콩이 있었는데 쿨스지스키라는 사람이 포로로 잡혀있는 동안 커피 만드는 방법을 익혔다. 그 뒤 그는 패주하는 오스만제국 병사들 틈에서 무사히 빠져나와 커피제조법을 세상에 알렸다. 지금 비엔나에는 우리가 알고 있는 비엔나라는 커피는 없다. 대신 커피콩을 그대로 볶아 우려낸 진하고 강한 커피에 생크림을 듬뿍 얹은 아인스패너라는 커피가 있다.

오스만터키가 비엔나를 2차 침공했을 때 아르메니아인들이 오스만 군에 대한 정보를 제공해 줌으로써 오스트리아는 간신히 승리할 수 있었다. 정보제공 대가로 오스트리아 정부는 커피제조기술을 익히고 있던 아르메니아인들에게 비엔나에서 커피점을 열고 커피를 팔 수 있는 특권을 주었다. 이것이 비엔나 커피의 효시가 되었다.

　프랑스빵으로 알려진 크루아상도 오스만 터키와 관련이 있다. 1683년 오스만제국군은 오스트리아 수도 빈을 완전히 포위하고 성벽 아래 터널을 뚫어 폭파하려 했다. 이날 밤 빵을 만들고 있던 빵장수가 땅 속에서 들리는 소리를 듣고 적군이 쳐들어온다는 것을 알렸다. 덕분에 오스트리아는 전쟁에서 승리했다.

　피터 밴더라는 제빵사가 이 역사적인 사건을 기념하려고 오스만 군의 군기에 그려진 초승달 모양으로 빵을 만들었는데 이렇게 해서 크루아상이 생겨났다. 이 때부터 빈시민은 승리를 기념하는 뜻에서 초승달 모양의 빵을 만들어 먹었다. 프랑스왕 루이 16세와 결혼한 마리 앙투아네트가 이 빵을 프랑스에 전해 유명해졌다. 빵의 이름을 초승달을 뜻하는 불어인 르 크루아상(Le Croissant)으로 붙여서 그때부터 크루아상으로 불렀다.

오스트리아 최대의 고딕양식 성 슈테판성당

●●● 한국의 명동거리처럼 젊은이들이 모여드는 오페거리를 지나 성 슈테판성당으로 향했다. 이 성당은 빈의 상징물이자 가장 사랑받는 명소이다. 성당 벽면의 화려함과 아기자기하고 날카로운 첨탑과 다양한 디자인양식은 그 시대 사람들의 변화무쌍하고 새로움을 추구했던 예술정신의 극치를 보여주고 있다. 13세기 후반부터 3백년에 걸쳐 건설된 오스트리아 최대의 고딕양식 성당이다. 둥근 돔형식의 천정 중앙은 장식이 없고 성당을 받치는 거대한 둥근 대리석기둥이 연속적인 수직 주름으로 변화를 주고 있다.

규모면에서 보면 슈테플이라 불리는 첨탑 꼭대기까지 137m로 세계에서 3번째로 높다. 343개의 계단으로 73m 부근까지 올라갈 수 있으며 주변에 펼쳐진 사원의 아름다운 지붕과 빈의 옛 시가지의 멋진 전경을 바라볼 수 있다. 성당을 나와서 도심 가운데를 흐르는 도나우 강의 푸른 물결을 바라보았다. 도나우강은 유럽 제 2의 강으로 라인강이 서쪽으로 흐르는데 비해 도나우강은 그 반대쪽인 오스트리아와 헝가리에서 발칸반도를 거쳐 흑해로 흘러 들어가는 강이다. 비엔나는 도시 전체가 하나의 공원이며 야외박물관이다. 발걸음이 닿는 곳마다 정원과 벤치가 기다리고 있고 숲과 꽃과 조각과 예술품들로 도시 전체를 장식해 놓고 있다.

합스부르크라는 이름은 현재의 스위스의 작은 지방이 된 아르가우에 있는 합스부르크성에서 유래되었다. 합스부르크가문은 원래 300여 개의 영주국으로 이루어진 신성로마제국의 한 영주가문에 불과했지만 정략결혼을 통해 점차 세력을 확장하여 1273년 첫 왕을 탄생시켰다. 그가 바로 독일 왕 루돌프 1세였다. 그는 1282년 두 아들 알브레히트와 루돌프에게 오스트리아와 슈타이어마르크를 물려주었다. 이때부터 합스부르크 왕가는 오스트리아 왕가에 깊이 관여하게 된다.

중세 이후 근대에 이르는 역사에서 합스부르크가문은 하나의 가문 이상의 의미를 가지는 왕가다. 합스부르크 왕가는 13세기에서 20세기 초반까지 700여 년 동안 오스트리아를 중심으로 독일과 스페인, 포르투갈, 동유럽을 무대로 유럽에서 막강한 위용을 자랑함은 물론 멕시코와 필리핀까지 지배했던 유럽 최대의 명문가였다. 15세기 막시밀리언 1세는 합스부르크가의 중흥의 시조로 에스파니아 왕실과 통혼으로 왕위에도 개입하게 되었다. 그의 손자로 신성로마제국의 황제와 에스파니아 왕을 겸했던 카를 5세에 이르러 왕가의 지배 영역은 최대 규모에 이르렀다. 그러나 1700년 에스파냐의 합스부르크 왕가의 대가 끊기자 에스파니아 왕위계승 전쟁이 발발하였고 1740년 오스트리아 합스부르크 왕가의 대가 끊기자 오스트리아 왕의계승 전쟁이 벌어졌다. 그러나

성 슈테판 성당

오스트리아 합스부르크의 마지막 계승자인 마리아 테레지아가 로트링켄(로렌)의 공작인 프란츠 스테판과 결혼함으로써 빈의 합스부르크 가문은 합스부르크 로트링겐 왕가로 바뀌게 되며 합스부르크의 정통 왕가는 단절된다. 합스부르크 왕가는 프랑스 왕을 제외한 거의 모든 유럽의 왕실과 연결되어 있었다.

합스부르크 가문이 오랜 세월 동안 거대한 제국을 통치할 수 있었던 비결은 다름 아닌 근친결혼이다. 정략결혼이라고 불리는 이들의 혼인 형태는 영토를 넓히고 권력을 유지하는데 효과적일지는 몰라도 우생학적인 면에서는 치명적인 약점을 안고 있었다. 합스부르크 가문은 어느 나라에 딸을 시집보내 그 나라의 공주가 되게 하고 공주가 아들을 낳으면 그 나라와 우호관계를 유지하다가 대가 끊기면 그 나라를 통치하는 방법이다. 근친결혼이 계속되다보니 자손 대대로 주걱턱이 유전되고 각종 유전병이 발생하게 되는 치명적인 재앙을 얻게 되었다. 카를로스 2세의 경우를 살펴보면 태어날 때부터 병약하고 불구여서 젖을 5~6세 때 뗄 정도였으나 제대로 걷지도 못했다.

유럽 왕가 사람들의 초상화에 주걱턱이 많은 것은 대부분 합스부르크 왕가사람들이다. 합스부르크 왕가의 유전병은 점점 심해져 필리페 4세의 아들인 카를로스 2세 때는 대가 끊기게 된다. 결국 스페인에서 왕위계승 전쟁이 일어나고 부르봉 왕가가 스페인을 통치하는 결과를 초래하게 된다. 1804년 합스부르크 로트링겐 왕가의 프란츠 2세는 스스로 오스트리아의 황제로 칭하였다. 1867년에는 오스트리아-헝가리제국이 탄생하였고 제1차 세계대전에서 패배 한 후 1918년 합스부르크 로트링겐 왕가는 몰락했다.

자그레브 행 열차에서 만난 에티오피아 두 자매

●●● 모차르트가 태어난 고장 짤쯔부르크를 경유하여 크로아티아로 가려고 생각해 보았지만 예정된 시간이 다 끝나가고 있기에 아쉬움만 남겼다. 울창한 소나무 숲 사이의 농가주택들과 갈아엎은 밭이랑들이 그림처럼 스쳐간다. 오후 4시 55분 산악지대로 들어섰다. 초지와 숲으로 둘러싸인 암벽 산조차 단 한 뼘의 땅도 헐벗은 곳은 보이지 않는다. 한가롭게 풀을 뜯는 양떼들과 깨끗하게 단장한 간이역들이 인상적이다. 맑게 흐르는 하천을 보니 중국 대륙의 황톳물과 고비사막과 중앙

아시아의 초원에서 느꼈던 갈증이 말끔히 가셔지는 기분이다.

오스트리아 농촌은 공터를 빈틈없이 잘 가꾸어서 스위스의 알프스 산간처럼 푸른 녹지대를 조성해 놓았다.

오후 6시 35분 그라츠 역에 도착했다. 여기서 일반 객실을 반 정도 분리해서 떼어내고 열차 칸을 바꾸어 타고 크로아티아로 가게 된다. 비엔나에서 자그레브까지 454㎞로 1,135리 정도의 거리다. 10분 정차하고 그라츠 역을 출발했다. 식당 칸에서 이디오피아 출신인 흑인 두 자매를 만났는데 언니인 사라는 영어를 매우 유창하게 구사하고 동생인 사무라는 뚱뚱한 몸매에 과묵한 편이다. 사라는 에티오피아에도 사계절이 있고 산의 고도에 따라 기후가 매우 다양하며 언어도 부족 간에 달라 셀 수 없이 많다고 설명했다.

두 자매는 독일과 체코, 빈을 통해 28일간의 여행을 계획하고 답사 지역의 정보보다는 현지에 도착하여 많이 묻고 가능한 도보를 선호한다고 했다. 에티오피아의 역사를 간단히 설명하면서도 모국에 대한 그녀의 사랑과 긍지를 강하게 느낄 수 있었다.

밤 9시 35분 크로아티아의 수도 자그레브에 도착했다. 기차역 건너편 한 불럭 거리에 유스호스텔이 있었다. 다음날 일정을 같이 하기로

언덕에서 본 자그레브 전경

했다. 아침 8시에 프런트에 나가니 사라와 사무라 자매가 먼저 기다리고 있었다. 두 자매는 저녁 때 떠날 스위스 쯔리히 행 버스표를 예매했다고 한다.

　사바 강을 끼고 형성된 자그레브는 메드베드니카산의 남쪽 경사면에 자리 잡고 있다. 파리나 비엔나 같이 한 눈에 반할만큼 화려하거나 기품 있는 도시는 아니다. 자그레브(Zagreb)란 도시 기원의 의미는 도시에 참호를 자주 만들게 되었기 때문에 '참호'나 '도랑'을 의미한다. 기차역 건너편에 위치한 바나 조시파 젤라체이카광장의 벤치에서 잠시 휴식을 취했다. 이 광장은 자그레브의 중심이며 워킹 투어의 출발지이자 도시 관광이 끝나고 되돌아오는 종착지이기도 하다.

성마리아 교회와 미마라박물관

●●● 오도락시장의 서쪽 편에 고딕 바로크양식을 혼합한 성 마리교회를 방문하고 광장언덕 위에서 시가지를 바라보니 고층 건물 몇 채와 높은 아파트가 눈에 가끔 뜨일 뿐이다. 과거의 모습을 거의 온전하게 보존하고 있는 소박한 이미지를 간직한 수도 자그레브의 전경이다.

성 캐더린광장은 크로아티아의 부왕인 피터 지린스키의 아내이며 여류 시인인 카타리나 지린스카야의 이름을 따서 지었다. 지린스키와 후란코판은 1671년대 크로아티아의 두 개의 명문 귀족 집안이다. 이 광장은 1620~1632년 사이에 세워진 성 캐더린 제수이트교회와 가까이 있다. 이 교회는 벽화와 조각으로 유명하며 가장 아름답고 가장 완전하게 보존된 바로크양식 중에 하나로 평가받고 있다.

오후 1시경 언덕을 내려와 자그레브의 다운타운에 도착했다. 두 자매는 성격도 활달하고 걷는 것이 능숙해서 동행하기에 매우 편했다. 말 탄 기사의 동상 오른쪽 광장에서부터 제 2코스의 도심투어를 시작했다. 골목 전체가 노천카페 거리다. 유럽의 여느 도시나 수도처럼 화려하지는 않지만 꾸미지 않은 시골소녀의 민얼굴처럼 소박하고 단아하면서도 기품을 잃지 않고 있는 조용한 도시다.

마살로건물 잔디밭 그늘에 앉으니 건물 둘레에는 이름 모를 꽃들이 지천으로 피고 새들이 지저귀었다. 잔디에 누워 자그레브의 하늘을 쳐다보았다. 엷은 구름 한 조각이 푸른 하늘을 노 젓어가고 있다. 눈부신 가을 햇살에 붉은 꽃잎들이 바람에 흔들리고 있다.

오후 3시경 미마라박물관에 도착했다. 1층 전시실에 있는 왕관을 쓰고 십자가에 못 박힌 예수의 상이 인상적이다. 정교한 금. 은제품과 작은 조각 작품이 전시되어 있다. 2층은 14~15세기의 사진처럼 정밀한 성화와 16세기의 개인 초상화, 17세기엔 풍경 및 인물을 소재로 한 그림들이 전시되어 있다. 매우 부드럽고 따뜻한 1919년 작 르노아르의 숲속의 누드 여인과 뒷면 벽장 위에 올려놓은 성상 위에 무릎 끓고 기도하는 여인의 어두운 색조는 정반대의 분위기를 풍기고 있다. 화사한 숲속의 꽃과 여인의 나체가 빚어내는 르노아르의 작품은 전시실 한가운데에서 풍만함과 따뜻한 분위기를 풍기고 있다. 2층에서 1층 우측 전시실로 내려갔다.

미마라박물관은 수집 전문가 안테 토픽세 미마라와 그의 아내 윌트루드가 일생동안 수집한 소중한 작품들을 기증함으로 생겨났다. 미마라의 수집품들은 고대 이집트의 유물을 포함하여 라파엘로와 벨라스쿠에즈, 루벤스, 렘프란트와 르노아르와 같은 굉장히 가치가 있는 3,750점 이상의 예술작품을 보유하고 있다.

오후 5시 25분 배낭을 찾으러 수화물 창고에 갔더니 뜻밖에 찰리와 그녀의 남자 친구 제미가 짐을 찾고 있었다. 너무나 놀라운 만남에 서로 얼싸안고 사진을 찍었다. 그리스 아테네에서 테살로니키로 가는 기차 안에서 앞좌석에 앉았던 영국인 대학생 커플이다.

우연치고는 너무 신기했다. 우리는 연령과 세대 차이를 뛰어 넘어 이곳에서 다시 만났다는 점에서 서로 놀라워하며 열에 들뜬 소년들처럼

네오고딕 양식의 성 마리교회

기뻐했다. 그리스 데살로키역에서 헤어져 크로아티아 자그레브역에서 또 다시 만나니 마치 소설 속의 주인공이 된 것처럼 경이로웠다.

슬로베니아 수도 류블랴나행 열차

●●● 저녁 6시 5분 슬로베니아 행 열차가 출발했다. 내 시계는 오후 5시 30분을 가리키고 있어 하마터면 기차를 놓칠 뻔 했다. 시간을 35분 더 빨리 조정했다. 국경을 넘을 때 시차가 나는 것을 모르고 빠듯하게 대처하다 보면 차를 놓칠 수가 있다.

오후 6시 30분 도보바 국경검문소에 도착했다. 목재 더미가 쌓인 공장이 여러 개 보이는 크르스코시를 지났다. 야트막한 산언덕 사이로 펼쳐지는 맑은 하천과 작은 들판 사이로 시골농가의 정감어린 모습들이 저녁노을 속에 잠겨 있다. 저녁 8시 20분 가로등 불빛이 창가에 가득하다. 기차는 류블랴나에 가까이 다가가고 있다.

류블랴나는 호텔이 부족하고 가격도 매우 비싼 편이다. 가장 싼 파크호텔은 이미 만원이고 유스호스텔은 7월 1일부터 8월 말까지만 운영한다고 한다. 우리의 장급보다 조금 나은 수준의 호텔을 구했다. 아침 9시에 제미, 찰리와 함께 모처럼 즐거운 만찬을 즐겼다. 참으로 오

랜만에 과일과 빵이 풍성한 식사를 하는 셈이다. 여행의 허기 탓인지
아무리 먹어도 배가 부르지 않았다. 긴 여행에서 오는 배고픔과 갈증
탓이다. 찰리가 길쭉한 빵의 배를 가르고 그 속에 햄과 치즈를 넣어 점
심식사를 하면 좋겠다고 해서 흔쾌히 동의했다. 바나나 한쪽과 자두와
달걀 하나를 종이에 싸서 재킷에 넣었다.

   인구는 2백십만 명 정도이며 과거 유고슬라비아의 연방국가들 가운데 가장 잘 사는 나라였다. 독립 후 과거 동유럽 사회주의 국가들 중 경제적으로 가장 강력한 나라 가운데 하나로 부상하고 있다. 1인당 GDP가 20,000$ 이상이다.

   슬로베니아는 모든 구 유고연방 국가들 중에 인종적인 동질성이 가장 강하다. 인구의 83%가 슬로베니아인으로 크로아티아인이 1.8% 차지하고 있으며 소수민족으로 이탈리아인 3,000명, 헝가리인 8,500명 정도가 국경지역에 거주한다.

   지정학적으로 오스트리아와 크로아티아 사이에 끼어 있으며 이탈리아와 헝가리는 짧은 국경선을 맞대고 있다. 면적은 2만 273㎢로 동유럽에서 가장 작으며 영국의 웨일즈나 이스라엘 정도 크기이다. 국토의 대부분은 산이며 북서쪽 줄리안 알프스와 국내 최고봉인 2,864m인 트리기라브를 정점으로 이루어져 있다.

   슬로베니아 기후는 사계절이 뚜렷하지만 지형의 분포도에 따라 세 개 지역의 기후를 나타내고 있다. 북서쪽은 대서양의 강력한 영향을 받는 고산지대의 기후이다. 그곳 계곡의 기후는 여름에는 알맞지만 겨울에는 춥다. 소카계곡에서 아주 먼 북쪽 해안과 서쪽 슬로베니아지역은 온화하며 연중 일조량이 많은 지역이다. 대부분의 동쪽 슬로베니아는 여름은 덥고 겨울은 추운 대륙성 기후이다. 강우량은 3～4월과 10～11월에 집중되어 있고 1월달 평균 기온은 −2도이며 가장 더운 7월은 21도 정도이다.

류블랴나박물관 탐방과 류블리스키 그랜드 성 전망대

●●●도시는 고전주의 양식의 건물들로 중세의 어느 골목길을 걷고 있는 느낌을 준다. 박물관직원에게 슬로베니아의 경관과 문화에 대한 학술적인 목적으로 방문했다는 얘기를 전하자 무료입장에 사진촬영까지 허락했다.

1층은 주로 돌이나 비석에 새겨진 조각과 문자, 벽면에 새긴 부조 등이 전시되어 있다. 2층은 다양한 화석과 동식물들이 전시되어 있다. 다른 전시실에는 성화와 초상화 등의 그림이 전시되어 있고 특히 17세기 초상화는 사진을 찍어 놓은 것 같은 정밀화가 인상적이다. 슬로베니아의 만찬장에 쓰는 바이올린과 전통악기들과 그릇, 잔, 도자기 등이 식탁에 놓여있어 당시의 소박한 연회장의 모습을 상상할 수 있다.

역사유물관은 닫혀 있어 볼 수가 없었다. 박물관 규모는 우리의 시립박물관 수준이다. 슬로베니아 사람들은 대부분 키가 크고 날씬한 체격을 가진 편이다. 오후 1시에 박물관 잔디밭에 앉아 호텔에서 가져온

류블랴나 박물관

빵과 과일로 풍요로운 정찬을 즐겼다. 식사 후 의회광장을 지났다. 도심 한가운데 류블랴니카 하천이 흐르고 있다. 이곳에서 5분 거리에 있는 프레세렌광장에 도착했다. 왼손에 책을 들고 광장을 바라보고 있는 프레세렌의 청동 동상과 하천 주변의 발코니들이 여러 개의 다리로 연결되어 중심광장을 이루고 있다.

류블리스키 그랜드 성으로 향했다. 담쟁이 넝쿨이 있는 성벽을 따라 언덕길을 오르면 각종 공예품과 액세서리가게와 노점까페가 나타난다. 성안의 규모는 그리 크지 않지만 5각형 타워와 전망대 등이 나타난다. 전망대에 오르니 몇 개의 큰 고층건물과 아파트를 제외하곤 5~6층 이하의 건물이 주류를 이루고 있는 전경이다.

발칸반도를 넘어 베네치아로

●●●오후 3시 50분 이탈리아 행 기차에 올랐다. 기차는 집에 돌아온 것처럼 편안했다. 비가 그치고 옥수수 밭과 숲속의 맑은 햇살이 눈부셨다. 오후 7시 세자나역에 도착하여 여권검사를 하고 이탈리아 빌라 오피시나역에 도착했다. 여기서부터는 건물 앞면에 돌을 부치는 건축양식과 철도 연변에는 작은 관목 숲이 자라고 있어 슬로베니아의 풍경과는 대조적이다.

저녁 7시 50분 바다가 조금씩 얼굴을 드러냈다. 항구에 뿌려놓은 밤바다의 불빛들이 색다른 모습으로 다가섰다. 밤 10시 20분에 베네치아의 산타루치아역에 도착했다. 기차에서 내리자 역 앞은 물바다였다. 이제껏 느꼈던 도시와는 달리 도로가 물길로 넘실거리는 풍경에 난감해졌다. 숙소를 어떻게 구해야 할지도 전혀 생각이 떠오르지 않았다.

소형 배들이 역 앞에 빽빽하게 정박해 있었다. 젊은 대학생들이 한 팀이 되어 오르는 배에 무작정 따라 승선했다. 배에는 바포레토라고 불리는 수상 버스와 모터보트인 택시, 그리고 곤돌라가 있지만 그중에서도 바포레토가 값도 싸고 이용하기가 편해 대중적이다. 운하위로 드리운 커다란 다리 밑을 통과하자 도시의 불빛과 가로등이 눈부시게 물결 위를 비추었다. 수많은 도시를 거쳐 온 내 눈 앞에 전혀 새로운 빛깔의 도시가 펼쳐졌다. 177개의 운하와 118개의 섬과 400개의 다리가 놓여 져 있는 아름다운 수상도시 베네치아의 표정은 환상적이다. 물의 도시라고는 알고 있었지만 자동차가 한 대도 없는 곳인 줄은 생각하지 못했다.

베네치아는 유스호스텔이 매우 귀하다. 대학생들을 따라 섬에 도착하여 유스호스텔의 방을 구했으나 예약이 꽉 차 있어 되돌아 나왔다. 갑자기 밤바다의 미아가 되었다. 유스호스텔 직원이 가르쳐준 저렴한 산타 포스카호텔을 가기 위해 처음 도착했던 산타 루치아역으로 다시 되돌아 나가야 했다.

베니스는 지금 세계 각국에서 모여드는 영화인들 때문에 방을 구할 수 없을 뿐더러 베니스영화제와 더불어 베니스건축제가 겹쳐서 방 잡기가 하늘에 별 따기라고 지나가다 만난 우리나라 청년이 알려주었다. 새벽 2시에 간신히 찾은 산타 호스카호텔도 만원이었다. 겨우 인근에 있는 호텔을 하나 발견했으나 예상보다 비싸 산타 루치아역으로 되돌아 나왔다. 대합실 문은 굳게 닫혀 있었다. 현관에 신문지나 종이를 깔고 누워있는 젊은이들은 깊은 잠에 빠져 있다. 대리석 바닥이 너무 차가워 신발과 모자를 벗고 그 위에 앉았다. 기차역 주변 노점상에서 빵 한 덩이를 샀다. 꿀맛 같았다.

비가 조금씩 떨어지고 천둥이 간간히 지나갔다. 배낭을 현관문에 세

우고 등을 기대어 잠을 청해보았다. 차가운 대리석 위에서도 코 고는
소리가 여기저기서 들렸다. 새벽 5시경에 대합실 문이 열려 얼른 벤치
를 하나 잡았다. 카메라와 캠코더를 양손에 잡고 토막잠을 잤다. 아침
7시에 잠이 깼다. 베네치아에서 꿈꾸었던 아름다운 밤은 노숙자의 신
세로 허망하게 사라졌으나 몇 시간의 토막잠이 비싼 호텔요금을 대신
했으니 기분은 오히려 좋아졌다.

　아침 식사로 제과점을 찾았다. 빵과 물을 사서 수로 옆에 위치한 주
택가 계단에서 아침 식사를 했다. 집 주변의 비둘기들이 내 주변으로
하나 둘씩 모여들기 시작했다. 빵 부스러기를 던져 주었다. 순식간에

베네치아 대운하

수십 마리의 동네 비둘기 떼들이 몰려와 주변을 서성이며 부산을 떨었다. 구구거리며 모여드는 녀석들의 모습이 여간 귀여운 게 아니다. 빵 부스러기를 더욱 잘게 부수어 골고루 나누어 주었다. 참새 한 마리가 그 많은 비둘기 떼 틈에 끼여 빵 부스러기를 쪼아 먹으려 애쓰지만 차례가 가지 않았다. 헛물만 켜는 게 안쓰러워 귀퉁이에 서성거릴 때 빵 부스러기 한쪽을 던져주었다. 녀석은 잽싸게 물고는 담 너머로 날아갔다. 같은 동네에 살다보니 참새마저 비둘기의 배짱과 습성을 닮는 것 같다.

12시경 리도 섬으로 출발했다. 도시 한 가운데 섬과 건물이 떠 있는 풍경은 베네치아만이 느낄 수 있는 독특한 전경이다. 뱃길로 35분 정도 걸려 리도 섬에 도착했다. 해변 가엔 다양한 영화들이 상영되고 있다. 리도의 해변 가엔 넓은 백사장이 해안선을 따라 펼쳐져 있다. 뜨거운 햇살아래 그림 같은 방갈로들이 박제된 채 손님을 기다리고 있다.

바닷가에 발을 담그고 잠시 아드리아 해의 잔잔한 물결을 굽어보았다. 먼 바다에 떠 있는 화물선과 리도 섬의 건물들이 어우러져 비밀의 정원에 숨겨 논 한 폭의 수채화 같다. 방파제에 몸을 누이고 폐부 깊숙이 바다바람을 들이마셨다. 깊고 그윽한 바다 냄새가 코끝에 스며들었다. 어린 시절 동네친구들과 오가던 경포해변이 스쳐갔다.

집에서 해변까지는 십리정도 거리였는데 여름철이 되면 또래들이 모여 걸어서 다니곤 했다. 그 당시엔 바다에 몇 번 다녀오느냐 하는 것이 큰 자랑거리였고 파라솔을 빌릴만한 돈이 없어, 그냥 바닷가에 옷을 벗어 놓고 수영을 하다 보니 등과 얼굴은 새까맣게 타서 허물이 벗겨지는 것이 몇 번이나 되풀이 되었다. 그러다보면 뜨거웠던 여름방학이 지나가곤 했다. 어느 날 해변에 옷을 파묻어 놓고 수영을 했었는데 돌아와 옷을 찾을 수 없어 백사장을 헤집던 기억이 아직도 뚜렷이 남아있다. 오늘따라 개구쟁이 친구들과 놀던 어린 시절이 기억 저편 너머에서 아롱거린다. 오랜 만에 맛보는 호젓한 평화로움이다.

걸어서 리도 선착장으로 향했다. 해변 가에 늘어선 소나무 가로수와 영화제의 선전 포스터를 보면서 베니스 영화제의 분위기를 조금씩 가슴에 담았다. 리도 섬은 국제적인 휴양지로 유명한 곳이다. 아드리아 해의 향수를 해변 가에 묻어 놓고 아쉬움만 남긴 채 떠나게 되었다.

이탈리아
베네치아의 미술과 상인들

●●● 중세 암흑기에 베네치아인들은 알프스를 넘어 이탈리아로 쏟아져 들어오는 야만인들을 피하기 위해 섬에 도시를 건설하기 시작했다. 처음에는 평범한 어부와 다를 것 없었지만 시간이 지나고 바다에 대한 지식이 축적되면서 그들의 지도자를 선출하고 이들은 나중에 중세 이탈리아 도시국가의 수장이나 총독으로 선출되는 도제徒弟가 되었다.

　베네치아인들은 인근 아드리아해를 오가며 뛰어난 뱃사람으로 변모했고 점차 대규모 상단을 형성하는 기틀을 마련하게 되었다. 베네치아는 동방과 서유럽의 부자들 사이에 자리 잡은 화물 집산지의 역할을 했다. 그 당시 유럽 인들은 중국과 인도의 비단과 향신료, 장신구, 상아 등 동방의 교역품에 목말라 있었다. 베네치아인들은 배로 교역하는 것뿐만 아니라 육로를 통한 교역도 개척했다. 원제국 시대 동방을 여행했던 마르코 폴로가 바로 베네치아 출신이다.

베네치아상인들은 군주가 되기를 원하지 않았다. 이것은 그들이 고안해 낸 독창적인 행정 시스템의 결과로 한마디로 견고한 부르주아 귀족정치였다. 베네치아를 지배한 사람들은 골든 북(Golden Book)이라는 등록부에 등재된 상인 일가였다. 이 가문은 엄청난 부와 영향력으로 수세기에 걸쳐 베네치아를 장악하면서도 일가의 수를 1,600명 이하로 엄격하게 제한했다. 골든 북 일원이 되는 일은 세습되는 특권으로 교역으로 큰돈을 벌 수 있는 유일한 통로이기도 했다.

베네치아의 중심적인 입법부는 시의회였다. 이 조직이 너무 커서 효율성이 떨어지자 별도의 의원을 선출하였다. 여기에서 선택된 10인 원로위원회가 도시를 실제 통치했다. 각 위원회조직은 도제궁 내에 저마다 특별한 회관을 가지고 있었고 골든 북 홀도 별도로 있었다. 이 모든 곳들에는 장식이 필요했고 이들은 부유한 상인들이었으므로 그림 역시 고급스러워야 했다.

베네치아는 점차 이탈리아의 예술가들이 돈을 벌기 위해 꼭 찾아야 하는 곳이 되었다. 베네치아는 이익이라고 하는 동기에서 움직이는 도시다. 상인들은 큰 위험을 감수하면서 교역을 했고 자신들에 대한 보상을 당연하게 여겼다. 예술가들에게도 전문인으로서의 이익을 추구하는 것을 인정하게 되었다. 그리스와 로마시대 이래 처음으로 예술가들이 베네치아인들에게 작품을 제공함으로써 부를 이루는 모습이 나타난 것이라고 오브리 메넨은 '티치아노의 부와 영광' 편에서 기술하고 있다.

베네치아 심장 산 마르코광장

●●●베네치아는 건축 공학 상으로 만灣이 아닌 세계 유일 해상도시로서 120개의 섬에 400개의 다리로 연결되어 있다. 길이 다리이고 다리가 길인 도시다. 그 중 가장 유명한 길이 산 마르코광장과 리알토 사이의 길이고 가장 유명한 다리가 리알토다리다.

베네치아는 산 마르코광장과 리알토다리를 중심으로 거미줄처럼 수로가 연결된 바다의 도시다. 산 마르코광장이 지금과 비슷한 모습과 규모와 건축적인 형태를 갖추게 된 것은 15세기 말에서 16세기 중반 사이였다. 산 마르코광장은 한 편이 바다로 열린 자연과 건축 군群이 어우러져 하나가 된 광장이다. 현재의 광장을 도시미학적인 완성체로 만든 ㄷ자 회랑은 1805년에 와서야 완성되었다.

각각의 건물들은 시대와 양식과 목적이 다르더라도 아름다운 건축공간과 미적 감각을 느끼게 한다. 산 마르코성당과 두칼레궁과 함께 여러 건물이 ㄷ자 회랑으로 연결되면서 세계적으로 아름다운 광

산 마르코광장

장을 만들고 이를 바다로 연결하여 이루어진 건축공간은 베네치아
에서만 감상할 수 있는 유일한 전경이다.

산 마르코성당 남쪽에 위치한 두칼레궁은 베네치아공화국의 사법
부와 행정부 기능을 수행했던 건물이다. 정치적으로 공화국인 베네
치아는 고유한 제도를 창안하여 1000년 동안 군주국의 민주정치를
세웠던 나라다. 베네치아인들은 지중해를 건너 아시아까지 교역을
하였다. 대형 범선인 쾌속 갈리선으로 바다의 여왕이 되고 서방과
동방무역의 교량역할을 했던 도시다.

베네치아의 기원은 야만족인 훈족의 침입을 피하기 위해 베네치아
가까이 있던 아퀼레이아, 몬셸리세, 알띠노 등에 거주하던 사람들이

석호로 둘러싸인 섬들로 이주한 후부터 건설된 도시다. 아드리아 해의 거친 물살과 물길로만 연결되는 늪지의 섬들은 운하를 파서 수송로를 건설하기에 적합했다. 11세기부터 곤돌라가 이 좁고 느린 물길에 기술적으로 적응하였다.

베네치아의 갈리선은 아드리아해와 지중해와 동방까지 진출하며 11세기엔 이미 강대국이 되어 십자군 원정도 지원하게 되었다. 13세기 초 제4차 십자군 원정 때 베네치아는 수송과 병참을 맡아 막대한 이익을 얻었을 뿐만 아니라 지중해의 제해권을 장악함으로써 오리엔트와의 교역을 통해 막대한 부를 축적할 수 있게 되었다. 그리하여 베네치아는 지중해의 여왕, 아드리아해의 진주 등으로 불리며 번영을 구가해왔다. 베네치아의 전성기는 1400년대이다.

이 시대의 베네치아는 예술과 문화에 있어서 전성기였다. 그러나 오스만 터키와의 마지막 전투인 레판토전투를 치루며 쇠퇴의 길을 겪게 되었고 1797년 캄포 포르미오의 화해로 나폴레옹은 베네치아를 오스트리아에 넘겨주었다. 1866년 국민들의 뜻에 의해 결국 이탈리아에 귀속되었다.

해상왕국을 건설한 베네토인들의 용기와 지혜

●●● 베네치아는 좁은 섬으로 토지가 한정되어 있는데다 세계 각국에서 몰려드는 관광객으로 인해 이탈리아에서도 호텔요금이 가장 비싼 편에 속한다. 산타 루치아역 주변에 모여 있는 호텔들이 비교적 값이 싸고 편리하게 이용할 수 있다. 특히 여름철에는 관광객이 많으므로 밤늦게 도착하면 숙소를 잡기가 어렵다. 성수기에는 산타 루치아역에서 한 정거장 전인 베네치아 메스트레 주변에 숙소를 정하고 열차를 이용하면 베네치아 보다 20%의 숙박요금을 절약할 수 있다. 베네치아는 성수기에 해당하는 4~10월, 12월 21일부터 1월 2일 사이에는 20~30%의 객실요금이 비싸진다.

서기 452년 훈족의 침략으로 남하하여 더 이상 피할 곳이 없게 된 베네토지방의 사람들이 갈대로 덮여 있는 이곳에 와서 느낀 좌절과 절망감을 상상해 보았다. 바다 위에 떠 있는 작은 섬들과 버려진 바닷가의 쓸모없는 소택지의 섬과 섬들을 연결하고 해안가 양안에 나무 말뚝이나 석재로 다져서, 인류가 이제까지 가져본 적이 없는 새로운 형태의 해양도시를 건설하였다. 베네토인들에게 남겨진 것 이라곤 갈대와 소금과 바다의 물고기 밖에 없었다. 그들은 육지에서 나오는 곡물대신에 바다로 진출하여 세계 각국과 교역을 추진함으로써 해상강국으로 부상하고 르네상스를 여는 초석을 마련하였다.

베네토인들은 아드리아해 바닷가의 갈대와 섬들이 모여 있는 석호에 아름답고 예술적인 교역도시를 건설하였다. 바다를 도시의 정원과 예술의 광장으로 만든 베네토인들의 경이로운 의지와 창조적인 능력은 인간의 한계가 무언인지를 보여준 실례實例이다.

■■ 이탈리아
밀라노의 엠마뉴엘 광장과 두오모 대성당

●●●북부 이탈리아의 롬바르디아 대평원을 바라보면서 세계를 호령하던 로마제국의 기름진 영토가 결코 작지 않았음을 실감할 수 있다. 밀라노시내를 진입하여 첫 방문지는 밀라노 북쪽 역에서 멀지 않은 곳에 위치한 스포르체스코성이다. 스포르체가문이 만든 성으로 웅장한 성채와 거대한 망루가 고대도시의 면모를 과시하듯 우뚝 서 있다.

밀라노는 르네상스대가들의 작품과 패션의 도시로 세계 패션기업의 본사가 60%가 있으며 '밀라노패션'이라는 말까지 유행시킬 만큼 저력을 가진 도시다. 세계 3대 오페라 극장 스칼라는 3천명을 수용할 수 있는 객석과 공연조건이 매우 엄격하고 까다로운 극장으로 정평이 나 있는 곳이다.

또한 엠마뉴엘 2세의 갤러리아는 통일 이태리의 초대왕을 기념하기 위해 만든 것으로 다양한 상점들이 늘어서 있는 번화가이다. 밀라노 최대의 쇼핑몰이고 최고의 명품 브랜드가 있는 곳이다 이 거리를 지나

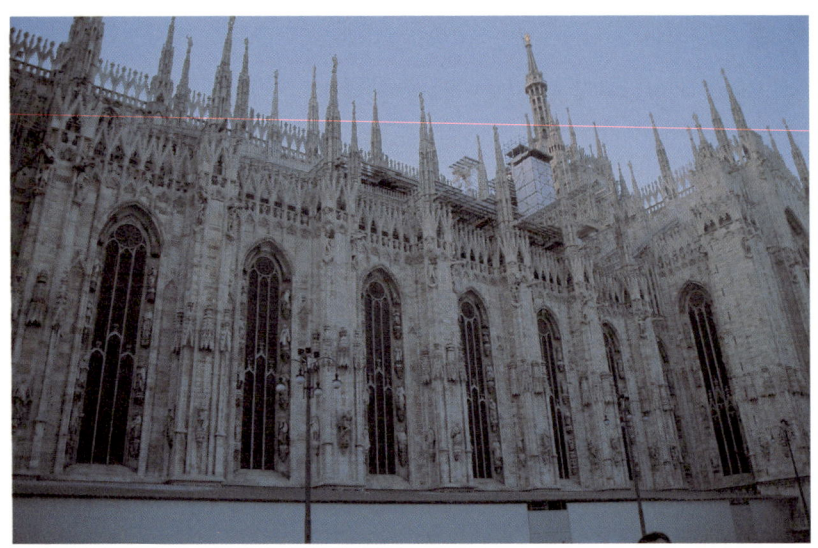

면 두오모대성당이 나타난다. 14세기 후반에 착공하여 16세기에 완성
된 이탈리아의 대표적인 고딕양식 건축물이다. 아케이드 쪽에서 바라
보면 135개의 첨탑과 2,000개가 넘는 조각상들의 숲이 대 삼림을 이루
고 있는 세계에서 가장 화려한 성당 가운데 하나이다.

성당 하나를 짓기 위해 몇 세대에 걸쳐서 쏟아 부은 그들의 땀과 정
성에 경의를 표하지 않을 수 없다. 창문 주변과 첨탑 위에 숲처럼 늘어
선 조각상들을 바라보면 성당이나 건축물이라는 느낌보다는 거대한
예술작품들을 성당의 지붕위에 펼쳐놓은 천상의 박물관처럼 느껴진
다. 4세기에 걸친 인간의 상상력과 예술 혼으로 이루어낸 두오모성당
을 바라보면서 깊은 상념에 잠겼다.

밀라노가 세계적인 패션과 디자인 감각을 지닌 경쟁력 있는 도시로
발전할 수 있었던 것도 결코 우연한 것이 아니다. 밀라노시민들의 위대

한 예술정신과 창조력은 이러한 역사적 토양위에서 자라나 오늘날 세계 최고의 패션 도시를 창조할 수 있었던 것은 아닐까.

13세기 후반부터 3백년에 걸쳐 건설된 오스트리아 최대의 고딕양식 성 슈테판성당의 화려한 벽면 장식과 하늘을 찌를 듯 한 첨탑을 바라보며 느꼈던 찬사와 경외감, 중국 곤명지역의 서산삼림공원에 위치한 용문에서, 1,333개의 돌계단을 오르며 72년 간 터널을 뚫고 불상을 조각한 중국인들의 집념과 종교적 열정에 절로 고개 숙여졌다. 당나라(713년) 때 홍수를 막기 위해 승려 해통이 조각하기 시작하여 3세대에 걸쳐 90년 만인 803년에 완성한 능운산 자락에 위치한 세계최대 마애불상 러산(樂山) 대불의 웅장한 규모와 집념에 할 말을 잃었었다. 기베르티의 천국의 문은 2개의 문을 제작하는데 49년 만인 72세 때 완성하였다. 문화예술의 가치는 수량에 있는 것이 아니라 치열한 예술정신과 집념이 이루어낸 결과이다.

중국대륙에서부터 이태리반도까지 실크로드를 따라서 14개국을 여행하면서 많은 것을 보고 느꼈다. 건축물 하나 완성하는데 3백 년의 역사가 응축되고 부조물 하나 완성하는데 3세대가 혼신의 열정을 바친 모습들을 보면서 비장하리만큼 아름다움과 경외감을 갖게 되었다. 우리는 사계절이 뚜렷하고 영토가 좁다보니 조그만 움직임에도 변화가 빨리 나타난다. 사계절에 빠르게 대처하지 않으면 생존이 어려운 환경이다 보니 빨리빨리 성격들이 생겨난 것 같다. 짧은 기간 안에 자신의 치적이나 업적에 집착하다보면 미래 세대를 위한 원대한 계획이나 마스터플랜이 부족할 수가 있다. 당장 눈앞에 보이는 업적이나 평가보다는 먼 후세대에도 통하는 그런 문화를 남겨주었으면 하는 바람이 앞선다.

르네상스를 꽃피운 피렌체와 메디치가문

●●●주의 경계인 롬바르디아에서 에밀리아주로 넘어가는 길목에 론 강이 흐르고 있다. 피렌체는 300~500년 전의 모습을 간직하고 있는 도시다. 피렌체는 1000년 대 초기 자치 도시국가의 기초를 세우며 영 토 확장을 시작하고 상업 활동이 번창하게 된다. 1300년 대 무젤로 출신 메디치가문은 상업과 금융업을 통해 엄청난 행운을 얻어 경제 적으로 부강해진다.

현세의 고난 속에서 아름다운 내세를 기다리던 기독교 교리 속에 살 던 사람들이 십자군 원정을 통해 현세의 호화로운 궁전에서 화려하고 안락한 생활을 영위하는 이슬람문화를 접하게 되었다. 십자군 원정 기 간 중 선진 이슬람문명과 동방의 화려하고 사치스런 값진 향료와 물건 들을 접하면서 이국적인 물건들을 사고 싶어 하게 되었다. 폐쇄적인 길드는 이런 욕구를 충족시켜주지 못했다. 교회는 고리대금업을 금지 했지만 외국과의 교역을 막을 수는 없었다. 전 유럽에서 상인들이 모여 들어 베네치아에서 수입해 들여온 동방의 풍부한 물품들을 사고팔았다. 길드조직은 외국무역이라는 새로운 시장 형태를 인정하지 않을 수 없게 되었다.

유럽의 상인들은 엄청난 양의 화폐를 짊어지고 다니는 대신 종이 한 장으로 그것을 대신할 수 있는 신용장을 고안해냈다. 그로인해 이탈리아상인들은 유럽 금융업의 중심에 서게 되었다. 군주들도 부유한 상인들에게 돈을 빌릴 만큼 엄청난 부를 축적한 상인세력이 탄생하게 되었다. 그중 가장 핵심적인 위치에 있었던 인물이 바로 코지모 데 메디치이다.

피렌체의 영주 역시 돈의 위력을 잘 알기에 메디치의 영향력이 자꾸만 커져가는 것이 두려워 메디치를 도시에서 추방했다. 메디치는 베네치아로 가서 왕처럼 살면서 그곳 사람들에게 돈을 빌려주고 전쟁자금도 대 주었다. 사실상 메디치가문은 권세가들에게 버금가는 힘을 소유하고 있었다. 그러나 코지모는 고리대금업자라는 오명을 씻기 위해 대대로 내려오는 토지 귀족의 신분과 작위라고 하는 것으로 자신을 치장할 필요가 있었다. 마침 그는 예술에 약간의 취미가 있었고 이를 통해 후일 르네상스를 일으키는 무소불위의 메디치 가문을 이루는 시발이 되었다.

코시모 일 베끼오에 이은 후계자 로렌죠 일 마니피코는 예술보호정책으로 피렌체를 예술의 도시로 절정을 이루게 만들었다. 그의 현명한 외교정치는 피렌체를 이탈리아 중심부로 부상시켰다. 피렌체는 메디치가의 지원을 얻어 1500년 대 중반 유럽의 르네상스시대를 열었다. 메디치가의 후계자들은 코시모 1세, 페르디난도 1. 2세, 코시모 3세 그리고 쟌가스토네 이후 후계자를 얻지 못해 1737년 외국 왕가로 이양하게 된다.

메더치가문이 후원한 르네상스의 예술가들

●●●오스만 터키가 콘스탄티노플을 위협해 들어오자 그리스인들은 그리스 고전문화를 대동하고 이탈리아로 다가왔다. 피렌체의 엘리트들 사이에 그리스어 배우기 열풍이 불었다. 코지모는 주치의 아들인 마르실리오 피치노의 재능을 높이 평가하여 후원자가 되었다.

피치노는 그리스에 정통한 철학계의 리더로 성장하여 플라톤 철학을 집대성 하였다. 플라톤은 이상국가를 설계했을 때 철학과 수학, 과학과 예술을 교육받은 사람들이 중심이 되어야 한다고 한 부분을 피치노는 중요하게 부각시켰다. 로마제국 멸망 이후 처음으로 예술가들이 존경의 대상으로 떠오르는 순간이었다. 코지모의 부는 피치노를 대성시켰고 피치노는 플라톤 철학을 집대성했으며 플라톤의 이상 국가에는 예술가들이 국가의 핵심적 구성원이었다. 코지모가 축적한 거대한 부는 르네상스의 원동력이 되는 계기를 마련하였다.

십자군원정 이후 막대한 재산을 축적한 피렌체의 상인가문 코시모

데 메디치는 새로운 예술이 갓 태동하려는 것을 보호해주었으며 터키인들이 콘스탄티노플에서 몰아낸 그리스 현인들을 받아들이면서 온갖 문헌들을 닥치는 대로 수집했다.

코시모의 뒤를 이은 피에트로는 왕처럼 오만불손했었기 때문에 피렌체에서 쫓겨나고 말았다. 그러나 그의 손자 로렌초는 피렌체를 대표하는 인물로서 권위를 지키며 온화하게 다스렸기 때문에 많은 사람들에게 사랑을 받았다. 로렌초는 특히 젊은 미켈란젤로를 사랑하여 아들처럼 대해 주었고 그가 수집한 고대 유물들을 미켈란젤로에게 보여주기도 했다. 코시모는 예술이 무엇인지도 모르면서 예술을 보호해 주었지만 로렌초는 달랐다.

로렌초는 그 시대 위대한 지배자는 아니었을지언정 그 시대를 대표할 만한 시인의 한 사람이었다. 로렌초가 세상을 떠난 후 그의 아들 레오는 교황이 되었으나 아쉽게도 요절함으로서 르네상스의 꽃은 그 빛을 잃기 시작했다. 피렌체를 찬란하게 빛내준 위대한 예술가들, 즉 레오나르도 다 빈치와 미켈란젤로, 안드레아 델사르트, 다니엘라 다 볼테라 등 모두가 로렌초 시대에 태어났다. 니콜라우스 5세와 로렌초 데 메디치가 뿌린 르네상스의 꽃씨가 그 시대에 비로소 결실을 맺게 된 것이라고 스탕달은 이탈리아 미술편력에서 기술하고 있다.

 **이탈리아**

레오나르도와 미켈란젤로가 탄생한 도시 피렌체

●●● 레오나르도는 밀라노를 떠나 고향 피렌체로 17년 만에 귀향하였다. 피렌체에서 미켈란젤로라는 22세의 젊은이의 강력한 도전을 받게 되었다. 미켈란젤로는 역동성과 폭발적인 에너지로 어렵지 않게 그림을 그려내는 스타일인 반면에 레오나르도는 매사에 너무 신중해서 작업이 매우 더뎠다. 따라서 사람들은 주어진 일을 신속하게 처리하는 미켈란젤로를 더 선호했다.

두 사람의 성향도 뚜렷이 달랐다. 레오나르도는 때로는 수학에 골몰하고 때로는 그림에 몰두하면서 창작활동을 하였다. 차분하고 온유한 성품이었던 까닭에 매순간을 즐겁게 받아들였고 작품이나 행동에서 우아한 기품을 잃지 않았다. 반면에 매순간 삶의 열정에 휩싸여 살았던 미켈란젤로에게는 삶은 부차적인 것에 불과했다.

레오나르도는 수도원의 제단화祭壇畵를 포기하고 피렌체 사교계의 여인들을 그리기 시작했다. 피렌체의 부호 프란체스코 델 조콘다의 부

인을 모델로 불후의 명작 모나리자를 그렸다. 그는 4년이란 시간을 투자해 모나리자의 초상화를 완성했다. 프랑스아 1세가 4만 5000프랑에 그 초상화를 가져가려 할 때 레오나르도는 아직 완성된 그림이 아니라고 극구 만류했다는 일화도 전해지고 있다. 모나리자는 레오나르도의 화풍을 거의 완벽하게 설명해주는 그림 중 하나다. 그는 미술뿐만 아닐라 수리시설을 비롯하여 기계제조와 특이한 구조물들을 설계하거나 발명하여 다방면에 다양한 천재성을 발휘하였다.

반면에 미켈란젤로는 따분한 문법공부에서 벗어나 그림그리기를 좋아했고 마침내 가족들에게 문법공부를 포기하겠다고 선언했다. 그의 부친은 그들 가문에서 예술가가 나온다는 것은 가문의 수치라고 여겼다. 당시 미켈란젤로의 아버지는 부자가 아니었다. 그래서 아들은 기를란다요의 작업실에 도제로 보내야 했다.

밀라노 레오나르도 동상

기를란다요는 예술을 향한 미켈란젤로의 열정에 감동해서 옛 대가의 그림 하나를 주면서 모사하게 했다. 미켈란젤로는 그 그림을 모사한 후에 원화 대신 모사화를 스승에게 돌려주었으나 기를란다요가 그 사실을 눈치채지 못할 만큼 숙달된 경지에 도달해 있었다. 어느 날 공원을 산책하던 로렌초가 목신의 얼굴을 다듬고 있는 미켈란젤로를 보게 되고 그의 열정에 감동되어 미켈란젤로를 자신의 곁에 두게 되었다. 로렌초는 젊은 조각가인 미켈란젤로를 틈나는 대로 불러서 자신이 평생 수집한 온갖 종류의 예술품들을 보여주었다.

그러나 미켈란젤로와 예술가들의 화려했던 시절은 오랫동안 지속될 수 없었다. 로렌초가 겨우 마흔 네 살의 나이에 치명적인 병을 얻어 세상을 떠나야 했기 때문이다. 마침내 위대한 르네상스의 후원자 로렌초 메디치는 1492년 4월 9일 세상을 떠났다.

이탈리아

피렌체를 대표하는 불후의 건축물들과 단테의 골목길

●●●피렌체의 심장부인 두오모광장은 종교와 정치의 중심지였던 아름다운 베끼오궁이 있는 시뇨리아광장에서 불과 100m 떨어진 곳에 위치하고 있다. 성모마리아성당과 둥근 지붕인 쿠폴라와 조토의 종탑은 두오모광장을 이루는 3대 건축군이다. 꽃의 성모마리아대성당은 길이 153m, 넓이 38m로 세계에서 3번째로 큰 성당이다.

대성당 전면은 고딕양식으로 피렌체의 수많은 성당들처럼 수세기를 거쳐 시민들의 기부금으로 건축되었다. 아름다운 외부와는 달리 내부 공간은 단순하고 거의 장식이 없으며 소박한 분위기를 느끼게 한다.

그러나 무엇보다도 도시 안팎 어디서나 볼 수 있는 높이 114m의 거대한 브르넬리스키의 돔은 밀라노 두오모성당 못지않게 우아한 고딕양식 건물로 르네상스의 걸작품이다. 대성당 바로 옆에는 조토의 종탑이 반듯하게 솟아 있다. 조토 종탑은 두오모광장의 한 귀퉁이에 독립적인 건축물로 설계된 것이 특징이다. 조토에 의해 건축된 아름답고

조토의 종탑

화려한 84m의 사각형 종탑은 시민들의 요청에 의해 계획되었다.

조토는 초상화를 창시한 화가였다. 그의 친구인 단테를 그린 초상화가 바로 조토의 작품이다. 조토 이전에도 일부 화가가 실제 인물의 얼굴을 유사하게 그리려 애썼지만 번번이 실패하고 말았다. 그러나 조토는 실제의 인물과 비슷한 얼굴을 그려 낸 최초의 화가였다.

조토의 종탑은 1300년 대 이탈리아 건축물 가운데 고전적인 로마네스크양식과 우아한 기품의 고딕양식을 융합하여 독특한 미적 감각을 느끼게 하는 건물이다. 이 건축물에 3명의 예술가들이 참여하는데 조토의 설계로 1층이 완성되고 안드레아 피사노는 벽기둥과 양쪽으로 열린 창과 함께 2층을 건축하고 마지막으로 프란체스코 탈렌티는 그의 세공 기술을 이용하여 세 가지 대리석으로 종탑을 섬세하게 덮었다.

로마네스크양식의 화사한 대리석 색감과 고딕양식의 우아한 기품이 조화를 이룬 조토종탑은 도심 한 가운데를 우뚝 솟구쳐 올라 수백 년 동안 부서지거나 흐트러짐이 없이 한결 같이 세상에 울려 퍼지고 있다.

종탑 맞은편 5세기에 건축된 산 조바니세례당이 자리 잡고 있다. 로마네스크양식의 우아한 장식과 3개의 문으로 장식되었는데 안드레아 피사나의 남문, 기베르티의 북문과 천국의 문이다. 특히 기베르티의 작품인 두 개의 문 중 하나는 미켈란젤로에 의해 '천국의 문'이란 찬사를 받았다.

1452년에 완성된 천국의 문 조각은 구약 성서를 주제로 한 아담과 하와 노아, 아벨과 카인, 마지막으로 하단에는 솔로

천국의 문

몬과 시바여왕과의 만남이 10개의 판넬로 조각되어 있다. 기베르티는 두 개의 문을 제작하는데 49년 만인 72세 때에 완성하였다. 황금으로 입혀진 천국의 문은 섬세한 묘사와 음영기법으로 조각 같은 느낌 보다는 입체감이 뚜렷한 한 폭의 회화를 연상시키고 있다. 기베르티는 천국의 문 하나로 그의 일생에 모든 것을 담았고 그것으로 인류문화사에 한 획을 남겨놓았다.

세례당을 나와 광장 귀퉁이를 돌아 좁은 골목길로 들어섰다. 미로와 같은 골목길 주택가에서 이탈리아의 시성詩聖인 단테가 살던 동네를 찾았다. 우리의 달동네처럼 좁은 골목길과 오래된 집들이 늘어선 주택가다. 단테의 생애를 통하여 사랑과 시혼詩魂의 원천이 되었던 여성 베아트리체는 그녀의 아버지가 1288년에 산타마리아 누오바라는 웅장한 병원을 세웠던 것으로 추정해 보면 그녀의 집은 매우 부유한 가문인 것 같다.

단테의 '신곡'은 르네상스 화가들에게도 많은 영향을 미쳤다. 특히 미켈란젤로보다 두 세기 앞서 태어난 단테는 지옥의 예언자로 그림 대신에 글로 형상화했다. 단테와 미켈란젤로는 보통 사람들에게 저승의 세계를 시와 그림으로 보여주었다. 각기 표현 방식은 달랐지만 인간을 교화하는 수단으로 종교에 가장 필요한 수단이 무엇인지를 분명하게 보여주었다.

단테가 애모愛慕했던 아름다운 여인 베아트리체를 생각하며 좁은 골목길을 돌아나오니 단테의 집 앞에 20여 평 되는 낡은 단테교회가 나타난다. 성 프란체스코 제자인 단테는 정변으로 고향에서 추방되어 떠돌이 신세가 되었다. 짝사랑 했던 베아트리체가 살았던 중세의 골목길이다. 이제 그도 그녀도 없고 단지 그의 명작 '신곡'만이 후세의 사람들에게 회자되고 있을 뿐이다. 그녀와 그의 이름을 생각하며 찾아온 관광객들의 발걸음이 분주히 오가고 있다. 단테가 생각했던 천국과 지옥은 어느 세계 어느 곳에 위치하는지 알 수 없지만 세속을 살아가는 많은 이들에게 경건함과 사랑을 실천하는 진실의 통로가 되었을 지도 모른다. 이룰 수 없는 사랑이나 신화 속에 등장하는 신들처럼 전능함을 마음속에 동경하며 세월을 반추하는 것이 인간의 본능이 아닐까.

세월이 지날수록 더욱 더 강력하고 가슴 아린 사연들을 각색하고 윤색하여, 드디어 전설이라는 이름으로 그것에 상징과 은유의 날개를 달아 나약한 인간의 마음을 사로잡고 위안을 삼고 있는지 모른다.

중세의 골목길에서 거리를 꽉 메운 수많은 베아트리체를 보았다. 단테에게 그녀가 천사 같은 존재이듯이 이 세상 모든 젊은이들에게는 그들만의 베아트리체가 가슴 속에 살아 있기 때문이다.

르네상스 대가들의 작품이 숨 쉬는 광장과 거리

●●● 과거 피렌체의 행정 중심지인 시뇨리아광장으로 발걸음을 돌렸다. 광장은 인파들로 넘쳤다. 코시모 1세의 힘찬 기마상은 르네상스를 태동하게 만든 메디치가문의 성역임을 보여주는 듯하다. 비앙코네라고 불리는 거대한 흰색 해마들과 냅튠신의 분수를 둘러싼 아름다운 청동상 여인들의 모습은 즐거움과 환희를 느끼게 한다.

베끼오궁 앞에 서 있는 다윗상은 1504년 미켈란제로의 작품이다. 남성의 아름다움을 가장 잘 표현한 작품 중에 하나라고 평가받고 있는 다윗상은 모조품으로 원작은 아카데미아박물관에 소장되어 있다. 조각상의 키는 410㎝로 잘 짜여 진 근육질 몸매와 늘씬한 키는 아테네국립고고학박물관에서 본 202㎝의 비너스 조각상보다 2배나 크다. 베끼오궁에서 동쪽으로 5분 정도 가면 성당 앞에 피렌체에서 가장 오래된 산타 크로체광장이 펼쳐진다. 성당 안에는 미켈란젤로, 마키아벨리, 로시니, 갈릴레오 갈릴레이 등 276개의 묘가 안치되어 있다.

미켈란젤로의 광장으로 향했다. 다윗의 청동상이 있는 언덕 위 광장에서 굽어보면 저 멀리 언덕 아래 아르노강이 흐르고 붉은색 기와지붕으로 이어진 건물들의 물결은 장미꽃이 만발한 도시의 이미지를 연출시킨다. 아르노강에는 600년 전에 만들어진 가장 유명한 베끼오다리가 세 개의 아치로 강을 연결하고 있다. 강 물줄기를 굽어보노라면 아름다운 시상이 흐른다.

이탈리아는 전국토가 석회석 땅으로 이루어져 있어 대리석이 많이 생산되고 있다. 큰 공장이 많지 않는 대신 가족과 친지들이 운영하는 가내수공업이 발달되어 경제의 40%를 차지하고 있다. 300~500년 된 건물도 흔히 볼 수 있고 수백 년 전부터 장사하던 곳이 아직도 그대로 유지되며 100년 전의 야채상점이 지금도 야채를 팔고 있다. 구두 수선공이 수백 년의 손기술을 대대로 축적해 오다보니 그 분야의 최고가 될 수 있었다. 피렌체의 가죽 산업의 경우 가죽을 축소시킬 수 있는 세공기술이 한국이 20%면 이곳은 50% 축소할 수 있어 여기서 만든 가죽제품들이 세계적인 명품으로 대접받고 있다.

어린 시절부터 르네상스 대가들의 작품을 보면서 자란 아이들의 감각과 콘크리트와 아스팔트문화에 익숙한 우리나라 어린이들이 보는 시각차는 매우 클 것이다. 암기식 위주의 입시 공부에 시달리다 어쩌다 일생에 한번 로마나 이태리의 예술품들을 접해보는 우리 청소년들의 예술적인 감각과 창조성이 같을 수만은 없을 것이다.

세계 패션산업을 이끌면서 이탈리아 경제의 20%를 차지하는 의류 패션산업은 이러한 이탈리아의 예술적인 분위기와 저력에서 기인된 것이다.

이탈리아
세계 3대 미항 나폴리와 폼페이유적지

●●● 로마역에 도착하자 키 작은 한국인 아저씨가 웃으며 다가와 호객하기에 그의 민박집에 숙소를 정했다. 김 아저씨 집에서 연변댁 아주머니가 끓여준 라면과 김치 맛은 아직도 잊을 수 없다. 로마와 나폴리에는 한국인들이 운영하는 민박집들이 있어 배낭여행객들에게는 퍽 실용적이고 저렴하며 지낼 만하다.

로마시내를 투어하기 전에 먼저 나폴리와 폼페이유적지를 답사하기로 했다. 차창 가에 스쳐가는 풍경들을 보며 2시간 반쯤 달리다보면 베수비우스 화산이 나타난다. 고속도로의 중앙분리대 사이에 유도화가 흐드러지게 피어있다.

오른쪽엔 짙푸른 나폴리 해안선이 펼쳐지고 작은 섬 카프리가 시야에 들어온다. 길이 6㎞ 폭2㎞에 총면적 10평방킬로미터의 카프리는 2000년 동안 상상과 꿈의 섬으로 불리어왔다. 고대 로마황제 티베리우스는 따뜻한 기후와 맑고 짙푸른 바다의 아름다운 경관을 선호했다.

폼페이 유적 전경

엘리자베스여왕의 신혼 여행지로 유명한 카프리는 로마황제들의 별장과 할리우드 스타들의 휴양지나 별장지로 선호되고 있다.

짙푸른 바다 저 멀리 1,270m의 베수비우스화산 아래 희미한 해안 언덕이 시야에 들었다. 깎아지른 절벽을 배경으로 그림처럼 들어선 주택들이 나무숲에 싸여 있는 곳이 쏘렌토다. 오른쪽 창가엔 카프리 섬이 떠 있고 뒤쪽으론 둥근 반원형의 나폴리항구가 눈부신 바다를 껴안고 있다.

좁은 언덕길을 올라 아치형 성문을 통과하면 짙푸른 파도가 넘실댄다. 60헥타르의 면적에 펼쳐진 고대 도시의 발굴은 당시의 건축물과 생활도구들이 화산재 속에서 속속 모습을 드러내고 있다. 기원후 79년 8월 24일 이전에는 3만 명의 상인들이 생활하던 활기찬 도시였다. 로마의 옛 달력으로 '9월의 삭일'이 되기 아흐레 전에 믿을 수 없을 만큼 커다란 구름 모양의 성난 화산이 독가스와 화산재와 뜨거운 화산 자갈과 같은 화산쇄

설물火山碎屑物로 덮쳤다는 이야기가 젊은 플리니우스가 타키투스에게
보낸 두 통의 편지에서 그 당시의 모습을 전해주고 있다.

도로는 인도와 마차길로 분리되어 있다. 언덕 위에는 아폴로신전의 잔
해와 제단이 놓여있다. 제단 너머로 베수비우스화산이 웅장한 자태로 서
있다. 인상적인 아폴로신전은 비아 마리나로부터 남쪽 입구가 있는 48개
의 원주로 구성된 열주랑의 중심에 서 있다. 제단에서 내려와 언덕 좌측을
돌면 장방형의 광장인 포럼이 나타난다. 바실리카(공회장)에서 재판이 진
행되거나 중요한 사업회담이 열렸으며 경제와 법률문제가 처리되었다.

끔찍한 화산증기로부터 자신의 얼굴을 손으로 보호하려고 웅크리고 앉
아 있는 노새 마부의 모습이 매우 인상적이다. 구약성서 창세기에 기록되
어 있는 패악悖惡과 타락을 연상시키는 퇴폐도시 소돔과 고모라를 생각
나게 한다. 사해死海 가까이에 있었다는 도시로 워낙 타락한 탓에 신의 노
여움을 받아 유황과 불에 의해 모두 멸망하였다.

폼페이 발굴유적지

●●● 폼페이의 공동우물을 보면 로마제국 당시 지붕위로 물관이 다닐 수 있도록 고안하여 30m위까지 물을 끌어 올릴 수 있었다. 좁은 대문에 응접실이 열려있는 개인 가옥들을 구경하며 당시 서민들의 생활상을 엿볼 수 있다. 1500m에 달하는 상점거리엔 손님을 끌기위한 간판, 선거표지나 선전문구, 행인들의 낙서자국들이 남아 있다.

선술집들 외에도 다양한 상점들이 비아 델라본의 단지에 늘어서 있는데 세탁소와 염색가게, 펠트를 만드는 작업장, 대장간 등이 있으며 베루스라는 남자의 대장간에는 토지 측량도구인 그로마가 발견되었다. 맷돌 방앗간과 빵을 굽던 모데스투스의 빵집은 아직도 잘 보존되어 있다.

특히 관광객들의 눈길을 끄는 가옥 중에 하나가 집 앞에 마차를 대고 웃통을 벗고 소리를 지르며 사창가로 들어가던 곳이다. 벽에 오줌을 누면 창녀가 나와 데리고 들어갔다고 한다. 집안으로 들어가면 두 사람 정도가 누울 수 있는 좁은 공간의 방이 5~6칸 정도가 있다. 폼페이시가 선발한 창녀가 기거하던 공창으로 담 벽에는 뱀 그림과 성행위 장면이 그려진 춘화도가 아직도 남아있다. 특히 베티의 집을 방문했을 때 집 입구 벽면위에 있는 팔뚝만한 자신의 남근의 무게를 달고 있는 프리아푸스의 모습은 당시 이곳 사람들이 성을 얼마나 즐기고 숭배했는지를 보여주는 엽기적인 벽화다.

점심 식사 후 소렌토로 출발했다. 해안선을 따라 암벽산을 수직으로 쪼개어 놓은 것 같은 해안가 절벽들이 푸른 바다물결에 속살을 드러내고 있다. 깎아지른 암벽 끝에 집을 짓고 있는 모습을 보면 이곳 사람들의 도전정신과 모험심이 느껴진다. 야자수 열매와 올리브나무가 자라는 해안가를 달리는 기분은 마치 허공에 떠 있는 기분이다.

소렌토 관광의 중심은 타소의 광장이다. 노천 찻집들과 작은 계단의 좁은 길들과 테라스 등은 이 도시의 중요한 풍경이다. 고개를 들면 쪽빛 바다가 가슴을 열고 고개를 돌리면 올리브 나무들이 하늘과 땅과 바다와 어우러져 한 폭의 그림이 되고 노래가 되어 가슴을 울린다. 버스에서 흘러나오는 '돌아오라 소렌토로'의 노래 가락을 음미하면서 차창 밖으로 사라지는 해안 마을을 가슴에 담았다.

이별의 정한 서린 나폴리

●●● 나폴리는 마피아가 9개 지역을 나누어 관리하는데 실업률이 40%에 이르고 좀도둑이 많아 조심해야 한다. 열정적이고 외향적인 나폴리 시민들은 낙천적인 성향을 가졌다. 1279년 세워진 웅장한 마스키오 안죠이노 성을 바라보며 해안가 산책로를 따라 걸으면 산타 루치아항구가 나타난다. 항구에서 바라보면 정면엔 쪽빛 바다 물결과 눈부신 태양아래 카프리 섬이 떠있다. 좌측으론 절벽위의 소렌토가 한 폭의 수채화로 다가온다. 방파제를 따라 천천히 해변 가를 걷다보면 일광욕을 하는 비키니 차림의 여인들이 육감적으로 다가선다.

산타루치아항구 앞 방파제 끝에 우뚝 서있는 카스텔 오보노성채로 발길을 돌렸다. 루제로 2세 왕에 의해 세워진 이 성은 노르만디의 오래된 요새이다. 메가리데섬에 위치한 이 성은 일명 메가리데성이라고도 부르며 고대에는 로물루스별장의 일부였는데 이후 성이 건립되어 요새와 감옥으로 사용되었다. 거대한 암반을 지반으로 그 안에서 파낸 돌로 성을 쌓았다. 메가리데성은 나폴리의 발상지일 뿐만 아니라 2000년 고도 나폴리의 가장 중요한 도시의 원점인 곳이다. 1994년 '메가리데 선언 94'를 개최하여 도시계획 헌장을 공포하였고 G7 정상회담이 열린 장소다. 일반인에게 공개되지 않고 중요한 국제행사만 열리는 곳이어서 평소에는 방문하기가 어렵다. 나폴리인들은 섬 안에 작은 도시를 응축해 놓았다.

메가리데의 성벽을 바라보면서 나폴리 일정을 마쳐야 했다. 가난한 남부 이탈리아인들이 신대륙으로 떠나기 위해, 사랑하는 가족과 연인들이 이별의 눈물을 흘리며 손을 흔들던 산타 루치아항구가 햇빛 속에 누워있다. 해변 가에 작은 보트를 타거나 일광욕을 하는 연인들의 모습에서 그리스 로마시대의 예술작품들이 왜 육감적이며 관능적인 아름다움을 추구하는지를 확연히 느낄 수 있다. 구름 한 점 없는 푸른 하늘과 짙푸른 쪽빛 바다 앞에 무엇을 감추고 가릴 수 있었을까. 푸른 바다와 하늘을 배경으로 나타나는 아름다운 여인의 곡선미와 젊은 청년의 균형 잡힌 근육질 몸매를 보면 그 자체가 소우주며 아름다움 그 자체다.

13억의 신도를 가진 바티칸 시티

●●●가톨릭의 총 본산이자 세계에서 가장 작은 독립국인 바티칸은 0.44평방킬로미터의 도시국가이다. 교황이 주권을 가지고 있으며 1,000명이 되지 않은 인구의 대부분이 성직자라는 특수한 종교국가다. 바티칸은 전세계 13억 카톨릭 신자들의 정신적 고향이며 로마 교황이 거주하는 특별한 공간이다.

754년 이탈리아 중부지역을 평정한 프랑크왕국의 왕 피핀 3세가 이민족의 침입으로 곤경에 빠져있던 교황에게 군대를 보내주어 막아주었고 교황이 영토를 가질 수 있도록 이 지역의 일부를 교황에게 기증했다. 1870년 통일 이탈리아에 귀속된 교황청은 1929년 이탈리아의 무솔리니와 비오 11세 교황과 '라테란조약'을 맺음으로써 바티칸은 독립국으로 인정받았다. 바티칸시국에는 독자적인 외교권과 경찰관이 있다.

1503년 교황이 된 율리우스 2세는 당시 스위스연방에 용병을 보내줄 것을 요청했다. 스위스 호위대가 대를 이어 경비를 서게 된 전통에는 1527년 당시 신성로마제국의 황제 카를 5세가 바티칸을 공격했을 때 스위스 용병 가운데 140여 명이 신성로마제국의 군대와 싸우다가 장렬하게 전사했고 40여 명은 당시 클레멘스 7세 교황이 피신할 수 있도록 경호했다. 현재까지도 200명의 스위스인들로 구성된 교황청 경비 병사들이 교황의 신변을 경호하고 있다.

유럽에서는 용병하면 스위스군인들을 으뜸으로 친다. 프랑스 대혁명 때 왕궁을 지키던 궁전 수비대까지 루이 16세 곁을 떠났지만 스위스 용병들은 끝까지 남아 싸우다 768명의 용병들이 모두 전사했다. 스위스 용병들이 신의를 잃게 되면 후손들에게 더 이상 용병자리가 주어지지 않을 것이고 스위스 후손들에게 가난이 대물림되기 때문이었다.

스위스를 여행할 때 보았던 루체론의 '빈사의 사자상'은 이국땅에서 용병으로 죽어간 이들을 추모하여 만들어진 조각상이다. 칼과 방패와 상처받고 지친 사자의 피곤한 모습에서 고단했던 스위스 용병들의 모습을 그려볼 수 있었다. 오늘날 스위스가 부국이 될 때까지 가장 결정적인 역할을 한 사람은 스위스의 용병들이다.

로마는 관광 명소의 대부분이 베네치아광장을 중심으로 반경 4㎞이내에 분포되어 있다. 로마 국립박물관 쪽을 향했다. 이곳의 전시물들은 고대 로마시대의 조각상을 가장 많이 소장하고 있다. 스페인광장으로 향했다. 10여분 걸어 트리니타 델 몬티성당에 도착했다. 성당으로 오르는 계단 양 옆으로는 붉은 꽃들이 줄지어 피어 있다. 계단에는 휴식을 취하는 젊은이들과 방문객들로 붐볐다. 꽃이나 가죽제품을 파는 노점상이나 얼굴을 그려주는 거리의 화가들도 눈에 뜨인다. 고전양식의 웅장한 성당과 언덕으로 오르는 138계단과 언덕계단 아래 반쯤 떠 있는 '조각배의 분수' 는 우아하고 완벽한 1700년 대 로마의 도시공학 기술에 의해 실현된 걸작품들이다.

거룩한 성 천사의 성과 테베레강의 다리들

●●● 대법원건물을 지나면 테베레강을 사이에 두고 왼쪽에 성 천사의 성이 나타나고 오른쪽 강 건너 캄포 마르찌오지역이 시야에 들어선다. 로마를 관통하는 테베레강은 생각보다 매우 작다. '캄포 마르지오' 와 '성 천사의 성'을 연결하는 '성 천사의 다리'는 2세기 때 축조되었다.

1600년 클레멘트 9세의 뜻에 따라 베르니니의 데생으로 그의 제자들이 조각한 10개의 천사상들도 나란히 서있다. 다양한 표정과 몸짓으로 조각된 천사의 조각상들이 다리 양 옆으로 늘어선 모습은 다리라기보다는 난간 위에 조각 작품을 진열해 놓은 야외조각 전시장처럼 느껴진다. 조각상 사이를 걸으면 천국의 문으로 들어가는 길목에 천사들이 나타나 마치 하늘나라로 인도하는 듯한 감흥을 준다.

테베레강을 가로지르는 수많은 다리 중에 고대 로마시대의 것도 아직 남아있다. 가장 작은 다리는 '파브리코' 다리(기원전 62년)로 티

베리나섬과 도시를 연결해 주고 있다. 북쪽에 있는 그 유명한 '밀비
오' 다리는 312년 콘스탄티누스가 막센티우스를 격파했던 곳에 있다.
다리 하나하나에 수많은 세월의 영욕과 흔적들이 담겨져 있다. 겹겹이
만든 성문을 통과하여 정상에 오르면 성벽 구멍으로 시내 전경을 감상
할 수 있다.

성 베드로 광장과 오벨리스크

●●● 바티칸시티로 향했다. 광장에 들어서자 거대한 오벨리스크가 광장 한복판에 솟아있다. 균형 잡힌 거대한 광장은 240m의 폭을 갖춘 타원형으로 베르니니의 완벽한 원주들로 둘러싸여 웅장하다. 가톨릭에서는 그리스도의 열두 제자 가운데 한 사람인 베드로를 초대교황으로 여긴다. 베드로 사후 265명의 교황이 선출되었고 한 사람 당 평균 7년 정도 교황의 자리에 있었다.

기독교는 서기 1000년 쯤 되었을 때 로마를 중심으로 한 서쪽과 콘스탄티노플을 중심으로 한 동쪽의 교회가 서로 비난하면서 갈라졌다. 그때 로마교황이 이끄는 서쪽교회를 가톨릭, 동쪽교회는 정교회라 불리게 되었다.

베드로가 순교한지 약 250년이 지난 후에 그리스도를 공인한 콘스탄티누스대제 때인 서기 326년 베드로가 묻혀있는 곳으로 믿어지는 자리 위에 성 베드로 대성당이 세워졌다. 천여 년의 긴 세월이 지난 후

성당은 낡아졌고 교황청이 프랑스 아비뇽으로 이전해간 시기
(1305~1377) 동안에는 완전히 방치되어 있었다. 율리우스 2세(재
위:1503~1513)는 이 낡은 성당을 헐고 그리스도교의 수도로서 로마를
상징할 만한 웅장한 대성당을 새로 세우기로 결정하고 르네상스시대
의 걸출한 건축가 브라만테(1444~1514)에게 대성당 건축계획의 책임을
맡겼다.

 240m의 폭에 완벽한 타원형인 성 베드로광장은 베르니니가 건축한
둥글고 부드럽게 감싸 안은 웅장한 원주圓柱들의 모습으로 숨을 멎게
한다. 네 줄로 도열된 244개의 도리스식 원주 위로는 140분의 성인들
과 순교자들의 조각이 광장을 마주보고 서 있는 모습은 말할 수 없는
경외감을 갖게 한다.

 교황 인노첸트 10세 때인 1656년부터 베르니니가 성 베드로 대성당

앞의 타원형 광장을 설계하기 시작하여 12년 후에 완성하였다. 기독교 성지로서의 장중한 인상과 경외감을 갖게 한다. 광장을 감싸 안은 거대한 원주圓柱들과 지상에서 가장 많은 성인들과 순교자들의 조각상들이 늘어서 있는 전경을 바라보노라면 신앙에 대한 경외감과 이곳이 서구문명의 뿌리임을 다시 한 번 확인하게 한다.

성 베드로광장의 오벨리스크

이탈리아

세계 3대 바티칸박물관

●●●바티칸박물관은 영국의 대영박물관, 프랑스 루브르박물관과 더불어 세계 3대 박물관으로 손꼽히며 고대 미술에 관한한 세계에서 가장 많은 예술품을 소장하고 있다. 박물관 입구에는 관람객들로 발 디딜 틈이 없다. 세계적으로 잘 알려진 고대 예술품들은 비오 클레멘티노관과 키아라몬티관에 전시되어 있다. 반면에 이탈리아와 유럽의 수많은 회화들은 바티칸미술관에 보존되어 있다. 에트루스관과 이집트관 역시 고대 문화의 흐름을 볼 수 있는 소중한 곳이다.

바티칸박물관은 12세기 중엽부터 15세기 사이에 세워진 교황궁과 15세기에 세워진 시스틴예배당, 벨베데레 중정, 피냐 중정 주위에 세워진 건물들로 이루어져 있다. 아름다운 벨베데레방은 바티칸박물관의 시초로 고대 신들의 조각상들이 진열되어 있다. 음악의 방과 천정이 뚫려있는 판테온신전과 네로 황제의 욕조, 313년 콘스탄티누스대제의 밀라노칙령을 발표한 콘스탄티누스를 기념하는 그리스 십자의 방, 두 개의 스핑크스가 기다리는 이집트관, 초대 교황 베드로를 위시하여 수많은 조각상들이 양 옆으로 늘어선 교황들의 방을 둘러보며 사람들의 행렬 속으로 떠 밀려갔다.

　바티칸박물관 중에서 중요한 곳을 살펴보면 16세기 후반에 제작된 이탈리아 지도의 회랑과 이집트박물관, 고대 이탈리아 에투리아인들의 문화를 보여주는 에트루리아박물관, 고대 그리스와 로마의 조각작품의 원본과 복사본이 진열되어 있는 키아라몬티박물관과 벨베데레 중정, 시스틴성당, 라파엘로 방, 교황 니콜라스 5세(재위 1447~1455)가 남겨놓은 1200여권의 바티칸도서관 등을 들 수 있다.

예술품 위조꾼 중에 미켈란젤로도 한목을 하게 되었다. 베네치아 볼로냐에서 거의 1년을 보낸 후 그곳 조각가들로부터 끊임없는 암살 위협에 시달리던 미켈란젤로는 피렌체로 다시 돌아왔다. 메디치 가문출신인 어느 장사꾼이 '잠자는 큐피트'란 작품을 최근에 발굴된 것처럼 꾸며준다면 이 조각을 로마에 가져가서 팔아보겠다고 제안했다. 미켈란젤로는 하얀 대리석의 윤기를 퇴색시켰다. 이 작품은 곧바로 로마로 보내졌다. 당시 로마는 골동품 조각상을 발굴해 내느라고 혈안이 되었다.

미켈란젤로는 문제의 조각상을 로마에 있는 골동품 조각 판매상인 발다사레 디 밀라네제에게 보냈다. 발다사레는 예방차원에서 이 큐피드를 포도밭에 묻었다가 자연스럽게 색이 배어든 후에 꺼내어 로마의 고위 성직자 리아리오 디 산 조르조추기경에게 200투카토에 팔아넘겼다. 그런데 추기경은 차츰 의심을 품기 시작했다. 고대 작품의 보존 상태가 너무 완벽했고 부오나로티가문 출신의 한 젊은이가 로마인들과 똑같은 조각상을 제작한다는 소문을 들었기 때문이다. 추기경은 나중에 위조품에 속았다는 것을 알고 대리인을 보내 그 젊은이에 대해 알아보았다.

추기경의 대리인은 위조품에 대한 사실을 확인하고 피렌체에 온 목적을 솔직히 털어놓고 미켈란젤로에게 그런 재능을 로마에 와서 마음껏 펼쳐볼 것을 권유했다. 덧붙여 작품의 대가로 30투카토를 상인에게 받았지만 추기경은 200투카토를 주었다는 사실도 알려주었다. 결국 조르조추기경은 작품을 반환하고 돈을 돌려받는 것으로 사건을 마무리했지만 그로인해 추기경과 미켈란젤로의 만남이 이루어졌고 로마로 가는 계기가 되었다.

시스틴예배당과 최후의 만찬

●●● 성서를 주제로 거대한 양탄자에 500년 전의 예수와 교황에 대한 이야기를 담은 회랑을 지났다. 16세기 후반에 제작된 이탈리아 전역의 지도가 전시된 지도회랑을 지나면서 느꼈던 감동은 시스틴예배당에 그려진 '천지창조'의 천정벽화를 보는 순간 아찔한 현기증을 느꼈다. 미술책이나 그림책에서 보았던 것과는 전혀 다른 느낌이다. 천지창조의 웅장한 천정화와 벽면 한 칸을 전부 장식하고 있는 '최후의 심판'을 바라보면 르네상스 거장들의 예술적 투혼에 저절로 감탄사가 나온다.

교황 식스투스 4세는 외부와 단절된 교황전용 예배당을 갖기를 원했다. 그리하여 1475년과 1481년 사이에 건축가 죠반니 데 돌치에 의해 천정 40.5m, 높이 20.7m, 폭 13.20m의 시스틴 예배당이 만들어졌다. 우리가 흔히 영어식으로 부르는 '시스틴예배당'은 교황 식스투스 예배당이라는 의미다.

508년 교황 율리우스 2세는 미켈란젤로가 24세 때 조각한 '피에 타'를 보고 감명을 받아 프레스코 벽화를 한 번도 그려 본적이 없는 31세의 미켈란젤로에게 시스틴예배당의 천정화를 의뢰했다. 미켈란젤로는 진퇴양난에 빠졌다. 그의 요청을 거절한다면 불같은 성품의 율리우스 2세와 영원히 담을 쌓고 지낼 각오를 해야 했다.

그림 그리는 순서조차 몰랐던 미켈란젤로가 거대한 시스틴성당의 천정에 프레스코벽화를 그려야 한다는 것은 상식적으로 이해할 수 없는 주문이었다. 미켈란젤로는 난감한 상황을 벗어날 도리가 없었다. 교황을 찾아가 시스틴예배당처럼 중요한 건물에 그림을 그려본 적이 없다고 완곡하게 거절하며 라파엘로의 몫이 되어야 한다고 설득했지만 교황은 그의 간곡한 청을 거절했다.

프레스코벽화를 그려본 최고의 경험자를 피렌체에서 불려 들여 그들과 함께 작업을 하면서 회화의 기법을 깨우쳐나갔다. 마침내 회화의 메커니즘을 모두 배웠다는 확신이 서자 피렌체 화가들에게 보수를 지급하고 성당 안에서 두문불출하며 피렌체 화가들이 그린 것을 모두 지우고 다시 그리기 시작했다. 피렌체 화가들은 미켈란젤로의 독선에 불만을 터트리며 고향으로 돌아갔다.

인내심이 부족했던 율리우스 2세는 천정화가 반쯤 끝났을 때 미켈란젤로에게 그림을 공개하라고 고집했다. 교황의 요청으로 천정화가 공개되었을 때 온 로마가 경악을 금치 못했다. 미켈란젤로는 미술사에 영원히 남을 기념비적인 명작 '천지창조'를 1508년 5월에 시작하여 1512년까지 4년간의 각고의 노력 끝에 마침내 완성하였다. 육감적이고 생생한 나신들의 모습과 등장하는 인물들의 다양한 자세는 원죄에서 구원까지의 이야기들을 평면도법으로 광범위하게 이야기하고 있다.

'천지창조'는 르네상스의 낙관적인 시대정신을 잘 표현하고 있다. 아담의 창조는 하느님의 손가락과 아담의 손가락이 거의 닿으므로 생명을 탄생시킨다는 중앙부분에는, 천지창조로부터 모세가 십계명을 받기 이전까지의 구약성서의 내용을 그리고 있다. 미켈란젤로는 회화 역사상 가장 규모가 크고 어려운 천정벽화를 짧은 시간에 그 이전도 그 이후에도 흉내 낼 수 없는 작품을 완성함으로써 회화의 세계에서 최고의 반열에 오르게 되었다.

'천지창조'가 완성된 지 23년이 지난 후 바오로 3세는 미켈란젤로에게 최후의 심판을 그려주기를 요청했다. 미켈란젤로는 조각을 하듯이 장식적인 것을 철저히 무시하고 인간을 그리는데 초점을 맞추어서 시스틴예배당 제단 뒷벽에 '최후의 심판'을 그렸다. 당시 회화에서는 완전히 벌거벗은 사람을 그리는 경우가 거의 없었다. 시선이나 얼굴표정으로 표현하는 것이 당시 회화의 공식이었다.

교황 바오로 3세는 예식담당 추기경인 비아지오 다 체제를 대동하고 미켈란젤로가 작업하고 있는 곳을 자주 방문했다. '최후의 심판'이 절반쯤 완성되었을 때 바오로 3세의 의전 담당관인 비아지오 추기경에게 미켈란젤로의 벽화에 대해 의견을 묻자 추기경은 "이런 그림은 교황의 성당보다 여관에 어울리는 것"이라며 폄하했다. 이 말을 들은 미켈란젤로는 격분하여 제우스와 에우로파의 아들이며 지옥의 재판관인 미노스의 모습으로 벽화의 오른쪽 밑 지옥의 입구에 뱀이 칭칭 감고 있는 가슴 위에 추기경의 얼굴을 그려 넣었다. 말 한마디가 천냥 빚을 갚는다는 말을 실감나게 하는 최후의 심판이다. 부처님께서

구업口業의 무서움과 그로 인한 해악을 일찍이 설파하셨다. 세치의 혓바닥 하나로 세상이 시끄러워지고 마음에 상처와 평화를 해치는 사람들에게 하나의 경종을 울리는 에피소드이다.

　미켈란젤로는 '최후의 심판'을 그리는 데 무려 8년이라는 시간을 보냈다. 1541년 크리스마스에 그 그림을 공개할 때 그의 나이는 벌써 67세였다. 미켈란젤로와 경쟁을 벌였던 브라만테는 1514년, 라파엘로는 1520년에 세상을 떠났다. 그는 예술의 신처럼 우뚝 섰고 모두가 그의 작품을 모방할 뿐이었다. 마침내 미켈란젤로는 젊은 시절부터 망령처럼 그를 따라 다니던 음모와 질시를 이겨낸 승리자가 되었다. 그러나 그 승리는 경쟁자를 잃게 되면서 그를 온전히 평가해줄 사람마저 잃고 얻은 서글픈 승리였다.

　1980년부터 '천지창조'의 천정화 위에 수백 년 동안 누적된 때와 두터운 먼지 층을 닦아내는 복원작업이 전 세계의 이목을 집중시키며 진행되었다. 복원된 그림들의 색채를 보면 현란하고 생기가 넘치며 화려했다. 색채가 빈곤한 화가로 알려진 미켈란젤로에 대한 통설은 완전히 뒤집어졌다.

이탈리아
면죄부 파문을 일으켰던 성 베드로 대성당 건축

●●● 성당 안으로 들어서면 대리석으로 장식한 웅장하고 넓은 홀이 나타난다. 벽면에 장식된 아름다운 문양과 그림들은 형형색색의 대리석을 모아 만든 것으로 돌의 아름다움과 그 다양한 색상에 놀라움을 금할 수 없다. 성당의 길이는 전장이 210m이며 돔의 높이는 136m로 세계에서 가장 큰 성당이다.

장엄하고 화려한 대리석건축물과 세기적인 조각상들을 바라보면서 성당 건립에 드는 막대한 비용을 조달하기 위해 교황청이 면죄부를 발행함으로써 촉발된 종교개혁의 진원지를 실감할 수 있다. 마르틴 루터의 종교개혁과 신구교의 갈등의 진원지인 역사적 사건들이 엄청난 비용이 소요되는 성당 건축이 원인이 되었다고 생각하니 종교도 돈의 위력을 비켜갈 수 없었던 것 같다. 장대하고 화려한 성 베드로성당을 건축하는 데 가장 어려운 문제는 돈이었다. 로마제국의 잔해에서 거리낌 없이 재료를 갖다 쓸 수 있었지만 그것도 일부에 지나지 않았다. 화가

나 건축가들을 비롯하여 석수나 목수, 미장이들과 채석공들에게 지급하는 자금이 턱없이 모자랐다.

당시의 카톨릭 신앙에는 죄지은 자가 죽어서 가는 세 곳이 있었다. 착한 자는 천국으로 가고 사악한 자는 지옥으로 가며 아기들이나 일생을 통해 약간의 죄를 짓고 살았거나 회개할 준비가 되어 있는 사람들은 연옥으로 가서 깊은 신앙과 간절한 기도를 거쳐 회개를 한 후에 천국으로 간다는 것이다. 그런데 천국으로 가는 또 다른 길이 있었다. 기도는 시간이 걸렸고 중세 시대에도 시간은 돈이었다.

교황 율리우스 2세는 성 베드로성당의 재건에 전력을 다했지만 자금 부족으로 진척이 부진했다. 교황은 가능한 좋은 의미에서 면죄부의 판매에 나섰고 도미니크수도회의 사제 텍셀이 앞장서서 면죄부 판매를

절정으로 끌어올렸다. 반면에 아우구스티노수도회에 몸담고 있던 마
틴 루터는 아흔 다섯 가지의 이유를 들고 면죄부 판매의 부당성을 제
기하여 결국 교회를 신구교로 갈라서게 만들었다.

이탈리아
매력과 낭만이 넘치는 나보나 광장

●●●도로를 따라 전개되는 다양한 성당과 건축물들을 음미하면서 매력과 낭만이 넘치는 나보나광장으로 향했다. 나보나광장은 3만 명의 관중을 수용할 수 있었던 도미티아누스황제의 경기장 옛터에 만들어졌는데 남북으로 길게 뻗은 이 광장을 보면 당시의 경기장 트랙을 상상해 볼 수 있다.

광장 중앙을 중심으로 양옆으로 늘어선 아름다운 가로등과 조각 분수대 주변은 연인들이 함께 추억과 낭만을 간직하기에 알맞은 장소이다. 1651년 베르니니가 분수설계를 위임받아 나보나광장 중앙에 4대강의 분수가 만들어졌다. 홍보의 대가인 조각가 베르니니와 나보나광장 분수에 관한 이야기가 바로크 역사에서 가장 재미있는 일화로 전해지고 있다. 베르니니가 명성을 드날리고 있을 때 교황 이노센트 10세는 넓은 나보나광장 한 가운데 커다란 분수를 만들어 달라는 요청을 받게 된다.

제막식에 참석한 교황의 일장 연설이 끝나고 음악이 연주되고 기도문이 낭송되었다. 베르니니는 물이 흐르게 하라는 신호를 보냈으나 웬일인지 물이 흐르지 않았다. 교황의 표정은 그것 보라는 듯이 바뀌었고 추기경들은 오만한 표정으로 변했다. 참석한 예술가들은 당황하여 어쩔 줄 몰라 했다. 망신창이가 된 베르니니는 머리를 떨구고 퇴장하는 행렬 뒤를 따랐다.

　순간 일꾼 하나가 큰 소리를 질렀다. 물소리가 세차게 들렸다. 백 개의 작은 구멍에서 물이 분출하는 장관이 펼쳐졌다. 실망감에서 극적인 감동을 연출한 베르니니의 치밀한 이벤트는 자신의 인생 일대의 최고의 쇼를 연출해낸 것이다. 자신의 타고난 천재성 못지않게 대중들에게 어필할 수 있는 뛰어난 선전능력을 동시에 갖춘 바로크 예술의 거장 베르니니는 궁전 같은 저택에 살며 마차와 말을 소유하고 한 떼의 시종을 거느리며 마음껏 돈을 써가며 자신의 성공을 누린 예술가다.

이탈리아

판테온신전과 임마누엘레 2세 기념관

●●● 판테온(Pantheon)은 '모든'이라는 의미의 'pan'과 '신'을 의미하는 'theon'이 합쳐진 말로 원래 로마의 '모든 신들에게 바쳐진 신전'이라는 의미이다. 이 범凡 신전은 기원전 27년 로마의 정치가 아그립파에 의해서 시저의 가문(율리아 가문)의 수호신인 일곱 개 행성의 신들을 경배하기 위해 세워졌다. 판테온의 기본 형태를 이루는 반구半球는 우주를 상징하며 돔의 정상에 뚫린 구멍인 거대한 눈은 행성의 중심인 태양을 상징한다.

그리고 둥근 천정에는 각 격자마다 청동별로 장식되어 내부에서 보면 천제 속의 우주를 느끼게 만든다. 천정에 뚫린 지름 9m의 구멍을 통해 들어오는 햇살은 하늘에 뜬 둥근 태양이 신전내부로 쏟아져 들어오는 것처럼 눈부시다. 마치 태양계의 중심과 자신이 가까운 거리에서 교감하고 있는 것 같은 근엄한 느낌을 들게 한다.

판테온은 로마제국의 빈 공간이다. 모든 신을 위한 공간은 아무것도

말하지 않은 빈 공간이어야 했다. 비어 있음으로 해서 모든 것을 수용할 수 있었던 제신들의 공간이다.

판테온은 서기 608년 동로마의 포카황제의 승낙으로 교황 보나파치우스 4세는 판테온을 이교도 신전에서 그리스도교 성전으로 바뀌어 순교자들의 성모 마리아 성당으로 개명되었다. 판테온은 그리스도 성전으로 바뀌었기 때문에 후에 다른 신전들과는 달리 약탈과 파괴를 면할 수 있어서 오늘날처럼 그 원형을 보존할 수 있었다.

엠마누엘레기념관으로 향했다. 흰대리석으로 장식한 빅토리오 엠마누엘레 2세 기념관은 밝고 당당한 젊은이 같은 기백으로 광장을 압도하고 있다. 이탈리아 통일의 구심점이 된 통일 이탈리아 왕국의 초대

왕 빅토리오 엠마누엘레 2세에게 헌정된 것으로 1885년에 착공되어 1911년에 완공되었다.

이 기념관은 이탈리아 통일전쟁 때 전사한 용사들을 추모하기 위해 세워진 건물이다. 대리석 계단 한 가운데 하늘을 향해 날아오를 것 같은 기상으로 말을 달리는 엠마누엘레 2세의 청동기마상이 옷자락을 휘날리며 광장을 내닫는 몸짓으로 서 있다. 기마상을 지나 계단을 오르면 거대한 대리석 원주들로 세워진 넓은 회랑에 오르게 된다. 넓고 시원한 회랑을 걸으며 로마 시내의 전경을 한 눈에 굽어볼 수 있다.

오랫동안 프랑스와 오스트리아의 틈바구니 속에 억압받아 오던 이탈리아는 가리발디가 이탈리아 통일군을 이끌고 로마에 입성하여 교황 비오 9세의 항복을 받아 냄으로써 이탈리아의 통일을 완성하였다.

엠마누엘레기념관은 유서 깊은 베네치아광장과 캄파돌리오언덕 사이에 세워졌는데 베네치아광장이 원래 간직하고 있던 르네상스의 분위기와 고대 로마시대부터 신성시되어 오던 캄피돌리오언덕의 분위기를 안타깝게도 파괴하고 말았다.

성 베드로대성당의 위용에 도전이라도 할 듯한 규모와 기상을 담은 엠마누엘레 2세 기념관은 당시 이탈리아 건설을 외치던 이상주의자들의 과대망상증을 그대로 반영한 건축물이라고 혹평을 받기도 한다.

■■■ 이탈리아
트라야누스황제의 기념 원주와 로마포럼

●●● 엠마누엘레기념관 우측 도로를 건너 가로수를 건너면 실오라기 하나 걸치지 않고 두 줄로 늘어선 원주 기둥과 우뚝 솟은 트라야누스 황제 기념원주가 솟아있다. 트라야누스황제의 공회장에 서 있는 이 원주는 113년 현재의 루마니아지방인 다키아정벌을 기념하기 위해 세웠다. 원주의 높이는 28.77m로 이 공회장을 세우기 위하여 깎아버린 언덕의 높이와 같다고 한다. 고대 로마인들의 건축가운데 가장 특이한 형태로, 아래에서 위로 왼쪽에서 오른쪽으로 스물 세 바퀴를 돌아 오르는 긴 나선형 원주로 총 길이 200m에 둘러진 2500여명의 인물 부조들이 새겨져 있다. 다키아전쟁의 상황과 로마인들과 다키아인들의 당시의 풍습과 상황들을 생생하게 묘사해 놓았다.

베네치아광장에서 콜로세움을 향해 황제들의 공회장을 걷노라면 아우구스투스황제 이후 고대 로마제국의 폐허가 된 유적들이 길 양편으로 흩어져있는 것을 보게 된다. 지상은 보통 500년 이상의 건축물들이고 지하의 유적들은 기원전 4세기에서 비잔틴 시대인 6세기까지 천년 역사의 잔해를 보여주고 있다.

로마인들이 건설한 도시의 중심에는 반드시 포럼 즉 공회장이 건설되었다. 포럼(Forum)은 로마시대의 도시 광장을 일컫던 것으로 시민들이 모여서 자유롭게 연설·토론하는 장소였는데, 오늘날의 포럼도 자유토론에 가까운 성격을 가지고 있다. 오늘날 학술용어로 자주 쓰는 포럼(Forum)이 여기서 유래됐었다.

고대 로마는 산업혁명 이전까지 유럽에서 가장 큰 도시였다. 함께 공존하기 위해 다양

트라야누스 황제 기념 원주

한 법률과 제도가 필요했다. 100만이 넘는 인구를 통제하는 것은 고대 도시에서는 엄청난 일이었다. 로마는 제국의 수도로서 지방정부와 중앙정부가 공존하는 도시였으며 광범위한 도시계획이 시행되었다.

귀족들은 아트리움과 정원, 수도시설은 갖춘 '도무스(domus)'라는 저택에서 살았다. 인구증가와 주택난으로 대부분의 사람들은 고층 공

동주택인 인술라(insula)에 살았다. 1층은 주로 상점으로 이용되었고 2층은 형편이 다소 나은 사람들이 거주했다. 고층으로 올라갈수록 가난한 사람들이 살았다. 부유한 사람들을 제외하고는 대부분의 집안에는 화장실이나 주방도 변변히 갖추지 못했다. 한꺼번에 1600명이 동시에 사용할 수 있는 공동목욕장과 5만 명이 넘는 사람이 입장할 수 있는 원형경기장, 공동으로 사용할 수 있는 거대한 상수도 시설, 여러 사람이 모일 수 있는 광장과 도서관 등이 만들어졌다. 이런 시설들은 로마인이면 누구나 즐겨 사용했고 황제나 귀족도 예외는 아니었다.

로마의 언덕은 얕은 구릉이 서로 이어져 있어 고지대는 주거지로 저지대는 공공장소가 되었다. 저지대는 공회장과 대경기장이 세워지고 테베레강 가에는 선착장과 시장이 생겨났다. 로마인들은 다신교도이므로 신들의 거처인 캄피톨리오 만으로 부족하여 공회장에도 상당수의 신전이 들어섰다. 로마의 기후조건 때문에 상류층은 팔라틴언덕을 비롯한 다섯 개의 언덕에 모여 살고 서민들은 일곱 개의 언덕 아래에 집을 짓고 살았다.

로마의 공화정시대는 시저가 암살된 기원전 44년까지 지속되었다. 초기 제정시대는 285년에 후기 제정시대는 476년 서로마제국의 멸망으로 끝나고 이후 공화정은 역사에 묻혔다. 2세기 당시 로마제국은 지상에서 가장 아름다운 문명을 꽃 피운 땅이었다. 로마의 위대함은 정복의 속도나 영토의 넓이 때문만은 아니다. 그들은 점령지에 길을 내고 법과 질서에 의해 지배하고 도시를 아름답고 질서 있게 계획하였다.

이탈리아
황제들의 개선문과 콜로세움

●●● 콜로세움으로 가까이 다가가면 서기 70년 예루살렘정벌을 기념하기 위해 세운 티투스황제의 개선문이 나타난다. 황제가 사망한 후 원로원과 로마시민들이 서기 81년에 세웠다. 개선문 내벽에는 예루살렘신전의 보물들을 운반해가는 모습과 유대인 포로들을 노예로 끌고 오는 모습, 개선하는 티투스의 모습이 부조로 표현되어 있다. 또한 서기 203년 원로원과 로마시민들이 파르티아와 아라비아, 아시리아 등지에서 있었던 전투에서 승리한 셉티미우스 세베루스황제와 그의 아들 카라칼라와 제타에게 헌정한 개선문 상단에는 빼곡한 라틴어 기념비문이 적혀있다.

황제들의 공회장을 지나 콜로세움 원형경기장 입구에서 팔라틴언덕 방향으로 서 있는 콘스탄티누스대제의 개선문 쪽으로 향했다. 콘스탄티누스는 태양신을 신봉하고 있었는데 그의 부모와 마찬가지로 그리스도교에 대해서는 비교적 관대했다. 황제 계승권 때문에 막센티우스

콘스탄티누스 대제의 개선문

와 결전을 벌이기 위하여 로마로 향하고 있던 중에 대낮에 갑자기 십자가와 '이것으로 이기리라' 는 문구가 나타났다. 그리고 그날 밤 꿈에도 똑같은 광경을 보았다. 콘스탄티누스는 십자가 깃발의 군기를 앞세우고 테베레강의 밀비오다리에서 막센티우스군대와 접전을 벌려 막센티우스는 대패하고 강에 떨어져 죽었다. 콘스탄티누스는 원로원과 시민들의 환영을 받으며 로마에 입성하였고 다음해인 312년에 밀라노 칙령을 통하여 그리스도교를 공인하였다. 원로원과 로마시민들은 밀비오다리에서의 전투의 승리를 기념하여 315년 콜로세움 옆에 개선문을 세웠다.

콘스탄티누스는 그동안 여러 개의 분파로 나뉘어져 있던 기독교계에 교리를 통일해 주기를 요청했다. 서기 325년 니케아공의회를 소집하여 성부, 성자, 성신이 일치한다는 삼위일체설을 확립하고 현재의 기독교로 탄생하게 된다. 그 이전에는 각 지역의 종파에 따라 다양한 교리 해석이 있었기 때문이다.

콘스탄티누스대제의 개선문을 뒤로하고 콜로세움으로 향했다. 고대 로마의 건축을 대표하는 콜로세움은 세 언덕이 마주치는 곳에 세워져 있다. 이곳은 원래 저지대로 네로 황제가 세운 황금 저택의 인공호수가 있던 곳이다.

베스파지아누스황제는 예루살렘을 정복한 후 그곳에서 데려온 수많은 히브리 노예들을 동원하여 서기 72년에 시작하여 그의 아들 티투스가 80년에 완성하였다. 준공행사 기념에는 검투사 시합과 맹수 사냥 등으로 100일 이상 계속되었는데 이 기간 동안 5000마리의 맹수가 희생되었다. 523년 테오도시우스시대까지 여러 세기를 두고 맹수들의 싸움이나 검투사들의 시합이 이루어졌다. 콜로세움은 입구에서 보면 1,2,3 층 기둥들이 각각의 양식을 달리하는 80개의 아치가 둘려져 있다. 외벽은 석회석으로 장식했고 1층부터 도리아식과 이오니아식, 코린트식의 세 종류의 원주들이 조화를 이루고 웅장함과 섬세함이 아름다운 조화를 이루게 했다.

로마시민이 이용할 수 있는 대규모 시설이 만들어지면서 새로운 건축 기술이 필요했다. 건축자재를 단단히 고정하기 위해 콘크리트 기법을 사용하여 작은 벽돌로 지붕을 견딜 수 있도록 벽을 아치형으로 만들었다. 최근에 밝혀진 로마콘크리트의 비밀은 석회석을 압축가공해서 2000년 동안 물속에 잠겨 있어도 문제가 없을 만큼 견고하게 만들었다. 안으로 들어서면 현대에 내 놓아도 규모나 짜임새가 손색이 없

는 거대한 경기장이 시야에 들어온다. 거대한 건축이란 뜻의 콜로세움은 5만에서 7만 명의 관중을 수용할 수 있었는데 이 많은 관중이 빠져나가는데 불과 몇 분밖에 걸리지 않았다. 또 비가 오거나 햇빛이 강할 때는 천막을 쳐서 하늘을 가렸는데 외벽상부에 천막을 지탱하는 깃대를 꽂던 장치가 아직도 남아있다. 2천여 년 전 황제에게는 영광을 시민에게는 즐거움과 광란의 도가니로 몰아넣었던 경기장이다. 그 당시에 이런 거대한 규모의 원형극장을 건축할 수 있었던 로마제국의 국력과 기술력에 입이 벌어진다. 맹수들의 포효咆哮와 수만 명 관중들의 함성소리가 아직도 환청처럼 들리는 듯하다.

 '벤허'에 등장하는 주인공 찰슨 헤스톤이 원형경기장에서 사투를 벌이는 전차경기가 주마등처럼 스쳐가고 '쿠오바디스'에서 열연하던 천연덕스런 네로의 연기와 수많은 그리스도교도들이 사자의 밥이 되고 수난 받던 장소로 부각되었던 원형경기장의 모습이 떠올라 한동안 경기장 바닥을 무심히 바라보았다. 경기장 바닥은 반쯤은 열려있어 지하시설 들을 볼 수 있게 만들었다. 바닥 아래는 검투사 대기실을 비롯하여 맹수우리와 무대의 효과장치 보관실 등으로 사용되었다. 또한 콜로세움의 건축가들은 경기장의 세트나 장비, 사람과 맹수들을 적재 적소에 올려놓을 수 있는 엘리베이터를 고안하기도 했다.

로마인들은 그들이 원하는 곳은 다 점령하였다. 광대한 대제국을 건설하였으나 시간이 지남에 따라 무사안일에 빠졌다. 사치와 방종과 쾌락을 추구하는 허영심과 목욕탕 문화가 만연하였고 어렵고 힘든 일은 노예들이 대신 해주었다. 그들이 할 일은 먹고 즐기는 일이 전부였다. 산해진미를 먹고 나서 그것을 토하고 다시 먹는 식도락문화나 수천 명을 수용하는 목욕탕에서 퇴폐문화를 즐겼던 로마인들은 서서히 쇠락의 길을 걷게 되었다. 황제를 비롯한 귀족과 시민들이 값비싼 비단옷을 입고 경기장 안에서 검투사들과 짐승들이 죽어 나가는 장면을 보며 열광하는 모습을 상상해 보았다.

고대 로마의 은화가 매년 1억 세스테르스 이상의 막대한 돈이 사치품을 사기위해 국외로 빠져나가는 것을 개탄했던 로마의 정신 세네카와 폴리니우스의 탄식이 이 콜로세움의 허공을 맴도는 것 같다. 테오도시우스 2세의 세례식에 전 시민이 비단과 보석으로 장식한 의상을 입고 참석했다고 한다. 그 당시 중국의 비단 생산력이 가내수공업 정도인데다 험난하고 기나긴 실크로드의 물류비용을 감안한다면 비단의 가격은 금값에 못지않을 것이다.

콜로세움 경기장 바닥 전경

경기장 바닥을 오가는 사람들의 모습을 보면 이건물의 규모를 짐작
해 볼 수 있다. 외벽 높이 48.5m와 타원형 평면의 긴 쪽 188m, 짧은 쪽
이 156m이며 둘레가 527m로 사용된 석재는 10만 입방미터 이상이며
돌 블록을 연결하는데 사용된 철근은 300톤 정도다. 콜로세움의 실제
공사기간은 5년 정도로 추정되는데 이렇게 단기간에 가능했던 것은
그 당시 공사현장의 조직체계와 시공기술이 뛰어났기 때문이다.

이탈리아

마지막 여정의 쉼터 트레비분수

●●● 로마를 떠나야 할 시간이 가까이 다가오고 있다. 더 이상 머무를 시간이 없었다. 지도를 보며 낯선 이에게 길을 묻고 도시의 구석을 헤매는 일도 오늘로써 마지막이라고 생각하니 아쉬움이 밀려왔다. 대전차경기장 우측을 돌면 산타 마리아 인 코스메딘 성당의 입구에 진실의 입이 있다. 뻥 뚫린 두 눈과 헝클어진 머리와 수염으로 얼굴을 덮은 강의 신 플라비우스의 얼굴이 나타난다.

전설에 의하면 진실의 입에 손을 넣고 거짓말을 하면 풀라비우스가 손을 삼켜 버렸다고 한다. 성당 입구에 늘어선 방문객들은 저마다 한 번씩 플라비우스의 입에다 손을 집어넣어보고 즐거워했다.

베네치아광장에서 트레비분수까지는 차 한 잔 마실 거리다. 좁은 골목길을 따라 들어가면 도심 한가운데 아름다운 분수가 시원스레 쏟아지는 광장을 만나게 된다. 분수 주변에는 사람들이 몰려있어 앉을 자리조차 찾기 어렵다.

트레비 분수 전경

르네상스양식의 트레비분수는 폴리궁의 한쪽 벽면을 장식하는 조각들로 이루어져있다. 조각들 중앙에는 대양의 신 오케아노스가 바다의 신 트리톤이 이끄는 조개 모양의 마차를 타고 질주하는 역동적인 조각상이 매우 인상적이다. 말 앞에는 맑은 샘물이 솟아 작은 분수대를 만들고 대리석 분수대 위에는 여행객들이 쉼터에 앉아 휴식을 취하고 있다. 도심 한복판에 맑은 샘물이 솟아오르는 것은 사막에서 오아시스를 만나는 기분이다. 처녀의 수로가 로마에 다다르는 지점은 세 길이 마주치는 곳이라 '3'을 뜻하는 트레(tre)와 '길'을 뜻하는 비움(vium)이 합성되어 트레비움(trevium)으로 불려지다가 트레비로 바뀌었다. 트레비분수는 로마를 대표하는 후기 바로크의 걸작품으로 로마를 상징하는 기념비 중에 하나다.

날개 달린 말들의 역동적인 모습 뒤로 벽면에 장식한 아름다운 여인들의 조각상들이 트레비분수의 환상적이고 부드러운 모습을 감싸주고 있다. 로마의 분수들 중 가장 아름답다는 트레비분수는 이곳을 찾는 여행객들에게 넉넉한 기분이 들게 하고 여행의 피로를 말끔히 씻어주는 청량제淸凉劑 같은 존재다. 거대한 로마제국의 유적들이나 위대한 르네상스 대가들의 작품에 경탄과 경외감에 눌려 있다가 긴 여정의 마지막 쉼터로 편안하게 쉴 수 있는 장소가 바로 이곳이다.

상하이에서 기차를 타고 중국대륙의 유명문화유적지를 답사하고 둔황에서 우루무치까지 고대 오아시스로를 경유하는 코스는 동서문화의 전파와 교류를 통해 인류문화의 흥망성쇠가 변화무쌍함을 되돌아보는 계기가 되었다. 고비사막과 타클라마칸사막을 경유하여 중앙아시아의 푸른 초원과 이슬람과 서구문화의 발상지를 돌아보며 마지막 종착지 로마까지 많은 문화유산을 감상하며 이곳에 이르렀다.

이스탄불에서 비잔틴과 이슬람 문화의 진수를 맛보았고 그리스에서는 고대 헬레니즘의 본류를 확인할 기회를 가졌다. 그리스에서 시작된 발칸반도 여행과 베네치아에서 시작된 이탈리아 답사는 로마에서 이번 실크로드 대장정의 모든 여정의 마침표를 찍게 되었다. 로마의 곳곳을 다 살펴보지 못했지만 로마의 장엄한 향취를 내 마음 속에 고이 간직하고 마지막 일정을 마무리하게 되었다.

여행은 자신의 영혼을 살찌우고 더 자유스럽게 만드는 열린 창이다. 지역의 기후풍토와 자연경관 그리고 관습과 그들의 생활문화를 이해할 때 우리는 비로소 옳고 그름의 이분법적 대립의 사고에서 벗어나 세상의 다름을 인정하게 된다. 그 다름이야 말로 분열과 갈등을 치유하고 세상을 풍요롭고 아름답게 한다. 다양성이 풍부한 사회는 활력이 넘치고 창조적 에너지가 솟구치는 사회다. 세계는 이미 지식정보화시대를 지나 창의시대에 접어들었다. 창의시대는 단순히 정보를 소유하는 것을 넘어 정보와 지식을 전과 다른 새로운 것으로 재조합·창조하는 감성이 풍부한 우뇌형 사고가 지배하는 사회다.

감성력을 키우는데는 여행만한 것이 없다. 여행을 통하여 세계의 다양한 문화를 이해하고 즐길 때 우리의 창조적 감성력의 스페트럼은 훨씬 더 넓어질 것이고 우리의 삶도 훨씬 윤택해질 수 있다.